做一个理想的法律人
To be a Volljurist

中央高校基本科研业务费专项资金资助
(Supported by the Fundamental Research Funds for the Central Universities)

法律人进阶译丛【法学拓展】
李 昊／译丛主编

公司法的精神
欧陆公司法的核心原则

The Spirit of Corporate Law:
Core Principles of Corporate
Law in Continental Europe

〔德〕根特·H.罗斯（Günter H. Roth）
〔德〕彼得·金德勒（Peter Kindler） ／著

张怀岭 ／译

北京大学出版社
PEKING UNIVERSITY PRESS

著作权合同登记号　图字:01-2020-7478
图书在版编目(CIP)数据

公司法的精神:欧陆公司法的核心原则:德文/(德)根特·H. 罗斯著;(德)彼得·金德勒著;张怀岭译. —北京:北京大学出版社,2024.7
(法律人进阶译丛)
ISBN 978-7-301-34912-0

Ⅰ. ①公… Ⅱ. ①根… ②彼… ③张… Ⅲ. ①公司法—研究—欧洲—德文 Ⅳ. ①D950.229

中国国家版本馆 CIP 数据核字(2024)第 056332 号

The Spirit of Corporate Law: Core Principles of Corporate Law in Continental Europe, by Günter H. Roth/Peter Kindler
© Verlag C. H. Beck oHG, München 2013
本书原版由 C. H. 贝克出版社于 2013 年出版。本书简体中文版由 C. H. 贝克出版社授权翻译出版。

书　　名	公司法的精神——欧陆公司法的核心原则 GONGSIFA DE JINGSHEN——OULU GONGSIFA DE HEXIN YUANZE
著作责任者	〔德〕根特·H. 罗斯(Günter H. Roth) 〔德〕彼得·金德勒(Peter Kindler)　著 张怀岭　译
丛 书 策 划	陆建华
责 任 编 辑	陆飞雁　陆建华
标 准 书 号	ISBN 978-7-301-34912-0
出 版 发 行	北京大学出版社
地　　址	北京市海淀区成府路 205 号　100871
网　　址	http://www.pup.cn　http://www.yandayuanzhao.com
电 子 邮 箱	编辑部 yandayuanzhao@pup.cn　总编室 zpup@pup.cn
新 浪 微 博	@北京大学出版社　@北大出版社燕大元照法律图书
电　　话	邮购部 010-62752015　发行部 010-62750672 编辑部 010-62117788
印 刷 者	大厂回族自治县彩虹印刷有限公司
经 销 者	新华书店
	880 毫米×1230 毫米　A5　10.75 印张　255 千字 2024 年 7 月第 1 版　2024 年 7 月第 1 次印刷
定　　价	58.00 元

未经许可,不得以任何方式复制或抄袭本书之部分或全部内容。
版权所有,侵权必究
举报电话: 010-62752024　电子邮箱: fd@pup.cn
图书如有印装质量问题,请与出版部联系,电话: 010-62756370

"法律人进阶译丛"编委会

主　编

李　昊

编委会

（按姓氏音序排列）

班天可	陈大创	季红明	蒋　毅	李　俊
李世刚	刘　颖	陆建华	马强伟	申柳华
孙新宽	唐波涛	唐志威	吴逸越	夏昊晗
徐文海	叶周侠	查云飞	翟远见	章　程
	张焕然	张　静	张　挺	

做一个理想的法律人(代译丛序)

近代中国的法学启蒙受自日本,而源于欧陆。无论是法律术语的移植、法典编纂的体例,还是法学教科书的撰写,都烙上了西方法学的深刻印记。即使是中华人民共和国成立后兴盛过一段时期的苏俄法学,从概念到体系仍无法脱离西方法学的根基。20世纪70年代末,借助我国台湾地区法律书籍的影印及后续的引入,以及诸多西方法学著作的大规模译介,我国大陆重启的法制进程进一步受到西方法学的深刻影响。当代中国的法律体系可谓奠基于西方法学的概念和体系之上。

自20世纪90年代开始的大规模的法律译介,无论是江平先生挂帅的"外国法律文库""美国法律文库",抑或舒国滢先生等领衔的"西方法哲学文库",以及北京大学出版社的"世界法学译丛"、上海人民出版社的"世界法学名著译丛",诸多种种,均注重于西方法哲学思想尤其英美法学的引入,自有启蒙之功效。不过,或许囿于当时西欧小语种法律人才的稀缺,这些译丛相对忽略了以法律概念和体系建构见长的欧陆法学。弥补这一缺憾的重要转变,应当说始自米健教授主持的"当代德国法学名著"丛书和吴越教授主持的"德国法学教科书译丛"。以梅迪库斯教授的《德国民法总论》为开篇,德国法学擅长的体系建构之术和鞭辟入里的教义分析方法进入我国大陆法学的视野,辅以崇尚德国法学的我国台湾地区法学教科书和专著的引入,德国法学在我国大陆当前的法学教育和法学研究中日益受到尊崇。然而,"当代德国法学名著"丛书虽然遴选了德国当代法学著述中的上乘之作,但囿于撷取名著的局限及外国专家的视角,丛书采用了学科分类的标准,而未区分注重体系层次的基础教科书与偏重思辨分析的学术专著,与戛然而止的"德国法学教科书译丛"一样,在基础教科书书目的选择上尚未能充分体现当代德国法学教育的整体面貌,是为缺憾。

职是之故,自 2009 年始,我在中国人民大学出版社策划了现今的"外国法学教科书精品译丛",自 2012 年出版的德国畅销的布洛克斯和瓦尔克的《德国民法总论(第 33 版)》始,相继推出了韦斯特曼的《德国民法基本概念(第 16 版)(增订版)》、罗歇尔德斯的《德国债法总论(第 7 版)》、多伊奇和阿伦斯的《德国侵权法(第 5 版)》、慕斯拉克和豪的《德国民法概论(第 14 版)》,并将继续推出一系列德国主流的教科书,涵盖了德国民商法的大部分领域。该译丛最初计划完整选取德国、法国、意大利、日本诸国的民商法基础教科书,以反映当今世界大陆法系主要国家的民商法教学的全貌,可惜译者人才梯队不足,目前仅纳入"日本侵权行为法"和"日本民法的争点"两个选题。

系统译介民商法之外的体系教科书的愿望在结识季红明、查云飞、蒋毅、陈大创、葛平亮、夏昊晗等诸多留德小友后得以实现,而凝聚之力源自对"法律人共同体"的共同推崇,以及对案例教学的热爱。德国法学教育最值得我国法学教育借鉴之处,当首推其"完全法律人"的培养理念,以及建立在法教义学基础上的以案例研习为主要内容的教学模式。这种法学教育模式将所学用于实践,在民法、公法和刑法三大领域通过模拟的案例分析培养学生体系化的法律思维方式,并体现在德国第一次国家司法考试中,进而借助于第二次国家司法考试之前的法律实训,使学生能够贯通理论和实践,形成稳定的"法律人共同体"。德国国际合作机构

(GIZ)和国家法官学院合著的《法律适用方法》(涉及刑法、合同法、物权法、侵权法、劳动合同法、公司法、知识产权法等领域,由中国法制出版社出版)即是德国案例分析方法中国化的一种尝试。

基于共同创业的驱动,我们相继组建了中德法教义学QQ群,推出了"中德法教义学苑"微信公众号,并在《北航法律评论》2015年第1辑策划了"法教义学与法学教育"专题,发表了我们共同的行动纲领:《实践指向的法律人教育与案例分析——比较、反思、行动》(季红明、蒋毅、查云飞执笔)。2015年暑期,在谢立斌院长的积极推动下,中国政法大学中德法学院与德国国际合作机构法律咨询项目合作,邀请民法、公法和刑法三个领域的德国教授授课,成功地举办了第一届"德国法案例分析暑期班"并延续至今。2016年暑期,季红明和夏昊晗也积极策划并参与了由西南政法大学黄家镇副教授牵头、民商法学院举办的"请求权基础案例分析法暑期研习班"。2017年暑期,加盟中南财经政法大学法学院的"中德法教义学苑"团队,成功举办了"案例分析暑期培训班",系统地在民法、公法和刑法三个领域以德国的鉴定式模式开展了案例分析教学。

中国法治的昌明端赖高素质法律人才的培养。如中国诸多深耕法学教育的启蒙者所认识的那样,理想的法学教育应当能够实现法科生法律知识的体系化,培养其运用法律技能解决实践问题的能力。基于对德国奠基于法教义学基础上的法学教育模式的赞同,本译丛期望通过德国基础法学教程尤其是案例研习方法的系统引入,能够循序渐进地从大学阶段培养法科学生的法律思维,训练其法律适用的技能,因此取名"法律人进阶译丛"。

本译丛从法律人培养的阶段划分入手,细分为五个子系列:

——法学启蒙。本子系列主要引介关于法律学习方法的工具书,旨在引导学生有效地进行法学入门学习,成为一名合格的法科生,并对未来的法律职场有一个初步的认识。

——法学基础。本子系列对应于德国法学教育的基础阶段,注重民法、刑法、公法三大部门法基础教程的引入,让学生在三大部门法领域中能够建立起系统的知识体系,同时也注重扩大学生在法理学、法律史和法学方法等基础学科上的知识储备。

——法学拓展。本子系列对应于德国法学教育的重点阶段,旨在让学生能够在三大部门法的基础上对法学的交叉领域和前沿领域,诸如诉讼法、公司法、劳动法、医疗法、网络法、工程法、金融法、欧盟法、比较法等有进一步的知识拓展。

——案例研习。本子系列与法学基础和法学拓展子系列相配套,通过引入德国的鉴定式案例分析方法,引导学生运用基础的法学知识,解决模拟案例,由此养成良好的法律思维模式,为步入法律职场奠定基础。

——经典阅读。本子系列着重遴选法学领域的经典著作和大型教科书(Grosse Lehrbücher),旨在培养学生深入思考法学基本问题及辨法析理之能力。

我们希望本译丛能够为中国未来法学教育的转型提供一种可行的思路,期冀更多法律人共同参与,培养具有严谨法律思维和较强法律适用能力的新一代法律人,建构法律人共同体。

虽然本译丛先期以择取的德国法学教程和著述为代表,但是并不以德国法独尊,而是注重以全球化的视角,实现对主要法治国家法律基础教科书和经典著作的系统引入,包括日本法、意大利法、法国法、荷兰法、英美法等,使之能够在同一舞台上进行自我展示和竞争。这也是引介本译丛的另一个初衷:通过不同法系的比较,取法各家,吸其所长。也希望借助于本译丛的出版,展示近二十年来中国留学海外的法学人才梯队的更新,并借助于新生力量,在既有译丛积累的丰富经验基础上,逐步实现对外国法专有术语译法的相对统一。

本译丛的开启和推动离不开诸多青年法律人的共同努力,在这个翻译难以纳入学术评价体系的时代,没有诸多富有热情的年轻译者的加入和投入,译丛自然无法顺利完成。在此,要特别感谢积极参与本译丛策划的诸位年轻学友和才俊,他们是:留德的季红明、查云飞、蒋毅、陈大创、黄河、葛平亮、杜如益、王剑一、申柳华、薛启明、曾见、姜龙、朱军、汤葆青、刘志阳、杜志浩、金健、胡强芝、孙文、唐志威,留日的王冷然、张挺、班天可、章程、徐文海、王融擎,留意的翟远见、李俊、肖俊、张晓勇,留法的李世刚、金伏海、刘骏,留荷的张静,等等。还要特别感谢德国奥格斯堡大学法学院的托马斯·M. J. 默勒斯(Thomas M. J. Möllers)教授慨然应允并资助其著作的出版。

本译丛的出版还要感谢北京大学出版社学科副总编辑蒋浩先生和策划编辑陆建华先生,没有他们的大力支持和努力,本译丛众多选题的通过和版权的取得将无法达成。同时,本译丛部分图书得到中南财经政法大学法学院徐涤宇院长大力资助。

回顾日本的法治发展路径,在系统引介西方法律的法典化进程之后,将是一个立足于本土化、将理论与实务相结合的新时代。在这个时代中,中国法律人不仅需要怀抱法治理想,还需要具备专业化的法律实践能力,能够直面本土问题,发挥专业素养,推动中国的法治实践。这也是中国未来的"法律人共同体"面临的历史重任。本译丛能预此大流,当幸甚焉。

李　昊

2018 年 12 月

前　言

欧盟委员会于2003年5月21日发布的《公司法现代化与公司治理完善行动纲要》(以下简称《2003年行动纲要》)给人这样的印象:欧盟公司法政策对上市公司有一定的关注,并尽可能通过成员国竞争来提高效率且仅在需要时进行协调。2012年12月12日发布的《公司法与公司治理新行动纲要》(以下简称《2012年行动纲要》)也是如此。此外,本质上,欧盟公司法政策向英美法理念靠拢的特征非常明显。不当交易规则(wrongful trading rule)的基础理念便是一个例子,如果公司不能继续支付其债务,公司董事决定既不采取补救措施确保债务的履行,又不进行清算(边码109)*,则公司董事应当对公司违约承担个人责任。在法学研究领域,《公司法剖析:比较与功能的视角》(第2版,2009年,第28—29页)**这本知名专著也产生了一些影响。该书同样侧重于上市公司和英美法视角,将效率以及所谓的"股东利益最大化"(shareholder value)定义为公司法的中心。

相反,本书首先基于如下事实:整个欧洲范围内仅有一小部分公司是上市公司,公司法由中小型企业主导。基于此,控制权交易或投资者保护等资本市场法相关的法律标准和原则在我们看来并非公司法的核心。其次,法律首要关注的是正义而非效率。就公司法而言,其核心问题并不是如何保护股

---

* 本书类似注解,均指本书边码。——译者注
** 为与原著保持一致,此处引用版本为外国作品,而非译本。——译者注

东的最大利益，而是如何保护受到企业活动影响的**所有**利益相关者的利益，包括债权人以及其他第三方主体的利益。《欧盟运作方式条约》(TFEU)提醒我们不要忘记在公司法和设立自由领域立法时应当保护"公司成员**和其他主体**的利益"(《德国民法典》第50条)。本书以欧洲大陆核心的法律体系为研究重点，例如，奥地利、德国、法国、瑞士、西班牙、意大利(按汉语拼音首字母排序)，并探讨比利时、荷兰、葡萄牙以及北欧诸国的开创性制度贡献。

作者衷心感谢因斯布鲁克大学企业法与税法研究所以及慕尼黑大学国际法研究所的所有成员对本书的认真编辑和校对。同时也由衷感谢迪安娜·道纳尔(Tianna Dauner)律师及其团队为本书提供的语言支持。

根特·H. 罗斯
彼得·金德勒
2013年6月于因斯布鲁克和慕尼黑

目　录

第一章　概　述 / 001
　第一节　欧盟公司法中的自由与责任 / 001
　第二节　关于法律体系的选择问题 / 017
　第三节　本研究的法律政策背景 / 026

第二章　法定最低资本金与资本保护 / 038
　第一节　有限责任与风险转移 / 038
　第二节　资本确定与法定最低资本金 / 046
　第三节　资本缴纳 / 058
　第四节　公司设立的其他方面 / 076
　第五节　资本维持 / 080
　第六节　刺破公司面纱（直索责任）/ 099

第三章　公司组织机构 / 105
　第一节　组织机构与利益多元化 / 105
　第二节　公司组织机构与风险限制 / 111
　第三节　作为股东"受托人"的董事会成员 / 113
　第四节　公司组织机构的职权界分与层级 / 117
　第五节　董事会成员的义务与责任 / 142

第四章　少数股东权益保护 / 162
　第一节　基本原则 / 162
　第二节　程序性少数股东保护 / 173
　第三节　实质性少数股东保护 / 194

第五章　公司的外部控制 / 219
　第一节　控制目的与控制工具 / 219
　第二节　年度审计 / 220
　第三节　强制性法律形式 / 223
　第四节　信息披露 / 241
　第五节　作为法律政策期待目标的外部控制扩张 / 255

第六章　欧洲公司法的未来 / 256
　第一节　起　点 / 256
　第二节　本书各章节的结论 / 259
　第三节　对公司法领域欧盟法律政策的评价 / 266

附录1　术语检索 / 271

附录2　缩略语 / 289

附录3　参考文献 / 295

译后记 / 323

第一章　概　述

第一节　欧盟公司法中的自由与责任

一、处于十字路口的欧盟公司法

通向欧盟公司法的未来有两条路径,这两条路径发展的先例已经被勾勒出来。一条路径是欧盟机构建立标准、进行法律融合并制定统一法,即"由上而下"的决策;另外一条路径是在不同成员国国内法的制度供给上进行选择,这是不同法律体系之间的竞争,企业设立人基于其偏好进行选择,即"由下而上"的决策。法律融合最初居于主导地位,这体现在自1968年[1]起制定的众多公司法领域的欧盟指令中。这些指令主要涉及股份公司的规范,并且在内容上沿袭了德国法律体系中对股份公司高强度的法律规制和对法律确定性的高要求。对此,最恰当的例子是1976年的《欧盟公司法第二指令》或称《欧盟资本指令》。[2]

根据欧洲法院(ECJ)自1999年以来作出的判决,有限责任公司被视为是一种供自愿选择的替代性法律模式。欧洲法院对

---

[1] First or Disclosure Directive 68/151/EEC dated 9 March 1968.
[2] 77/91/EEC dated 13 December 1976.

Centros 案、Überseering 案和 Inspire Art 案[3]作出的判决彰显了，位于特定欧盟成员国的企业设立人可以利用（欧盟）外国法上规定的其他企业法律形式进行经营，即使其与该（欧盟）国没有任何实际上的联系。[4] 尽管自 Cadbury-Schweppes（2006）案以及 Vale（2012）案[5]之后，上述解读的法律基础已经变得薄弱[6]，但是，实践中许多国家已基于上述理解采取了过快的行动，尤其是德国、丹麦和荷兰。[7] 这清楚地显示了企业设立人偏好规制程度较低的法律体系，尤其在企业设立方面，典型为英国有限责任公司。2010 年，大约有 5 万家德国企业做出了这样的选择。[8] 这一法律趋势直击欧陆有限责任公司（GmbH）的核心，因为自 1892 年以来，该企业法律形式一直被当作英国有限责任公司（Limited）的替代选择。[9]

产生这种现象的原因在于，英美法中的监管理念要求并不严格，至少针对企业的设立而言是如此。针对这一点，资本金的要求是最为典型的例子。例如，奥地利法规定的法定最低注册资本金是三万五千欧元，德国法经过 2008 年改革后规定有限责任公司的法定最低注册资本金是二万五千欧元（详见边码 33、39*）。

---

[3] Matter C-212/97, Centros (1999) ECR I-1459 = ZIP 1999, 438; matter C-208/00 Überseering BV/Nordic Construction Baumanagement GmbH [NCC] (2002) ECR I-9919 = ZIP 2002, 2037; matter C-167/01 Kamer van Koophandel en Fabrieken voor Amsterdam/Inspire Art Ltd (2003) ECR I-10155 = ZIP 2003, 1885.

[4] BGH NZG 2005, 508; Austrian OGH RdW 1999, 719; from the German literature among others, Behrens, in: Ulmer, GmbHG, Annex. B marginal no. 39; Bayer, in: Lutter/Hommelhoff, GmbHG, § 4 a marginal no. 9; Lutter/Bayer/Schmidt, EuropUR, § 6 marginal no. 30, 49 et seq. ; Raiser/Veil, Recht der Kapitalgesellschaften, § 58 marginal no. 5.

[5] ECJ matter C-196/04, Cadbury Schweppes and Cadbury Schweppes Overseas (2006) ECR I-8031 = ZIP 2006, 1817; matter C-378/10, Vale Epitesi kft, ZIP 2012, 1394 = NZG 2012, 871.

[6] Additional information at fn. 34.

[7] Lutter/Bayer/Schmidt, EuropUR, marginal no. 31, with additional citations.

[8] 数据来自 Niemeier, in: FS Roth, p. 533; previously Westhoff, GmbHR 2007, 474; Bayer/Hoffmann, GmbHR 2007, 414。

[9] Cf. Fleischer, ZHR 174 (2010), 385, 411.

* 指本书边码，即原书页码。——译者注与之相反，英国有限责任公司仅需1便士作为注册资本金。这不仅对企业设立人有吸引力，其规制路径也对欧盟机构产生影响。例如，从依据《欧盟资本指令》进行多种自由化措施中可以观察到这一影响。[10]

与此同时，英美法是上文提及的第二条发展路径的代表，即企业法律形式以及与之相关联的法律体系的选择应采取自由化的基本原则和理念。就公司而言，英国法及与之联系密切的法律体系适用冲突法规则中的"设立地原则"。这样的方式使立法者在实体规则和冲突法规则上赋予当事人很大的自由裁量空间：一方面是**设计的自由**（Freedom of design），另一方面是**企业法律形式选择的自由**。德国、奥地利及其他欧陆成员国则强调高强度强制性规范的重要性，并据此为所有利益相关者提供有效的法律保障，尽可能要求国内企业选择国内法中的企业法律形式并受国内法调整。这意味着，其国内企业在法律冲突时遵循"真实住所地原则（real seat theory）"。当事人（企业设立人）在两个层面承担着遵循政府监管框架的义务。

上述方式使欧盟法律政策面临着当前采用何种监管理念的艰难选择，或者采用何种妥协方案——为某一种监管理念提供更多的空间。所涉及的基本问题并不仅仅是如何标准化欧盟公司法的问题，即英美法传统和欧陆法传统哪一个能够在实体法规则上提供更加优越的解决方案[11]，更涉及支持还是反对不同法律体系间竞争的问题。后者涉及欧陆法传统，即将成员国法视为核心的法律原则，而这些原则会对（法律体系）自由竞争产生障碍。

欧盟委员会也充分意识到这种"十字路口"的选择困难。

---

［10］ See also alternatively Merkt, in: Müller - Graff/Teichmann, Europäisches Gesellschaftsrecht auf neuen Wegen, p. 81; Lutter/Bayer/Schmidt, EuropUR, § 8 marginal no. 14, § 20 marginal no. 236 et seq. The Amending Directive 2006/68/EC introduction modest deregulation primarily in Art. 10 a, b and 19 et seq. 成员国法层面相应的发展，参见 Bayer, report to 67. DJT 2008, Kalss/Schauer, report to 16. ÖJT 2006。

［11］ 关于共同体法在更好的规制或者最佳实践路径意义上的进一步发展，参见 Weber-Rey, ECFR 2007, 370, 28, Deutscher Notartag Köln 2012 (DNotZ 2013, special issue)。

2012年2月[12]，欧盟委员会在一份关于欧盟公司法未来的咨询文件中提出了欧盟公司法未来目标的基本问题[13]，并且针对这一问题给出了以下反馈：

◇ 为规制竞争设定正确的框架，允许高度的灵活性和自由选择；

◇ 对职工更好的保护；

◇ 对债权人、股东及成员更好的保护。

法律体系之间的竞争将欧盟公司法的新理念推到前沿。例如，格伦德曼（Stefan Grundmann）写道："无论如何，我支持把不同监管者之间有序的竞争作为一种规范上的（法律）现代化的方式"[14]，并进一步强调"从欧盟基本条约规范的角度而言，成员国监管者之间的竞争是被允许的"[15]。但采取较为保守态度的戴希曼（Christoph Teichmann）写道，"公司法领域监管者间的竞争构成了欧洲单一市场统一化的组成部分"[16]。相反，魏德曼（Herbert Wiedemann）三十年前便已经意识到，"自由竞争的原则并不是一个适当的衡量立法者的标准"[17]。

尽管单一市场作为欧盟法律（《欧洲联盟条约》第3条第3款）的指导原则并受竞争原则约束这一问题没有争议，但如果将其作为发展法律的正当性[18]基础，则混淆了市场与竞争之间的关系，即忽略了作为行动自由空间的市场与其运行的（外在）法律规制框架之间的关系。

---

[12] European Commission, Internal Market and Services Directorate General, Consultation on the future of European company law.

[13] Under heading II., Objectives of European company law, question 5.

[14] NZG 2012, 420.

[15] Grundmann, Europäisches Gesellschaftsrecht, p. 82.

[16] In: Müller-Graff/Teichmann, Europäisches Gesellschaftsrecht auf neuen Wegen, p. 43.

[17] Gesellschaftsrecht Vol. 1, 1980, p. 783.

[18] 持相同的观点（尽管所强调的重点有所不同）Eidenmüller, JZ 2009, 641 et seq.; Grundmann, ZGR 2006, 783 et seq.; Kieninger, Wettbewerb der Privatrechtsordnungen im Europäischen Binnenmarkt, 2002; Klöhn, RabelsZ 76 (2012), 276 et seq.

二、公司法的目的

(一)不同的规制理念

事实上,不同规制理念之间的关系是复杂的。彼此具有竞争关系的规制理念是基于两种不同的公司目的理论。为了方便阐释,将这两种理论分别称为契约自由理论(freedom to contract)和国家规制政策理论(state regulatory policy theory)。简言之,根据前一种理论,法律是立法者提供的模板,用以简化私人间经协商达成的协议;后一种理论是将法律理解为一种政府监管框架的具体规范(governmental specification of a regulatory framework),当事人既不能更改,也不能够排除适用。后者是欧陆公司法遵循的传统,其监管框架的核心要素是下文探讨的主题。

受到英美法影响的著名比较公司法著作《公司法剖析:比较与功能的视角》非常清晰地概括总结了契约自由理论,并将其视为具有普遍适用性的重要解释模式:

"理论上,公司这一法律形式的定义要素均可以通过契约来实现……

公司法……提供了一份标准形式的合同,当事人可以依其意愿选择适用,法律简化了当事人之间合同缔结的过程……"[19]

在这种解读中,公司被当作一种合同的集束(或网络),当事人完全可以自由设计;法律仅是一种标准协议,当事人可以自愿使用,以便简化其组织任务,否则,这些工作必须由当事人自己来完成。这也意味着,参与人可以基于自身利益考量采取所有必要的预防措施,通过其期望的方式或者对方接受的方式来

---

[19] Kraakman et al., The Anatomy of Corporate Law, pp. 19/20.

分配经济风险,抑或通过获得风险溢价来保障其参与权和控制权。[20] 这意味着,法律仅仅是为所有事项提供了一种不具有拘束力的建议。结合其他研究文献,上述理解采用的假设是:"如果存在一种市场化的解决方案,则没有必要规制"[21]。

必须承认的是,契约自由理论的整体内容要远比上述引文的内容复杂[22];而且,同样不可否认的是,契约自由理论也并没有忽略强制性规范的存在。但是,强制性法律规范被解释为基于对"缔约失败"(即合同缔结进程的破裂)的担忧而采取的补救措施。诸如,会计法规则被视为具有实现标准化的功能,通过统一化实现法律的确定性,类似于要求靠右行驶的交通规则。如果"立法提供了一个广泛的备选范围",强制性规范甚至可以被声称同时具有促进私法自治之自由选择与提高法律确定性的功能。在这种情况下,特定企业法律形式的选择具有较低程度的任意性。相反,立法者提供的选择范围的广度创造了私法自治的空间。此种类型的私法自治还有可能因当事人可以"在不同法律体系之间选择"得以强化。[23]

另外,欧陆公司法允许企业组织选择结构和法律形式,即在成员国国内法提供的两种公司形式之间进行选择(这一模式后来被美国法继受)。这样的方式使得当事人能够不同程度地排除特定法律规定的适用原则。相应地,契约自由体现在成员国国内法所规定的法律形式多样化以及多种结构性选择上。这些是本国

---

[20] 数十年前,在职工共决的辩论高峰时期,类似的观点构成了监事会中对职工共决权质疑的核心思想,而该思想受到了英美法传统和法律经济分析的启发;参见 Roth, ZGR 2005, 348, 360。

[21] Eidenmüller/Schön, The Law & Economics of Creditor Protection, following Eidenmüller, Effizienz als Rechtsprinzip, 1995, p. 58.

[22] 美国的文献,参见 Fleischer, ZHR 168 (2004), 673, 685。

[23] The Anatomy p. 37. 关于通过欧盟法供给企业法律形式(诸如欧洲有限责任公司)形成纵向的规制竞争并扩张企业法律形式的主题探讨,参见 Bachmann, in: FS Hommelhoff, 2012, p. 21; Bachmann, in: Bachmann et al. (eds.), Rechtsregeln für die geschlossene Kapitalgesellschaft, p. 196; Klöhn RabelsZ 76 (2012), 276; Fleischer ZHR 174 (2010), 385, 413; Jung (ed.), Supranationale Gesellschaftsformen im Typenwettbewerb。

居民可以期待的契约自由,无须通过外国法律的制度供给来加强。[24] 相反,外国的制度供给于欧陆法律体系而言属于"异物",市场和私法自治的效率在该体系内部遭到更多怀疑,因为该法律体系更加注重公司法强制性规范所提供的规制框架及其法律保障功能。[25] 我们坚定地认为,这一路径具有正当性,在欧盟法发展的背景下不必放弃。

(二)规制竞争

然而,上述欧陆国家希望(即便并非出于自愿)抵御不同法律体系之间的国际竞争,如果这些成员国的立法者深信其法律框架具有优越性,他们也应当如此。也就是说,基于社会效率标准,如果规制政策模式与替代性模式具有同等效果或者优于替代性模式,那么**规制政策模式**在维持其国际竞争地位上应当没有问题。一旦设立人认为在债权人获得更好保障的基础上其更容易被(交易对象)接受,这些规制政策模式的接受度就会提高。例如,设立人可以更容易地以更实惠的条件借款,因为对债权人的保障反过来也给设立人带来了好处。

德国和法国(在一定程度上代表了所有欧陆国家)正在合作推广"罗马法–日耳曼法"传统下的公司法,并以下列内容为题:

欧陆法:全球化、可预期性、灵活性、成本效益性。[26]

其中,"安全、可预期和效率的价值","灵活性和企业自由选择与交易对象、债权人和投资人法律保障与投资保障"的范围被作为制度优势予以强调,并通过发挥民事公证人的功能得以确保。

但是,德国法与英国有限责任公司法竞争的五年经验[自

---

[24] The BVerfG [German Federal Constitutional Court] believes a reasonable choice among a sufficient number of legal entity forms to be appropriate, BVerfGE 50, 290 = NJW 1979, 699 (Co-determination ruling) sub C III 2 a.

[25] For details see Haberer, Zwingendes Kaptialgesellschaftsrecht, 2009; there p. 721 on the conflict between protective interests and private autonomy. In general on the protective function of mandatory law Möslein, Dispositives Recht, 2011, p. 164.

[26] 德国、法国在司法部的支持下,律师协会组织制作的宣传册(柏林/巴黎,2011)。

2003年Inspire Art案催生德国法于2008年创设企业主公司（UG）以来］得出了非常严肃的结论，即企业设立人对"舒适"设立程序的兴趣是决定性因素。法律体系和企业法律形式的"市场"明显不够有效，无法将所有衡量标准纳入考量范围之中。[27]

然而，批判性的探讨应当在更深层次上进行。理想状况下，市场竞争的框架应当以如下方式构建，从而防止参与主体将成本转嫁（即外部化）给未参与的第三方主体。基于此，欧陆规制政策模式的支持者反对将债权人保护、职工保护等其认为至关重要的标准交由设立人自由选择，笔者认为这一观点是正确的。英美法是否对此持不同观点呢？两大法系间或许并非所有但具有众多差异的解释都可以从下列事实中获得，即尽管（英国、美国）这些国家将其公司法置于设立人自由选择之下，但这种可选择性绝不适用于保护性规则（保护标准）。相反，而是将这些规则成文法化并规定不得由当事人排除。除此之外，很多法律规则在法律体系中被放置在**其他领域的法律**中。这意味着，这些规则被赋予了另外一个"标识"。例如，债权人保护的规则在破产法中；职工利益保护规则规定于就业法；资本市场法以投资者保护的形式为股东和债权人提供了部分保障等。与此同时，冲突法规则缩小了自由选择的范围。[28] 其他情况下，欧陆公司法中其他形式的法律工具已经发展成功能性替代品。例如，针对不当行为（wrongdoing）（英国法称之为"不当交易"）规定行政和刑事制

---

〔27〕 See formerly Roth, ZGR 2005, 348. 关于欧盟内不同法律体系抑或公司法的竞争参见 Kieninger, Wettbewerb der Rechtsordnungen, 2002; Heine, Regulierungswettbewerb im Gesellschaftsrecht, 2003; Westermann, GmbHR 2005, 4; Schön, 43 Common Market L. Rev. 331 (2005); Röpke, Gläubigerschutzregime im europäischen Wettbewerb der Gesellschaftsrechte, 2007; Fleischer, ZHR 174 (2010), 385; Sachdeva, Eur. J. Law&Econ. 30, 137 (2010); Bachmann et al. (eds.), Rechtsregeln für die geschlossene Kaptialgesellschaft, p. 201 et seq. Regarding limited market rationality, see text accompanying fn. 40。

〔28〕 关于英国通过破产法对债权人的保护，参见 e. g., Bachner, in: Lutter, Das Kapital der AG in Europa, p. 526. For purposes determining the COMI (Center of main interest) for purposes of insolvency law, see Art. 3 European Insolvency Regulation; on the topic of its arbitrary transfer, see ECJ IPRax 2006, 149 with comments by Kindler 144; ECJ ZIP 2010, 187; 2011, 2153。

裁，而不是（像欧陆法那样）由民事公证人以及登记法院发挥预防性功能（详见第五章）；反之，人事任职资格不适格的规定也有助于发挥预防性功能。[29]

2008年颁布的《德国有限责任公司法现代化与反滥用法》迈出了第一步，将传统公司法的债权人保护规则（例如，股东借款规则、申请破产的法律义务等[30]）转移到《德国破产条例》中，这并非偶然。当然，不难想到的方案是将股份公司和有限责任公司法中关于最低注册资本金的要求更换为破产法中股东特定责任额（commitment amounts）规则并进而实现排除股东选择不同法律体系可能性。[31]但是，在一个法律体系内重新归类或者重新"贴牌"法律规则很难说是一种真正的解决方案。[32]这完全脱离以下事实，即传统的法律体系并非是任意的，其构成要素之间相互关联、协调，在这种情况下，其体系背景具有自身价值。这反过来会促进法律的透明性，从而增强法律的确定性，并最终稳定固化为内部协调一致的规则与理论体系（solidified to dogma）。

事实上，上文涉及到**欧陆法律保护体系中规制政策**的实质内容。在国际法律比较中，必须阐明这些实质内容。假设这些实质内容能够经受住批判性的审查，它将基于审查获得正当性基础。这一正当性不仅要求规则的内容在未来欧盟公司法中被立法者纳入考量范围，而且也要求禁止通过变更法律部门来允许企业设立人自由选择和处分。

尽管如此，关于成员国不同公司法之间自由选择的疑虑也在欧盟法院的新近判决中得到回应。该法院的判决认定，设立人在

---

〔29〕 England: Company Directors Disqualification Act 1986。

〔30〕 针对后者，参见 Roth/Altmeppen, GmbHG, prior to § 64 marginal no. 2。

〔31〕 关于公司法与破产法的互动关系，参见以下类似主题的文献 Kienle, in: Süß/Wachter, Hdb. des internationalen GmbH-Rechts, p. 137; more comprehensive Kindler, Die Abgrenzung von Gesellschafts-und Insolvenzstatut, in: Sonnenberger (ed.), Vorschläge und Berichte zur Reform des europäischen und deutschen internationalen Gesellschaftsrechts, 2007, p. 389 et seq。

〔32〕 Accord, Trenker, Insolvenzanfechtung gesellschaftsrechtlicher Maßnahmen, Innsbrucker Schriften zum Unternehmensrecht Vol. 1, 2012, p. 132.

不同成员国法律之间自由选择[33]的法律基础是欧盟法基本自由之一的"设立自由原则",其明确要求必须在所选择的法律体系中有真实的设立行为。[34] 针对基于英美法传统的成员国次级法中的放松管制措施,欧盟委员会在 2012 年 12 月公布的《2012 年行动纲要》[35]中仅指出"在简化立法举措方面缺乏进展",并未针对公司法领域的进一步发展宣布任何实质性的调整,局限于计划通过"合并既有公司法指令"来实现广泛的法典化,并表明消除法律冲突、使法律文本更加"便于阅读"的意愿。

三、欧陆公司法法律保障的关键事项

在一个法律体系中,保障特定利益的价值或必要性涉及公司法框架下标准化的利益以及利益群体的类别;这些群体或对公司享有利益,或受到公司经营活动的影响。正如欧盟委员会咨询文件提到的,这首先涉及债权人、股东抑或合伙人,包括未来被视为股东的投资者、债权人以及职工。这里需要对以下两种法律工具进行区分:一种是旨在保障特定化群体或利益(例如,公共部门作为债权人)的法律工具;另一种是旨在保护更加广泛的利益(诸如,基于董事法律责任制度而获得的一般利益)。如下文所述,我们将集中讨论代表欧陆公司法核心要素的四种类型群体。与此同时,较之英美法对应的法律制度,它们是四种不同性质解决方法的例证。

---

[33] Still expressed by Advocate General in his opinion in the Vale matter, ZIP 2012, 465.

[34] See above, fn. 5 and also MüKoBGB/Kindler, IntGesR marginal no. 128; identical NZG 2009, 130; IPRax 2010, 272; EuZW 2012, 888; Roth/Altmeppen, GmbHG § 4 a marginal no. 43; Roth, Vorgaben der Niederlassungsfreiheit für das Kapitalgesellschaftsrecht, p. 12; identical EuZW 2010, 607; ZIP 2012, 1744; König/Bormann, NZG 2012, 1241; Schopper/Skarics, NZ 2012, 321. The European Commission also took the key passage of the vale judgement, marginal no. 34, into account in its Action Plan 2012 (next fn.); fn. 43.

[35] Communication from the Commission to the European Parliament, the Council, the European Economic and Social Committee and the Committee of the Regions. Action plan: European company law and corporate governance - a modern legal framework for more engaged shareholders and sustainable companies, Brussels, 12.12.2012, COM (2012) 740/2.

本书的研究路径排除了其他类似的重要类别：其一，职工共决权规则，这是欧洲范围内极具争议的问题。其二，与资本市场相关的保护投资者的法律工具，这些规则已经独立于公司法。其三，与企业集团相关的法律规则，这些规则在欧盟法层面[36]以及诸多成员国法层面仅发挥着次要作用。其四，企业会计规则，该领域国际标准化的进程已经开始。最后，我们必须强调的是，本书将探讨的范围局限在与**公司**相关的法律规则或者公司法。然而，通过排除资本市场法和企业集团法，即使不像巴赫曼（Gregor Bachmann）等人新近出版的论文集——《封闭性公司的法律规则》[37]那样在题目上明确限缩探讨的范围，我们研究的焦点也是事实上处于欧陆法首要地位的企业法律形式，即非上市的、人合性导向的企业，例如，众多类型的小企业，甚至是大量的有限责任公司。这些企业不仅在数量上占据主导地位，而且在多数国家（除瑞士外）的经济发展中也占据主导地位。以德国为例，与股份公司相比，有限责任公司营业额与资本量的比例约为 2∶1。[38]

（一）资本结构

首先，我们将探讨公司的资本结构问题。公司资本结构的学术争议最为激烈，这可能是由于资本制度可以用数字来阐释。长期以来，资本制度是极具争议的热门话题，在学者和政策制定者间引发了极大的争议。通常这一问题讨论的起点是，公司资本结构对债权人保护（首要功能）和与其他股东、潜在投资人关系中的

---

[36] 此前提到的《2012年行动纲要》中（第4.6）也是限于基于融合目的采取审慎的措施。

[37] Bachmann et al. (eds.), Rechtsregeln für die geschlossene Kapitalgesellschaft.

[38] Roth/Altmeppen, GmbHG, Intro. marginal no. 8. 瑞典和芬兰区分了两种形式的股份公司，一种是公众股份公司，另一种是封闭（私）股份公司；这导致部分人会认为这两个国家不存在与德国"有限责任公司"（GmbH）相对应的法律形式（Sjösted, in: Ars Legis (ed.), Kapitalgesellschaften in Europa, country report Sweden, p.297）。但是，这两个国家的确存在不同法定最低资本金的要求。《欧盟披露指令》针对芬兰进行了列举（但对瑞典并不是如此）；而丹麦则在其国法中通过不同的名称进行了规制（see Moll, in: Ars Legis (ed.), Kapitalgesellschaften in Europa, report Finland, p.97）。

个体股东利益保护（次要功能）非常重要。[39] 但是，英美法的首要关注点是资本维持，而欧陆法（尤其是德国法）强调资本的缴纳（raising capital）。这导致一项特殊的法律制度，即最低注册资本金成为关键点，该法律制度在外国法律体系中遭到了反对和误解。这也成为英美法成员国阵营推动改革《欧盟公司法第二指令》（针对股份公司）的原因。

相反，在英美法传统中，资本制度作为阐释并批评其理论基础（即"契约理论"）的例子也是极为适合的。根据契约理论，不仅是公司股东，公司债权人也能够且必须通过达成相应的契约条款来保护自身利益。但是，他们在达成相应条款时必须面临这样的现实，即有限的理性和认知、长期契约关系的动态变化、当事人之间协商能力的不对等、信息不足、交易成本等问题。事实上，这是契约理论的根本性问题。行为理论和风险研究也表明了类似的以契约理论为支撑的私人自我保护理念有效性的局限。[40] 这些问题均将在本书第二章资本结构中详细探讨。

（二）组织结构

关于第二个话题公司的组织结构，其根本问题在于所谓的"委托-代理冲突（principal-agent conflict）"。对于所有法律体系来说，该冲突都耳熟能详。"公司治理"的概念正在推动德国和其他国家当前的研究。[41] 一个可能的共识是，双轨制的解决方案是一种尽可能融合不同利益的适宜（尽管可能并非长久）策略。这可以通过设定适当的激励机制并结合对代理人的有效控制以防止机会主义和懒惰。不同法律体系的路径选择首先在设置

---

[39] 其他与债权人保护相关的优先项：Schön, in: Bachmann et al. (eds.), Rechtsregeln für die geschlossene Kapitalgesellschaft, pp. 123, 155。

[40] Williamson J. Law & Econ. 22, 233 (1979), identical ZgS 1981, 675, 676; Fleischer/Zimmer, Beitrag der Verhaltensökonomie zum Handels-und Wirtschaftsrecht, 2011; Roth/Bachmann, in: MüKoBGB 6th ed., § 241 marginal no. 144; Roth, in: MüKoBGB 5th ed., § 313 marginal no. 38 et seq.; Weber, Behavioral Finance, 1999; Bense/Bechmann, Interdisziplinäre Risikoforschung, 1998; Luhmann, Soziologie des Risikos.

[41] 类似地，欧盟委员会在其《2012年行动纲要》中也进行了特别强调。

一个有效的组织结构上存在差异,即便是在具有欧陆法传统的欧盟成员国之间亦是如此。例如,德国和奥地利设置了双层制结构,即通过一个独立的控制机构(监事会)对管理机构进行控制。这种结构既适用于股份公司,也适用于大型的有限责任公司。一些其他的欧盟成员国将此种组织结构安排仅作为备选之一。然而,其替代形式(单层制模式)认为对公司管理层的控制不能完全交由股东整体来完成。单层制通过在管理层中设置独立成员的方式来实现对其他董事的控制。

反过来,这种独立性也是德国法监事会制度存在的首要问题,现在看来可以从另外一个角度评估。管理层与股东之间的利益冲突于德国立法者而言可谓刻骨铭心,管理层的独立性依然是一个争议问题。[42] 在英美法的影响范围内,对于少数股东利益保障而言,多数股东的独立性应当得到保障。在单层制体系内部,实现这一目标更多依靠董事会中的独立董事,而非监事会。[43]

(三) 少数股东利益保护

针对少数股东利益保护这一问题,问题分析与尝试的解决方案都存在较高程度的重叠。一方面是多数股东对决策权的根本利益需求,另一方面也不能忽视少数股东因此面临的利益威胁。这在多数股东追求自身利益、以牺牲其他股东利益为代价来行使表决权的情况下尤为明显。日常的利益冲突中也是如此,例如财务能力或者经营政策的差异(如对待风险的不同态度)。一整套多样化的解决方案通过不同的排列组合以及不同的侧重点来提供法律救济。一方面,这里涉及的是形式上的少数股东权利。例如,(决议)表决权绝对多数的要求旨在保障参与权,即"虽被否决但没有被忘记",信息获取权(知情权)旨在保障公司机关作出适

---

[42] Roth/Wörle, ZGR 2004, 565 et seq.

[43] Enriques/Hansmann/Kraakmann, in: Kraakmann et al., The Anatomy of Corporate Law, pp. 65, 95; Davies/Enriques/Hertig/Hopt/Kraakmann, in; kraakmann et al., The Anatomy of Corporate Law, p. 311.

当的决策。这虽然对被否决的少数股东没有实际好处,但能够对透明性和监督产生影响。监督事项引出少数股东权的另一方面,即对少数股东的实质性保护,其重点是分析和评价多数股东决策的实质内容。对此,少数股东可以诉讼的方式请求法院确认。这一评估可能是被普遍接受的,即(作为最低程度的要求)多数股东的忠实义务和法律要求的利益考量应当通过实质性控制机制予以实施。但与此同时,针对可诉性以及提起商业决策诉讼的能力必须采取制约措施。

在根本性事项上的共识是极为可贵的,因为这涉及股东之间的关系以及(从英美法的角度而言)真正的公司法[44],即基于契约理论将公司的设计交由当事人决定。当然,对于这一路径的反对意见,上文关于有限理性的内容已经论述过。不过,这些反对意见在因过度乐观或低估风险而引起的典型问题中变得更加清晰。[45] 英美法的制定法通常将形式上少数股东的权利交由当事人自由裁决[46],实质性保护则通过基于一般条款的司法裁判来实现。[47] 相应地,英美法体系在这一领域被评价为规制强度较低;尽管如此,少数股东保护的有效性仍被更好地实现。这一"悖

---

〔44〕 然而,在美国,资本市场法为投票权的重要组成部分并为其行使(例如代理投票)提供了激励。

〔45〕 Accord on this point, Fleischer, in: Bachmann et al. (eds.), Rechtsregeln für die geschlossene Kapitalgesellschaft, pp. 35 et seq., 105 et seq., 73.

〔46〕 关于着重探讨董事会/监事会中少数股东代表的问题,参见: Enriques/Hansmann/Kraakmann, in: Kraakmann et al., The Anatomy of Corporate Law, pp. 90 et seq., 105 et seq.; other focus on the topic of participation rights under English law Arzt − Mergemeier, Der gesellschaftsrechtliche Minderheitenschutz in Deutschland, England und Frankreich, p. 109. Similarly on the topic of subscription rights, which is a significant instrument for protecting minority participation rights in the U.S. but is largely dispositive, see Fleischer, in: Bachmann et al. (eds.), Rechtsregeln für die geschlossene Kapitalgesellschaft, p. 35 and fn. 58; see below Ch. 4 III 3 for a comparison to Continental Europe。

〔47〕 类似观点参见: Arzt − Mergemeier, Der gesellschaftsrechtliche Minderheitenschutz in Deutschland, England und Frankreich, pp. 170 et seq., 233 for England, in principle Hofmann, Der Minderheitenschutz im Gesellschaftsrecht, for the U. S. However, a general right to nullify resolutions is unknown in England, Fleischer, in: Bachmann et al. (eds.), Rechtsregeln für die geschlossene Kapitalgesellschaft, p. 57。

论"乍看令人惊讶。

但这以下述假设为前提,即有效性可以用一种控制权溢价(using the parameter of a control premium)来衡量。普通股票市场上支付给"大块"股份(Block of stock)的溢价越低,少数股东利益的保护就越高。基于上述前提,欧陆法中(少数)股东权利得分较低(斯堪的纳维亚法律体系可能是例外)。得分最低的是拉丁美洲国家,其平均溢价率为25%至30%,而德国的平均溢价率是10%至15%,低于欧盟20%的平均水平,但相较于英国、美国以及日本,德国的平均溢价率依然较高。[48] 然而,控制权溢价这一指标可能更大程度上是由其他因素导致,例如,受到市场稀缺性或者股东结构的影响。[49] 溢价通常会在大块股份产生控制权的情形下出现。因此,大块股份的溢价成为少数股东需要获得保障的表征,却不是少数股东保护程度的表征。因为这意味着已经成立的多数权"股份块"的存在。也正是基于这一原因,少数股东利益保护的问题在股份更为分散的英美法中更容易被解决,但对于其他股东结构的国家几乎没有作用。[50] 最后,要得出这样的结论——一个国家的多数股东控制地位仅仅是由与管理层控制相关的法律缺陷造成的,并因此将少数股东保护的缺陷归因于一般性的委托代理冲突(第三章),似乎是有些牵强的。[51] 其他类似将这种控制地位视为少数股东法律保护存在缺陷的结果的假设也是如此,反之亦然,可将这种缺陷归因于受占有控制地位的多

---

[48] 数据来源于:Schäfer/Ott, Ökonomische Analyse des Zivilrechts, p. 646; Enriques/Hansmann/Kraakmann, in: Kraakmann et al., The Anatomy of Corporate Law, p. 107; Hofmann, Der Minderheitesschutz im Gesellschaftsrecht, p. 16。

[49] Enriques/Hansmann/Kraakmann, in: Kraakmann et al., The Anatomy of Corporate Law, p. 108。

[50] Hofmann 对美国法中的少数股东保护也持同样观点,但并未提供示例, ibid. P. 699。令人印象深刻的是,在美国封闭性公司中,少数股权折扣(即多数股权溢价的对立面)比德国高,位于25%至33%之间,参见 Fleischer, ZIP 2012, 1633, 1653 and fn. 30 et seq。

[51] 相同观点参见 Schäfer/Ott, Ökonomische Analyse des Zivilrechts, p. 646。

数股东的政策影响。[52]

(四)外部控制

本书第四个一般性话题涉及法律保障机制,欧陆法与英美法对此分歧甚大。一方面这与罗马法公证人制度的法律遗产有关系,法律遗产存在于多数欧陆国家的公司法中(斯堪的纳维亚国家例外)[53];另一方面与公共管理部门对于事前预防控制的基本态度有关。尽管《欧盟披露指令》(Disclosure Directive)[54] 规定,所有欧盟公司的设立须采取预防性行政控制或者官方公证(official authentication)模式(第11条)。但该指令不仅允许排除后者,而且针对登记允许在商事登记信息的强制披露中采取不同程度的控制。例如,对于德国股份公司(AG)和有限责任公司(GmbH),德国登记法院(Registergericht)必须审查提出申请内容的正确性(例如,实物出资的价值),而英国公司登记中心(English Companies House)对于其公开的登记信息明确规定:

> "我们既没有法定权力,也没有实际能力去验证公司提供给我们的信息的正确性。我们接受所有公司善意提供给我们的信息,并将其置于公共登记中。"[55]

与之相反,德国、奥地利以及其他欧陆法系国家还要求公证人对公司提供的登记信息进行认证;相应地,这一模式也被质疑导致经营活动成本过高。然而,实证研究否定了这一质疑[56],更确切地说,上述质疑可能是基于自身利益,即争取获得控制公司设立程序的权限。这涉及特定国家内部不同职业群体之间的选

---

[52] 针对这两个主题,参见 Davies/Enriques/Hertig/Hopt/Kraakmann, in: kraakmann et al., The Anatomy of Corporate Law, p. 306, 309。

[53] 在拉丁法系国家中,法国原则上免除了公证人公证的要求;作为一种替代方式,葡萄牙如今将经认证的签名作为合格形式。

[54] See above, fn. 1.

[55] 英国公司登记中心网络主页上的声明(www.companieshouse.gov.uk)。See also Bock, ZIP 2011, 2449。

[56] Knieper, Eine ökonomische Analyse des Notariats, 2010.

择,并以此来增强特定国家及其职业群体对外国公司设立活动的吸引力。[57] 重要的是,这也反映了两种基本理论的对立面:以政府监管政策为基础的法律体系非常乐意将遵守指导方针的职责置于公正的公共机构责任之下;而契约理论反映了与之冲突的另一种原则,即依赖于法律职业群体成员之间的相互协商,每一方当事人均由其律师提供法律咨询。在由法院或者民法公证人对其正确性负责的情况下,商事登记系统中的信息的有效性与可依赖性完全不同于另外一种模式。[58] 由于这些制度并不存在于英国法中,为使其更全面必须将美国法纳入考虑范围。长期以来,美国法设置证券交易委员会作为监管机构,从资本市场的角度对公司法实施一定程度的干预。

作为公证人和公共管理部门之外的第三种(在本书第五章中为第一种)外部控制机构,审计师(auditor)则呈现了另外一种图景。一方面,其控制功能已经通过会计准则极大程度实现了标准化;另一方面,欧盟外的其他经济体已经意识到这样一种可比较的标准[59],由于相关职业群体的专业性和诚信度,欧盟不仅没有必要"羞愧",而且在法律保护有效性方面可能还具有领先优势。

第二节　关于法律体系的选择问题

较之英美法律体系,本书第一节更多强调欧陆法律体系的规制路径。"股东利益最大化理念"作为英美公司法突出的价值理

---

[57] See Triebel, AnwBl. 2008, 305; Roth, Vorgaben der Niederlassungsfreiheit für das Kapitalgesellschaftsrecht, p. 35.
[58] Accord Embid Irujo, in: Lutter, Das Kapital der AG in Europa, p. 686.
[59] 关于瑞士法中有限责任公司的审计:Art. 818 with 727 et seq. OR and Schindler/Töndury, in: Süß/Wachter, Hdb. des internationalen GmbH‑Rechts, country report Switzerland marginal no. 152 et seq。

念较少强调对少数股东和第三方利益的保护。[60] 本书的研究也将相应聚焦于传统欧陆法律体系。当然,这也是笔者在众多法律体系中选择的结果。公司法的比较研究正如法律体系的比较研究[61],稳重的自我约束原则发挥着重要作用[62]。众所周知,如果要进行比较的法律体系过于庞大,那么比较法研究付出的努力与研究收获会不成比例。比较法研究得出的结论是[63],成熟的法律体系至少部分被欠发达的法律体系继受或者复制。如果不能将模仿的法律体系从其参照的法律体系中解放出来,该体系就会因缺乏充分原创性的解决方案而难以进行深入的比较分析。"附属法律体系"因缺乏原创性一直落后于"母法体系"。如果是这样的话,人们可以满足于在比较法研究中仅将母法体系纳入研究范围。然而,事实并非完全如此。例如,当今学界的共识是,尽管意大利法最初是以法国法为基础的"附属法律体系",但其现已从法国法中解放出来,从而值得单独研究。[64] 本书采用所谓"经验法则"(the rule-of-thumb),针对特定法律制度的比较研究这类微观比较,将研究范围限制在罗马法法系中的法国法和意大利法,德国法和瑞士法可以代表日耳曼法系。[65] 本书补充了欧陆法律体系的考察范围,将奥地利法也纳入其中。不仅是因为奥地

---

[60] Modern Company Law -For a Competitive Economy -The Strategic Framework -A Consultation Document from the Company Law Review Steering Group, 2/1999, p. 35, 49 et. seq.; Hopt, in: Markesinis (ed.), The Clifford Chance Millennium Lectures: The Coming Together of the Common Law and the Civil Law, 2000, p. 105, 118 (German in ZGR 2000, 779 et. Seq.); Mülbert, ZGR 1997, 129 et. seq.; 提供总结的文献,参见 Grundmann, Europäisches Gesellschaftsrecht, marginal nos. 461, 462。

[61] Zweigert/Kötz, An Introduction to Comparative Law, § 3 IV, p. 41.

[62] **代表作品**:Andenas/Wooldridge, European Comparative Company Law, 2009; Ars Legis (ed.), Kapitalgesellschaften in Europa; Bachmann et al. (eds.), Rechtsregeln für die geschlossene Kapitalgesellschaft; Kraakmann et al., The Anatomy of Corporate Law. **早期作品**:Hallstein, Zeitschrift für ausländisches und internationales Privatrecht 12 (1938/39), 341 et. seq. (关于德国有限责任公司在多个国家的继受)。

[63] 关于这一主题,尤其是从公司法的角度,参见 von Hein, Die Rezeption des US-amerikanischen Gesellschaftsrechts in Deutschland; see also Kindler, ZHR 174 (2010), 149。

[64] Zweigert/Kötz, An Introduction to Comparative Law, § 3 IV, p. 41.

[65] Zweigert/Kötz, An Introduction to Comparative Law, § 3 IV, p. 41.

利公司法与德国公司法关系密切,还因为奥地利法创设了一些自己的法律解决方案。其他法律体系也逐渐被纳入考察范围,例如,2010年颁布的《西班牙资合公司法》(Ley de Sociedades de Capital),因将股份公司与有限责任公司的规则整合到一个协调的体系下而具有示范意义[66],同时也将会从比利时法、荷兰法、葡萄牙法以及斯堪的纳维亚法中选取典例。上述基于经验法则是在比较法研究中普遍适用的对国家法律体系的选择,正好在本书所进行的公司法比较研究中得到确认。笔者认为,斯蒂芬·格伦德曼(Stefan Grundmann)采用的选择标准[67],即特定国家的经济体量及其对欧盟法的参照(reference to European law),针对本书的研究目的——构建评价欧陆公司法一般原则所提供的信息和内容是非常有限的。

在罗马法法系内部,本书的研究主要限于法国法和意大利法。法国法一开始就必须纳入比较法的考察中,因为法国法是现代股份公司的摇篮。第一部以成文法形式规定了单纯私法形式的股份公司(SA)的法律可能是1807年《法国商法典》。[68]其最早可追溯到17世纪规范陆地与海上贸易的科尔伯特法令(ordinances from Colbert)。在这个过程中,股份从大革命前的皇家公司(companies royales)演变而来。[69] 如今,在2000年9月18日颁布的《新商法典》(CCom)第二编中法国公司法以有序的方式

---

[66] Previously supported by Roth, Das System Kapitalgesellschaften im Umbruch, p. 1.

[67] Grundmann, Europäisches Gesellschaftsrecht, marginal no. 67 et. seq.; 72 et. seq.

[68] The colonial corporations of the 17th century will not be considered here in their role as the first real forerunners of the public limited liability company whose example was the Dutch East-India Company of 1602. It was not formed by means of a contract but rather by an act of state which also governed its internal structure; for additional information see Raiser/Veil, Recht der Kapitalgesellschaften, § 2 marginal no. 1.

[69] Sonnenberger/Classen/Großerichter, Einführung in das französische Recht, No. 157. Spanish public limited liability company law likewise finds its roots in the 17th century, see Hierro Anibarro, El origen de la sociedad anonima en Espana.

呈现。[70] 新商法典包括立法和相应的条例部分,各自以单独的序号编排。《新商法典》将股份公司(societe par actions[71])及1925年仿效德国法引入的有限责任公司[72]作为独立的企业形式加以规定。此外,《法国民法典》第1832条至第1844-7条的规定适用于所有类型的公司。股份有限公司的股东可以在两种不同类型的组织结构模式间选择:一种是传统的一元模式,即行政委员会(administrative board)与一个执行官;另一种是新的二元制模式,即董事会与监事会。值得关注的是,《法国民法典》第1835条规定,公司设立仅需要简单的书面形式即满足法律要求,负责维护登记系统的部门仅审查设立过程。

前文已述,在私法领域进行比较法考察时,除了作为母法体系的法国法之外,构建罗马法法系群组时必须将意大利法包括在内。[73] 意大利民法理论以及立法者的独创性尤其值得关注。意大利商法是以法国法为基础发展而来的:刚建立的意大利王国于1865年颁布第一部商法典,且大体上沿袭了之前外部占领势力——法国商法典的模式。[74] 但是,1865年引入一部相对不成熟的法国模式商法典后,立即遭到于1866年被吞并的威尼斯各

---

[70] For a critical view of the new CCom, see Licari/Bauerreis, ZEuP 2004, 132 et seq.; Comprehensive overview in: Sonnenberger/Classen/Rageade, Einführung in das französische Recht, No. 145; Grundmann, Europäisches Gesellschaftsrecht, marginal no. 77; current statutory text at http://www.legifrance.gouv.fr/.

[71] In the alternative forms of société anonyme, société en commandite par actions and société par actions simplifiée; for additional information see Sonnenberger/Classen/Großerichter, Einführung in das französische Recht, No. 157.

[72] The reason for this was the need to offer mid-sized businesses a corporate form subject to personalisation. In fact, this was already available in the form of the "société par actions fermée": as a public limited liability company with shares with limited transferability and rights of pre-emption. For additional information, see RabelsZ 12 (1938/39), 341, 364 et seq.

[73] On this and the subsequent issue, see Zweigert/Kötz, An Introduction to Comparative Law, § 3 IV, p.41.

[74] Regarding the development of commercial and corporate law in Italy, see Kindler, Einführung in das italienische Recht, § 8 marginal no. 2 et. seq.; Kindler, Italienisches Handels-und Wirtschaftsrecht, § 4 marginal no. 1 et. seq.; Spada, Diritto commerciale, I, Parte generale: storia, lessico e istituti.

省份的反对。现代德国商法典,包括1863年之后的《普鲁士普通商法典》(ADHGB),最近才在原奥地利的领土上产生效力。[75] 此后,1882年《意大利商法典》的完全更新和重新颁布,被称为"Codice Zanadelli"。从那时起,德国商事立法和法学理论的影响占据主导地位。例如,由于受到德国商法理论的影响,意大利放弃了针对公司单独立法的计划;特许制度作为众多创新中的一个体现,也被放弃。如今,意大利公司法载于1942年《意大利民法典》第五编。[76] 股份公司及1942年沿袭德国法模式而引入的有限责任公司构成两个独立的法律形式。意大利公司法的创新性体现在股份公司可以在三种不同的组织机构中进行选择[77],将公司设立的实质审查任务完全交给民事公证人(《意大利民法典》第2330条)。

日耳曼法系中应首先考虑德国法。德国股份公司法的历史事实上是一部保护少数股东和第三方利益(尤其是债权人)的法律的历史。在德国,股份公司领域标准化的立法始于1861年《普鲁士普通商法典》(ADHGB)。[78]《普鲁士普通商法典》第208条规定,股份公司只能在获得政府许可的情况下才能够设立(特许制),但与此同时授权联邦州立法者排除该条款的适用(第249条)。在1870年6月11日的股份公司法改革中,特许制被废除,取而代之的是"规范条件+强制登记"模式,至今依然如此。在这一模式下,公司在满足法定条且进行商事登记后获得法律主体资格。立法者当时已经意识到制度滥用的可能性:在1870年股份公司法改革的解释性声明中,德国立法者表示,废除特许制并

15

---

[75] As "AHGB" cf. fn. 89, below.
[76] 关于意大利民法和商法通过法典化实现统一,参见 Kindler, Einführung in das italienische Recht, § 8 marginal no. 6; texts of current Italian statutes at www.altalex.com。
[77] Kindler, ZEup 2012, 72 et seq.
[78] 关于德国股份公司法的历史发展,参见 Habersack, in: MüKoAktG, Intro. Marginal no. 12 et. seq.; Reich, Die Entwicklung des deutschen Aktienrenchts im 19. Jahrhundert, Ius Comune II, 1969, 239 et. seq.; for comprehensive treatment, see Bayer/Habersack (des.), Aktienrencht im Wandel, vol. 1; see also e. g. Kübler/Assmann, Gesellschaftsrecht, 6th ed. 2006, § 2。

过渡到准则制可能触发"股票的欺诈期"。后来的历史证明这种担忧是完全有道理的。[79] 在普法战争（1870年至1871年）结束后不久，众多股份公司在"公司设立人年"期间设立，而后这些公司的崩溃直接导致众多投资者遭受经济损失甚至丧失生活基础。针对上述情形，1884年7月18日《股份公司法改革法》的颁布首次将股东保护机制法定化，即强化**设立要求**并引入**少数股东权利**（特别审计、对管理层成员的损害赔偿请求权）。从《普鲁士普通商法典》到1897年5月10日颁布的《德国商法典》，股份公司法并没有发生任何实质性的变更。

1884年股份公司法改革的结果是股份公司不再是仅拥有少量股东的小企业适合的法律形式。有限责任公司（GmbH）作为新的法律形式在德国被创设，并为这些企业提供一个合适的法律形式。[80] 有限责任公司被设计为一种"小型股份公司"，但同时具有商事合伙的重要特征（主要是针对股东间自由安排公司组织结构，即《德国有限责任公司法》第45条的规定），因此属于一种复合法律形式。[81] 自1892年颁布以来，《德国有限责任公司法》成为本研究考察对象中众多国家（包括奥地利、瑞士、法国和意大利）相关制度的典范。[82] 德国有限责任公司法的发展以**股东保护**、与公司缔约或进行其他形式法律交易的**第三人保护**为典型特征。[83]

在股份公司法领域，股东和债权人保护的进一步改革被纳入了1931年9月19日和1931年10月6日颁布的《紧急状态法

---

[79] Habersack, in: MüKoAktG, Intro. Marginal no. 16 et. seq.

[80] Cf. Schubert, in: Lutter/Ulmer/Zöllner (eds.), FS 100 Jahre GmbH-Gesetz, 1992, 1 et. seq.; Text of the GmbHG at www.bmj.bund.de (also available in English).

[81] Raiser/Veil, Recht der Kapitalgesellschaften, § 2 marginal no. 4.

[82] 关于有限责任公司（GmbH）在世界范围内众多国家继受情况的早期研究，参见Hallstein, RabelsZ 12 (1938/39), 341 et seq.

[83] Cf. Most recently Gesetz zur Modernisierung des GmbH-Rechts und zur Bekämpfung von Missbräuchen vom 23.10.2008, BGBl I, S. 2026; providing an overview Kindler, NJW 2008, 3249 et seq.

令》。该法令规定:年度财务报告必须经审计师强制审计,新的年度财务报告结构,限制回购自身股份,简化减资程序。这些规定被纳入到1937年1月30日颁布的《新股份公司法》(简称《1937年股份公司法》)。根据当时的时代精神,在董事会成员意见不一致的情况下,董事长可以作出不同于其他所有董事会成员的决定[即"领导者原则"(Leadership Principle)]。与此同时,企业由于其社会重要性而应当承担社会责任[84],这个在第一次世界大战后发展出来的理念,在《1937年股份公司法》中被法定化为一种董事的法律义务,即公司的董事会成员应当以一种"基于人民和帝国整体利益要求"的方式来管理公司(《1937年股份公司法》第70条,公共利益义务)。

第二次世界大战之后,《德国职工共决法》[85]对公司的组织结构进一步产生了影响。从1959年起,股份公司法进行的"小步改革"(small reform)旨在促进大部分人的股票交易。这将通过公司增资、调整损益表的结构,以及允许公司基于员工持股的安排(员工持股)回购自己的股份来实现。另外,1965年颁布的《德国股份公司法》以强化股东权利、取消"领导者原则"以及实现三项特别保护机制为主要特点。其中,三项特别保护机制包括:(1)更大的股东决策力和年度股东大会,(2)强化信息披露和股东知情权,(3)基于少数股东利益保护之目的在公司集团内部规制控制权及其责任。[86]

在此期间,《德国有限责任公司法》的缺陷日益明显,主要是资本水平过低及其导致的**破产风险**。1980年,《德国有限责任公司法》的"小步改革"针对这些问题采取的措施包括:提高最低注册资本金,强化公司设立要求,在破产情况下降低股东借款的清

---

[84] Rathenau, Vom Aktienwesen, 1918; Geiler, Die wirtschaftlichen Strukturwandlungen und die Reform des Aktienrechts, 1927; Haussmann, Vom Aktienwesen und Aktienrecht, 1928.
[85] MontanMitbestG 1951, BetrVG 1952, MitbestErgG 1956.
[86] Text of the AktG 1965 at www.bmj.bund.de (also available in English).

偿顺位。股东地位通过引入法定知情权而得到强化。其他重要的改革措施则由上文提及[87]的于 2008 年 10 月 23 日颁布的《德国有限责任公司法现代化与反滥用法》(MoMiG)规定。该法导致的最主要结果是强化了有限责任公司管理机关成员的要求(第 6 条第 2 款)、在违反资本维持规则(《德国有限责任公司法》第 30 条第 1 款与第 43 条第 2 款第 1 句相结合)和公司陷入危机的情况下(原《德国有限责任公司法》第 64 条第 3 句规定的破产申请提起责任)的董事责任。

对于 1965 年后德国股份公司法的发展,此处无须进行详细描述。从组织结构的角度而言,尽管一元制(monistic)的管理结构似乎在国际上占据主导地位,并且许多国家允许设立人在两种模式之间进行选择,但是作为德国股份公司的典型特征,其依然采取所谓二元制的管理结构(即董事会与监事会)。

作为德国法的补充,比较法分析也将**奥地利法**纳入。[88] 奥地利法涉及股份公司的主要法律来自德国法,故可将其视为德国法的附属法系。奥地利[奥匈帝国所属内莱塔尼亚(Cisleithanian part of the Monarchy)]最初引入了《德意志联邦普通商法典》(ADHGB),并将其命名为《奥地利普通商法典》(AHGB)。[89] 该法在第 207 条及以下对股份公司进行了逐条规定。此后,在德意志帝国(German Reich)占领奥地利期间,《奥地利普通商法典》被 1937 年《德国股份公司法》(dAktG)以及《德国商法典》(dHGB)取代。[90] 然而,以《德国有限责任公司法》(dGmbHG)为蓝本的 1906 年《奥地利有限责任公司法》依然有效。[91] 1945

---

[87] Fn. 83.

[88] Texts of current statues at http://www.ris.bka.gv.at/Bundesrecht/.

[89] EC dated 17 December 1862, RGBl. 1863/1; see Doralt/Diregger, in: MüKoAktG, Intro. to § 1 marginal no. 220.

[90] Doralt/Diregger, in: MüKoAktG, marginal no. 225.

[91] RGBl. 1906/58; regarding the motivation for the adoption of the German GmbHG Hallstein? RabelsZ 12 (1938/39), 341, 360 et seq.

年,奥地利重新获得独立之后[92],已经存在的商事法律,尤其是《德国商法典》和《1937年股份公司法》,被纳入到奥地利的法律体系中。[93] 股份公司法几乎未发生实质变化,但在实现"奥地利化"(即剔除纳粹的影响,并以符合奥地利法律概念的形式进行修订)后,于1965年3月31日以《奥地利股份公司法》(öAktG)的形式(重新)颁布(以下称《1965年奥地利股份公司法》)。1937年《奥地利股份公司法》的修改主要涉及监事会与董事会的法律地位、会计规则以及强化少数股东权利的保护。后者主要通过在监事会中引入少数股东代表的方式来实现(《1965年奥地利股份公司法》第87条第1款)。[94]

除此之外,就涉及的一般性民事法律问题而言,**瑞士法**也属于日耳曼法律传统的一部分。[95] 本书之所以将其纳入考察范围,是因为瑞士法拥有高度成熟的公司法,而且纳入瑞士这一非欧盟国家法律体系,一定程度上能够预防"欧洲中心主义"(Eurocentrism)。瑞士公司法规定在《瑞士债法典》(OR)的第三编。[96] 小型的公司形式是于1936年引入的有限责任公司(GmbH;《瑞士债法典》第772条及以下诸条)[97],大型的公司形式是股份公司(AG;《瑞士债法典》第620条及以下诸条)。其中,瑞士公司法的典型特征包括由一个行政委员会(administrative board)来行使监督职责,并且年度审计时由"审计委员会"(audit committee)来行使监督职责。

---

[92] On the following topic, see Doralt/Diregger, in: MüKoAktG, marginal no. 227 et seq.

[93] RÜG dated 1 May 1945, StGBl, 1945/6.

[94] 关于自1965年之后《奥地利股份公司法》的进一步发展情况,参见 Doralt/Diregger, in: MüKoAktG, marginal no. 231 et. Seq. For the minority representative, see in more detail ch. 4。

[95] Zweigert/Kötz, An Introduction to Comparative Law, § 3 IV, p.41. § 13, p. 167 et. Seq.

[96] Current version at www.gesetze.ch.

[97] Original statutory text of Art. 722-827 OR with a brief introduction in: RabelsZ 11 (1937), 545 et. Seq.

第三节　本研究的法律政策背景

一、规范小型公司法律的多样性与公司法领域欧盟法律政策的现状

（一）起点

所有欧盟成员国在各自的国内法中对股份公司予以法律规制，多数法律同时也对有限责任公司进行调整。[98] 有限责任公司作为小型公司，在设立程序上以较低程度的法律监管、较高程度的合同（章程）自由以及不适宜在证券交易场所交易为主要特点。由于这些特征上的差异，欧盟立法者对大型公司和小型公司采取的融合措施并不相同。如果将公司法领域的欧盟立法与资本市场领域的欧盟立法相比较，很容易得出结论：资本市场法几乎已经成为普遍适用的欧盟法，而大型公司组织法的重要部分依然由成员国国内法进行调整；规范有限责任公司和合伙的法律更是如此。欧盟委员会显然打算改变这一现状。在获得一份该事项的广泛研究报告[《立法咨询反馈小组关于欧盟公司法未来的报告》第 22 页及以下（Report of the Reflection Group on the Future Company Law）]的基础上，欧盟委员会颁布了涉及公司法核心问题的新《绿皮书》（Green Paper）。然而，应当保持谨慎的是，欧盟金融与资本市场必须在欧盟层面进行法律规制的理由在于其内在的跨国属性，而公司法并不具有这种内在的跨国属性。相反，欧盟公司法的目标仅是在必要限度内保障股东权利和债权人权利实现（《欧盟运作方式条约》第 50 条第 2 款第 g 项）。事实上，在许多情况下，欧盟成员国国内法更适合规范中小型企业（SME）。这也符合附属性原则（principle of subsidiarity）的要求

---

[98] 欧盟范围内公司形式的图表式概览，参见 Lutter/Bayer/Schmidt, EuropUR, § 11 marginal no. 6。

(《欧盟运作方式条约》第5条)。[99]

(二)小型公司"欧洲化"水平较低

在公司法领域,欧盟法律的融合主要是以大型公司为对象;有限责任公司仅在部分领域被提及。有限责任公司相关的法律规范包括:《欧盟披露指令》(Disclosure Directive)涉及的主题,即商事披露、基于无效事由和(不受限制且不得限制的)管理机构代表权的约束;《欧盟财务会计指令》(Accounting Directives)关于年度财务报告(statements)的规定;《欧盟合并财务会计指令》关于合并年度财务报告以及《欧盟分支机构指令》(Branch Directive)关于分支机构信息商事披露的规定;《欧盟一人有限责任公司指令》主要针对小型公司;《跨境合并指令》也适用于有限责任公司,因为这一指令的"公司"概念与《欧盟披露指令》的规定相同。"欧盟法律融合计划"尚未涉及小型公司的设立规则、资本规则(《欧盟资本指令》)或者与公司法律形式变更相关的法律规则(合并指令、分立指令)。法律性质上,股东权利指令将其适用范围限制为大型公司。

基于上文论述,可以明确的是,小型公司的大部分法律规范(即便不是核心部分)至今尚未实现"欧洲化"[100],包括一些核心事项,例如,**公司资本制度**。这就是为什么英国或者法国没有关于法定最低注册资本金的规定,而有此规定的其他成员国法律可能阻碍低资本的企业进入(例如,《德国有限责任公司法》第5条第1款设定的最低注册资本金额度为二万五千欧元)。就公司**设立规则**而言,比较法的考察也呈现了成员国法之间的差异性,主要体现在公司章程的必要内容或者缴纳出资方面非货币出资的控制性规定。这种差异性同样体现在股东的成员权上:部分情况下对股东权利可转移性的强制限制以及股东最大人数的标准。[101] 可以确定的

---

[99] Hopt, EuZW 2012, 481, 482.

[100] 类似的评价和判断,参见 Lutter/Bayer/Schmidt, EuropUR, §11 marginal no. 3。

[101] 对此更多的信息,参见 Lutter, Limited Liability Company, in: Conard/Vagts (eds.), International Encyclopedia of Comparative Law, Vol. VIII/1, 2006; identical in: FS 100 Jahre GmbH-Gesetz, 1992, p. 49 et. seq.

20 是,《欧盟披露指令》相关的实施规则(涉及商事信息披露、管理机关不受限制且不可限制的代表权)为跨国商事交易提供了一定程度的保护。但是,公司资本制度或者资本维持的统一原则却完全缺失。类似地,小型公司**股东出资**(attributes of membership)的规定在成员国国内法上也存在极大差异。尚待厘清的问题是:以欧盟次级法(secondary law)为基础的有限责任公司法的融合(harmonisation)是否以及应当如何继续,对此本书以公司法相关核心保护措施为基础进行探讨。此外,基于个体成员国动议而产生的有限责任公司法领域的融合,由于日益增加的竞争压力也引起了关注,并且这种融合采取一种螺旋向下的形式[底线竞争(race to the bottom)]。例如,这可以从资本金制度的向下调整中得到体现。对此,一个典型例子是法国于 2003 年基于与英国有限责任公司竞争的考虑而废止了法国有限责任公司(SARL)最低资本金制度。另一个典型的例子是,德国于 2008 年公司法改革中引入"企业主公司"(UG)企业主公司仅需要一欧元的法定最低注册资本金便可设立。[102] 创立欧盟有限责任公司的动议[详见下文(四)边码 23 及以下]也导致了额外的法律融合压力。

(三)欧盟法律政策的现状

在经历了 20 世纪 90 年代的停滞后[103],欧盟公司法的法律融合于世纪之交又重新获得了发展。[104] 现如今,法律融合进程实现的主要成果包括:

- 2001 年——欧洲股份公司
- 2003 年——欧盟合作社(SCE)
- 2004 年——《并购指令》和董事赔偿建议
- 2005 年——非执行董事、委员会建议和《跨境合并指令》

---

[102] 关于整个主题事项,参见 Lutter/Bayer/Schmidt, EuropUR, § 11 marginal no. 5。
[103] 更具体信息,参见 Bayer/J. Schmidt, Überlagerungen des deutschen Aktienrechts durch das europäische Unternehmensrecht: Eine Bilanz von 1968 bis zur Gegenwart, in: Bayer/Habersack (eds.), Aktienrecht im Wandel , Vol. 1, Ch. 18 marginal no. 11 et. Seq。
[104] 关于下面事项,参见 Bayer/Lutter/Schmidt, EuropUR, § 18 marginal no. 1 et seq。

●2006年——新法定审计指令、财务会计规则改革(《欧盟财务会计指令》《欧盟合并财务会计指令》)
●2007年——《欧盟股东权利指令》
●2008年——《欧盟有限责任公司条例(建议稿)》
●2009年——关于(董事)赔偿的两项额外建议
●2010年——金融机构公司治理绿皮书
●2011年——公司登记系统互联指令草案以及公司治理一般性框架绿皮书

上述立法及措施的出台很大程度上是基于2003年5月21日颁布的《2003年行动纲要》。[105] 欧盟委员会在该计划中制定了广泛且极具抱负的改革措施。

二、《2003年行动纲要》

(一)概况

《2003年行动纲要》[106]的核心内容是关于"高水平公司法专家小组"(又称"Winter 小组")的立法建议。该专家小组[107]于2002年11月4日递交的最终报告包含了进一步发展欧盟公司法的一系列广泛建议,尤其是公司治理领域和其他诸如资本缴纳和资本维持、企业集团、结构变更以及欧盟法律实体形式等方面。颁布《2003年行动纲要》的目的在于以该研究报告为基础强化欧盟企业的全球效率和竞争力,促进股东的权利保护及提高对第三人的保护力度。[108]

---

[105] COM (2003) 284, to be discussed immediately subsequent.
[106] Communication from the Commission to the Council and European Parliament, Modernisation of Company Law and Enhancement of Corporate Governance in the European Union – Action Plan, 21 May 2003, COM (2003) 284, also printed in NZG 2003, special supplement to Issue 13; on this issue, see Habersack, NZG 2004, 1 et seq., identical ZIP 2006, 445, 447 et seq., Hopt, ZIP 2005, 461 et seq.; Lutter/Bayer/Schmidt, EuropUR, § 18 marginal no. 6 et seq.
[107] Final Report of the High Level Group of Company Law Experts on a Modern Regulatory Framework for Company Law in Europe dated 4 November 2002, accessible at ec. europa. eu/.
[108] Action Plan (fn. 106), Introduction (p. 3).

从法律政策的角度来看,至关重要的是,《2003年行动纲要》意味着与公司法领域"完全融合立法模式"的告别。[109] 部分个别要素于比较法的分析是有意义的,尤其是涉及小型公司法律规范的核心要素,下文将对此进行解释。

(二)一元与二元治理结构间的选择

这些特殊事项中位居第一位的是,引入上市公司在一元制和二元制公司治理结构间进行选择的立法建议。[110] 本书将会在后续章节对这一立法建议进行详细讨论,包括其对小型公司的影响。[111]

(三)资本维持与资本变更

以《2003年行动纲要》为基础颁布的简化《欧盟资本指令》的草案[112]建议制定关于强制挤出(squeeze - outs)和售出(sell - outs)(第39a条、第39b条)的一般规定,即将其独立于并购交易(acquisition)。但是,作为《2003年行动纲要》咨询的一部分,在欧洲议会对该立法提议表示反对之后,欧盟委员会放弃了上述立法提议。不过,《2003年行动纲要》推动了《欧共体第2006/68号指令》在这一领域的修订。此次修订对下列问题进行了大幅度的宽松化改革:非货币出资(in-kind contributions)、自身股份回购及预先支付或(在部分情况下)提供担保品(即财务资助)。

三、2011/2012年改革动议

(一)《欧盟公司治理框架》绿皮书

继《金融机构公司治理与薪酬政策》这一特别行业绿皮书面

---

[109] Lutter/Bayer/Schmidt, EuropUR, § 18 marginal no. 9.
[110] Action Plan (fn. 106), 3.1.3 (p. 18 et seq.). and Annex 1 (p. 29).
[111] Cf. Ch. 3, IV. 6 p. 95 et seq.
[112] Proposal for a Directive of the European Parliament and of the Council amending Council Directive 77/91/EEC, as regards the formation of public limited liability companies and the maintenance and alteration of their capital, COM (2004) 730; see: Lutter/Bayer/Schmidt, EuropUR, § 18 marginal no. 82.

世后[113],欧盟委员会在2011年4月5日颁布了更加全面的《欧盟公司治理框架》绿皮书[114]。鉴于从金融危机中吸取的教训,该绿皮书的目的不仅在于提高金融机构的治理水平,而且在于改善欧盟企业一般性的治理水平。《欧盟公司治理框架》绿皮书强调了以下四个领域的问题:(1)欧盟公司法体系(包括基于公司规模进行区分的效用;同样适用于非上市企业的法律措施);(2)公司的组织结构(包括引入多样性的职业、国籍以及不同性别;代表权封顶限制(mandate ceilings);常态化的外部评估;高管薪酬的披露以及高管薪酬的决定权(say on pay);风险管理的完善);(3)股东权益保护(包括针对资产管理人(asset managers)的措施以及简化股东间合作的措施;代理咨询人投票权的法律框架;提高对股东身份的识别;提高对少数股东权益保障的法律框架;促进员工持股);(4)"遵循或解释"原则(the comply or explain principle)(包括对偏离上市公司治理准则的章程内容的详细解释义务;监管部门的审查权)。该绿皮书一直受到广泛讨论。[115]

(二)"立法咨询反馈小组"与《2012年行动纲要》

继《2003年行动纲要》颁布近八年之后(见上文第二节的内容),欧盟委员会于2011年发起了公司法领域新一轮法律融合的立法动议。为了实现立法目标,欧盟委员会在2010年年底组建了一个"欧盟公司法未来立法咨询反馈小组"(Reflection Group on

---

[113] COM (2010) 284; see Lutter/Bayer/Schmidt, EuropUR, § 18 marginal no. 72. et seq.; Bayer/J. Schmidt, BB 2012, 3, 8, et seq.

[114] Green Paper European Corporate Governance Framework, COM (2011) 164. Overview in: Lutter/Bayer/Schmidt, EuropUR, § 18 marginal no. 76 et seq.

[115] Cf. e. g. Bachmann, WM 2011, 1301 et seq.; Hennrichs, GmbHR 2011, R 257 et seq.; Hopt, EuZW 2011, 609 et seq.; identical in Liber amicorum M. Winter, 2011, p. 255 et seq. ; additional citations in Bayer/J. Schmidt, BB 2012, 3, 9, in fn. 148; see also the statement of the German Federal Council [Bundesrat], BR-Drs. 189/11(B); statement of the German parliament [Bundestag], BT-Drs. 17/6506 (enacted: BT-PlPr. 17/13936); statement BDI/BDA, 21.7.2011, BDI D 0451; Commercial Law committee of the DAV, NZG 2011, 936 et seq.; statement of the Government Commission DCGK (accessible at: http://www.corporategovernance-code.de/ger/download/Stellungnahme_Gruenbuch.pdf).

the Future of Ell Company Law,以下简称"反馈小组")。该反馈小组于 2011 年 4 月提交了一份涵盖广泛立法改革措施建议的报告。[116] 基于这一报告而进行的关于欧盟公司法未来的立法咨询活动于 2012 年 5 月结束。[117] 继高水平公司法专家小组 2002 年发布的咨询报告及欧盟委员会发布十余年之久的《2003 年行动纲要》后,很多人都有这样的疑问:布鲁塞尔的欧盟立法者是否还有新的公司立法的"存货"。[118]

实质内容上,反馈小组的报告主要针对下列三个一般性问题:(1)企业跨国流动的便利性、透明性以及欧盟法的企业法律形式(企业注册地的跨境移转规则有望近期实现,提高跨境移转的透明性,创设欧盟法层面额外的企业法律形式);(2)企业长期的生存能力[包括可持续商业管理的目标,提高风险管理水平,提高对股东的长期承诺(promotion of long-term commitment on the part of shareholders),针对机构投资者的法律规则,改善股东投票权行使,公司股东身份识别机制,评估独立董事法律工具,欧盟立法者一般性的"职工共决制度的中立立场",管理结构的自由选择(至少针对非上市公司),专门针对中小企业(SME)的额外简化措施];(3)关于企业集团的法律规则[对"集团利益"(group interest)的认可,确立一人公司可以作为企业集团的基础,企业集团的透明性问题]。与此同时,反馈小组对欧盟示范公司法(EM-

---

[116] Report of the Reflection Group on the Future of EU Company Law, 5 April 2011, accessible at http://ec. europa. eu/internal_market/company/docs/modern/reflectiongroup_report_en. pdf; see Bachmann, WM 2011, 1301 et seq.; Hellwig/Behme, AG 2011, 740 et seq.; Jung, BB 2011, 1987 et. seq.; Lenoir/Conac, Recueil Dalloz 2011, 1808; Lutter/Bayer/Schmidt, EuropUR, § 18 marginal nos. 5,100 et seq.; J. Schmidt, GmbHR 2011, R177 et seq.; Bayer/J. Schmidt, BB 2012, 3, 13 et seq.

[117] Cf. EuZW 2012, 203; see the "Feedback Statement -Summary of responses to the public consultation on the future of European Company Law" accessible at http://ec. europa. eu/internal_market/consultations/docs/2012/companylaw/feedback_statement_en. pdf (Current as of 17 July 2012).

[118] Hopt, EuZW 2012, 481, 482.

CA)的研究项目表示欢迎。[119] 欧盟委员会于 2012 年 12 月 12 日公布了《2012 年行动纲要》。[120]

四、欧洲有限责任公司(SPE)

(一)前期工作状态

就目前而言,欧洲有限责任公司(SPE;或称"欧洲私公司")的命运未卜。诸多欧盟成员国对 2008 年欧盟委员会公布的草案[121]所采取的极端自由化路线持保留意见,与之类似,欧洲议会[122]在 2009 年已经提出了一系列修改建议。在法国(2008 年)、捷克(2009 年年初)以及瑞典(2009 年年末)担任欧盟理事会轮值主席国期间提出多项妥协议案接连失败的情况下[123],匈牙利于 2011 年上半年担任轮值主席国期间力图实现各成员国之间的妥协。其最终提供的三项妥协建议似乎特别有望成功。[124] 然而,在 2011 年 5 月 30 日欧盟理事会举行的投票中,德国和瑞典反对相关妥协方案。原因是担忧职工共决问题。[125] 除了职工共决

---

[119] 关于更多的内容,参见 Lutter/Bayer/Schmidt, EuropUR, § 18 marginal no. 107 with additional citations; current information on the EMCA project website: http://www.asb.dk/emca/; see also, e. g. Krüger Andersen, The European Model Company Act (EMCA): A new way forward, in: Bernitz/Ringe (eds.), Company Law and Economic Protectionism -New Challenges to European Integration, Part IV。

[120] COM (2012) 740/2, fn. 35 above; see Bremer, NZG 2012, 817; Hopt, ZGR 2013, 165 et seq.

[121] Proposal for a COUNCIL REGULATION on the Statute for a European private company, 25 June 2008, COM (2008) 396; see citations in Lutter/Bayer/Schmidt, EuropUR, § 43 marginal no. 3.

[122] European Parliament Resolution dated 10 March 2009 on the Proposal for a COUNCIL REGULATION on the Statute for a European private company, AB1UE dated 1 April 2010, C 87/E300; see Lutter/Bayer/Schmidt, EuropUR, § 43 marginal no. 4.

[123] Individual citations in Bayer/J. Schmidt, BB 2012, 3.

[124] Docs. 8084/11, 9713/11 and 10611/11; see the extensive discussion of the 3rd Hungarian proposal for a compromise in Lutter/Bayer/Schmidt, EuropUR, § 43 (with citations to now very comprehensive literature on the topic of the SPE)。

[125] Cf. Doc. 10547/11, p. 9; see Lutter/Bayer/Schmidt, EuropUR, § 43 marginal no. 4; a final attempt to place the SPE on the agenda of the extraordinary Council meeting of 27 June 2011 failed as well (Doc. 171786/11) due to German opposition; Hellwig/Behme, AG 2011, 740, 741.

24　事项之外,主要争议点依然是公司住所的规则(尤其是公司注册地与实际管理机构所在地不一致的情况下)[126],跨境要素的确定规则以及最低注册资本金规则。[127]

(二)登记程序与法律合规控制

首先,就欧洲有限责任公司这一特定项目而言,设立登记程序的规则以及与之相关的法律合规控制对本书的研究具有重要意义。由于成员国之间相关法律规范存在的巨大差异,尤其是关于是否需要民事公证人进行公证的问题,这些问题在欧盟层面统一是不太可能实现的目标。《欧洲有限责任公司条例(草案)》就这一问题通过援引成员国内法的方式加以规定。据此可以设计欧洲有限责任公司,以符合德国法以及其他成员国的法律传统。德国等成员国国内法基于公共利益及其他参与股东的利益考虑规定了民事公证人制度。[128]《欧洲有限责任公司条例(草案)》采取的指导原则是,公司的设立登记程序应当使公司尽可能迅速、较少官僚化以及低成本地设立,并且仅将设立程序的规定限于保障法律确定性的必要范围内。[129] 然而,这一指导原则导致登记机关不再认真审查设立程序。根据《欧洲有限责任公司条例(草案)》第9条第4款的规定,设立程序是否符合法律规定可以由以下主体审查,即公证人、司法机关或者其他具备资格的机构公证抑或通过自我认证(self-certification),包括经授权的签署

---

［126］ The EP stated its opposition to a split domicile in its initiative report 2012: P7_TA-PROV (20120019) European Parliament: Plenary session document A7-0008/2012 dated 9 January 2012. Report with recommendations to the Commission on a 14th company law directive on the cross-border transfer of company seats 2011/2046 (INI), p. 5, Recitial H of the draft resolution, text accessible at http://www.europarl.europa.eu/sides/getDoc.do?type=REPORT&reference=A7-2012-0008&language=DE (last accessed: 29 October 2012).

［127］ 针对欧洲有限责任公司立法项目的科学全面评估以及对其未来发展的具体建议,参见 Bachmann et al. (eds.), Rechtsregeln für die geschlossene Kaptialgesellschaft。

［128］ Wicke, in: Süβ/Wahter, Hdb. des internationalen GmbH-Rechts, § 8 marginal no. 19; see also Matyk, GPR 2009, 2, 5; Krejci, Societas Privata Europaea, 2008, marginal no. 165 et seq.

［129］ Cf. Recital 8 to the planned ESP statute; see also Lutter/Bayer/Schmidt, EuropUR, § 43 marginal no. 42.

方(signatory)。显而易见的是,自我认证模式存在极大的法律滥用风险。[130] 作为法律政策考量的一部分,相较于行业协会、公证人等群体不当的自我利益追求,上述法律滥用的风险应当更值得警惕。因此,有学者呼吁扩张欧洲有限责任公司法中公证人等公证要求。[131]

(三)股东名册

《欧洲有限责任公司条例(草案)》第 15 条第 1 款规定,公司管理层必须维护股东名册并且必须符合该条第 1(a)款所规定的涉及下列问题的最低信息要求:股东身份、股东持股数额和股东出资。股东名册的登记必须保持更新,删除的信息或者文件必须保存 10 年(第 15 条第 2 款)。基于法律确定性考量,公司管理层只有在提供书面声明(written notice)和相关文件的情况下才能够更改股东名册。尽管根据条文文义,第 15 条第 4 款的规定仅适用于股权移转的情形,但是,基于保持股东名册准确性的考虑,这一规定也应当扩大适用至其他的变动情形,例如,姓名、名称、地址、因继承发生的移转以及股权合并。[132]

股东名册披露的规定体现了一种妥协:根据《欧洲有限责任公司条例(草案)》第 15 条第 6 款的规定,原则上只有股东可以查阅股东名册;但是,成员国可以将查阅权扩展至其他第三方。[133] 进一步而言,股东名册必须提交给有权限的登记机关并披露。与此同时,成员国国内法可以对信息披露的要求进行全部或者部分更改。根据《欧洲有限责任公司条例(草案)》第 15 条第 1 款规定,进入股东名册具有一种合法化的功能,即只有记录在股东名册中的"人"才能够行使《欧洲有限责任公司条例(草案)》以及公

---

[130] Accord Wicke, in: Süß/Wachter, Hdb. des internationalen GmbH-Rechts, § 8 marginal no. 19.

[131] 这一点被巴赫曼(Bachmann)等过度强调;Bachmann et al. (eds.), Rechtsregeln für die geschlossene Kapitalgesellschaft, p. 197-200。

[132] Lutter/Bayer/Schmidt, EuropUR, § 43 marginal no. 58.

[133] 针对《欧洲有限责任公司条例(草案)》这一规定的批评性意见,参见 Maschke, BB 2011, 1027, 1029; Wicke, GmbHR 2011, 566, 573 et seq。

司章程规定的股东对公司享有的权利。在成员国国内法规定了股权善意取得制度(a good faith acquisition)的情况下,成员国立法可能会赋予股东名册作为法律表象基础的功能(见下一节)。

(四)股份(权)的移转

股东名册作为法律外观(logal appearance)基础的规定不明确且难以令人满意,但却是一以贯之的。原因在于,《欧洲有限责任公司条例(草案)》甚至没有规定股权移转以书面形式进行,而是援引成员国国内法规定其形式。[134] 与之类似,草案中相应规定难以令人满意,因为单是公证人公证本就可以对股权移转形成充分的保障(小型公司中的典型现象)并为相应的股权提供可靠的资料佐证。[135] 目前立法草案建议的规则不能确保**必要程度的投资人保护**,即未能提供股权移转的建议。当然,我们也必须考虑现实的可能性:由于并非所有成员国的国内法都有公证人制度,因此,公证人参与股权移转程序不能作为普遍的法律要求。然而,作为最低程度的要求,即基于《欧盟披露指令》第11条的规定,应当将下列法律义务法定化,即确保通过公证人、其他行政或者司法机关确认持股的可靠性。[136]

(五)缴纳出资

根据《欧洲有限责任公司条例(草案)》的最新版本,欧洲有限责任公司缴纳出资的规定符合欧陆法律体系中预防性债权人保护的基本原则。这些原则经由欧盟《欧盟资本指令》引入到股

---

[134] 《罗马条例 I》第 11 条的冲突法规范也适用于合同之债,详细的讨论,参见 Kindler, Geschäftsanteilsabtretungen im Ausland。

[135] Wicke, in: Süß/Wachter, Hdb. des internationalen GmbH-Rechts, § 8 marginal no. 38 citing BGH GmbHR 2008, 589, 590; NJW 1999, 2594; NJW 1996, 3338, 3339.

[136] Accord Wicke, in: Süß/Wahter, Hdb. des internationalen GmbH-Rechts, § 8 marginal no. 40; for another opinion, see Eidenmüller, in: Bachmann et al. (eds.), Rechtsregeln für die geschlossene Kaptialgesellschaft, p. 176. 根据该作者的观点,资本市场法的目的是排除小型公司股份的自由流转。但是,这一观点忽略了《德国有限责任公司法》第 15 条第 3 款、第 4 款所规定的股权移转的公证形式要求基于功能性分析的话也应归类为资本市场法范畴,参见 Kindler, Geschäftsanteilsabtretungen im Ausland, p. 21et seq. citing Bungert, DZWiR 1993, 494, 497。

份公司法中。[137] 然而,该规则在法律保障方面存在漏洞,尤其是以非货币出资的形式进行的公司设立行为,因为欧盟成员国对非货币出资是否必须由独立的外部专家评估享有选择权。

(六)股东(大)会的法律地位与职权

股东大会是欧洲有限责任公司最为重要的决策机关(《欧洲有限责任公司条例(草案)》第7条第1a款)。这里需要区分**强制性职权和任意性职权**。就前者而言,《欧洲有限责任公司条例(草案)》第28条第1款规定了一系列必须由股东会批准的决策事项。此外,公司章程的起草者可以根据该草案第8条第1a款的规定,自由决定赋予股东会额外的权限。根据该草案第28条第1款的规定,这些强制性职权包括:股权回购的决策(redemption of shares)、资本措施、章程修改以及公司解散(winding up)。这些根本性事项需要持有2/3以上绝对多数表决权的股东通过。其他事项显然不那么重要,所有股东所持表决权的简单多数通过即可;当然,公司章程可以提高或者降低多数比例;诸如年度财务报告的批准、股东分红、董事任免及其任职期限、审计师任免,这些事项的表决权比例可由公司章程规定。除此之外,股东会的强制性职权还包括任命执行董事和审计师。正如相关成员国法规定的情形,股东赋予股东会职权事项的选择自由在相关职责必须分配给管理层的情况下达到边界。例如,代表欧洲有限责任公司与第三方进行交易的权力。[138]

---

[137] See Hommelhoff/Teichmann, GmbHR 2010, 337, 339; Lutter/Bayer/Schmidt, EuropUR, § 43 marginal no. 74.

[138] 关于管理机构(董事会)的职权以及权利和义务(包括与股东会的关系)的详细分析,参见 Lutter/Bayer/Schmidt, EuropUR, § 43 marginal no. 144. et seq.

第二章　法定最低资本金与资本保护

第一节　有限责任与风险转移

一、企业家责任

以企业家身份从事经营活动意味着企业家风险的承担。这是一种双面的风险(risk in its Janus-faced form):经济上的成功机会和失败风险。[1] 作为一种自我维持经济主体的基本形式,企业家通过自身的努力(私有的生产要素、资本和劳务),力图创造附加价值[2]并从中获得生计基础,为家庭提供支持,从而未雨绸缪,等等。与此同时,企业家也会陷入失败的风险中,例如,如果不能够创造附加价值,就会浪费资源又一无所获。这些后果仅会对其自身及依靠他的人造成影响;只有当这些主体从社会保障体系中寻求救济,社会整体才会受到影响。

参与市场活动的企业是一种更复杂的形式,这一形式使企业

---

〔1〕 关于从经济学角度对风险的探讨,参见 Schredelseker, Grundlagen der Finanzwirtschaft, p. 202 et seq.;从社会学角度,参见 Luhmann, Soziologie des Risikos;关于企业家风险,参见 Roth, in: FS Sacker, 2011, p. 459. "风险"与"不确定性"之间概念上的区分被忽略了,参见新近文献 Gigerenzer, Risk Savvy, 2013。

〔2〕 Previously Wieland, HandelsR Vol. 1, 1921, p. 145.

家不可避免以企业经营主体的身份与其他法律主体缔结商事交易。就其性质而言,这些商事交易可能产生责任,且并不限于合同(金钱)交易行为;非合同行为也可能导致责任的产生。凸显了企业家偿还债务的问题。经济活动失败会限制企业家的偿付能力,债权人也将受创业活动影响。当然,清偿债务的意愿是第二个因素,在不考虑这一因素的情况下穷尽支付能力是一个法律责任承担及强制执行的问题。在自然人作为个体户从事经营活动的情况下,通常会简化为以下事实:其所有资产均可以被债权人扣押;必要情况下,甚至可以基于保障债权人的权益而限制债务人的人身自由。这并不意味着侵犯了债务人的生命权和身体权,而仅是一种强加的(财务信息)"披露宣誓"(oath of disclosure;Offenbarungseid)*,即法定的(财务信息)披露宣誓。

历史上,**无限个人责任**可能被视为一个"诚实"商人不言自明的特点;但是,商人总是试图寻找各种途径来逃避这一责任。即便客观上存在很多理由来佐证责任限制的正当性。在法律体系内部,这一观念最初出现在众多参与者作为团体成员或者股东共同从事商业活动的情形中。如果一个自然人仅在一家企业的管理中享有微小的管理权(或话语权),或者他的利益因多个企业中的所有者权益而分散,那么,他很难接受因一项或多项权益而承担无限个人责任。但在十七世纪和十八世纪,事实上存在一些贸易及船运公司,尽管有承担无限责任的风险,其成员人数也高达1000多人。伦敦劳埃德保险社(Lloyd's of London)提供了另外一个更为新近的例子。在该企业内部,辛迪加的成员在大规模损害事件中(或者几乎)承担了无限个人责任。[3] 但是,在现代股票交易系统中,投资

---

* 德国法中,披露宣誓(如今称之为披露保证;Offenbarungsversicherung)是债务人在其(财务信息)报告义务框架下作出的关于其财务状况的保证,是一种强制执行的工具。相关条款见《德国民法典》第259条、第260条、第2006条、第2028条、第2057条。诉讼法框架下,披露宣誓构成一种强制执行的辅助工具(《德国民事诉讼法》第807条、第883条)。——译者注。

[3] See also Armour/Hansmann/Kraakman, in: Kraakman et al., The Anatomy of Corporate Law, p.9 and fn. 25.

者极可能以灵活的方式分散投资,因此,这种交易系统只有将投资者的风险限制在其所认购的股份范围内才能够运行。

然而,在针对现代化、相互依赖并由国家控制的经济活动构建的监管框架背景下,对享有多数权益,甚至是享有唯一权益的成员**责任范围进行限制**也可以基于利益衡量获得正当性[4],并且这对于激励私人企业家[5]而言也是必要的。从经济及社会政策的角度来看,私人企业家精神都是值得期待的。法律上实现这一目的存在多种(制定安排)可能性:自始设定个人责任的最高额度[6]并从个人资产中分割出特别责任财产(所谓的区分原则);(该特别责任财产)最好只使用投入企业的资产[7](葡萄牙及法国针对一人有限责任公司采取的替代性方式[8]),或者采用另外一种更加严格限定的资金池[9];直至将这种特殊资产投入独立实体公司的运营。对后者而言,最好的选项是具有独立法人人格的商事公司(corporation);即便在仅有一个股东的情况下,其也可以作为一人公司存在并(自1989年欧盟公司法《第十二指令》实施以来)在任何一个成员国完成设立。最近,法国通过设立一人有限责任公司和资产分割为上述两种选项均提供了可能性:引入一种特别形式的有限责任公司(SARL)[10]——EURL(一人有限责任公司)以及自2012年1月1日实施的EIRL(将有限责任个体经营者这一企业形式的经营者责任范围限制在与个人资产分割的经营资产范围)。采用后一种类型的先行者是葡

---

[4] Roth/Altmeppen, GmbHG, Intro. marginal no. 17.
[5] See also CJEU Case C-81/09, Idryma Typou, (2010) ECR 1-10161 = ZIP 2010, 2493; Schall, Kapitalgesellschaftlicher Glaeubigerschutz, 2009. 基于创造新的工作岗位之目的来便利化公司设立成为一种口头禅,甚至对于其他情形下对于商业不太友好的社民党政府也是如此。
[6] Cf. previously Pisko, Die beschraenkte Haftung des Einzelkaufmanns, GruenhutsZ 37 (1910), 699.
[7] Dubarry/Flume, ZeuP 2012, 128.
[8] See immediately following.
[9] 正如海商法"船舶与货物"责任,参见《德国商法典》第486条。
[10] Loi of 1 July 1985.

萄牙的有限责任商人(trader with limited company,简称"EIRL")。这一组织形式自 1986 年以来一直存在[11],并且在 1989 年欧盟公司法《第十二指令》实施后与一人有限责任公司相互竞争。但是,根据相关报告,无论是在欧盟公司法《第十二指令》颁布前还是颁布后,EIRL 均未能够在实践中获得广泛认可。[12]

二、有限责任与债权人保护

在欧洲各国,通过设立公司来规避风险和限制责任的立法选项被普遍接受;具体而言,这是一种由分处两极的企业法律形式(即股份有限公司和有限责任公司)构成的二元体系。[13] 在这一体系中,股份有限公司旨在针对大型企业并使其进入资本市场。事实上,股份有限公司也对这些企业的吸引力最大(德国约有 15000 家股份有限公司)[14]。这些企业同时受到立法者更高程度的监管。[15] 然而,作为一种旨在为中小企业量身打造的实体形式,有限责任公司凭借其简便、较低的要求,几乎在任何地方都取得了巨大的成功:德国、意大利及西班牙各国约有一百万家,法国则更多,荷兰约有五十万家,葡萄牙约有四十万家,奥地利约有十万家,波兰约有二十万家,等等。[16] 与之相反,只有在瑞士,股份公司(数量不足二十万家)成为中小企业领域占据主导地

29

---

[11] Legislative Decree No. 248/86 dated 25 August 1986.
[12] Stieb, in: Süß/Wachter, Hdb des internationalen GmbH Rechts, country report Portugal marginal no. 5.
[13] 关于欧陆有限责任公司法律形式,参见 Lutter/Bayer/Schmidt, EuropUR, §11 marginal no. 6,针对瑞典和芬兰这两个特殊的例子,参见 ibid. marginal no. 7 and Ch. 1 fn. 38; see also Bayer, in: Lutter/Hommelhoff, GmbHG, § 4 a Annex I marginal no. 9。
[14] 在德国公司法律形式的统计数据,参见 Roth/Weller, Handels-und Gesellschaftsrecht, marginal no. 145。
[15] 然而,法国已经创设了一种 SAS 的特别简便形式;参见第一章边码 71 以及 Feuerbach/Victor-Granzer, in: Ars Legis (ed.), Kapitalgesellschafen in Europa, country report France, pp. 67, 73。
[16] According to Wachter, in: Schroeder, Die GmbH im europaeischen Vergleich, 2005, pp. 27, 39. 更新近的数据也见 Lutter/Bayer/Schmidt, EuropUR, § 8 marginal no. 5。基于对比目的,在英国,有多达两百万家有限责任公司,其中可能约十万家是以外国业务为重心的所谓的"信箱公司"(letter box formations)。

位的法律形式。传统意义上,瑞士法规定的有限责任公司仅是一个"影子般"的存在,但是,自二十年前瑞士股份公司法得到强化之后,有限责任公司快速增长,目前总数已达到十二万五千家。[17]

不过,经济学家认为,这一法律赋予的责任限制与对备受关注的成本外部性的担忧联系在一起[18]:承担有限责任的企业家享有所有利益,却将损失全部或者部分地转嫁给其债权人,原因在于责任财产总额或者分割的财产(segregated assets)不足以实现债权人的债权。当然,理论上对这个问题有一个简单的应对方式,即通过破产法规定来进行救济。根据破产法的规定,债务人必须在债务水平与所持有责任资产之间进行持续性的动态对比(资产负债表),一旦债务水平已经达到耗尽所有责任资产的状态(陷入资不抵债),其应当停止营业并将能够清偿所有负债的资产用于清偿债务。企业管理层因未能及时启动破产程序而须承担的个人责任保障了这一机制的运行。[19]

然而,实践中,多种原因导致破产法保障机制的功能不能够被有效发挥。下面通过一个例子来突显其中的两个原因。[20] 假设 E 通过自有的一万欧元资金以及九万欧元贷款资金设立了一家公司。对于这一笔十万欧元的资金,E 将八万欧元用于投资固定资产,二万欧元作为流动资产(或称"运营资金";working capital)。从会计的角度看,一旦损失达到一万欧元时便处于破产状态。但是如果企业在此时停止经营(破产程序启动),首先,待到所有事务处于事实上停滞状态已经过了一段时间,在此期间内

---

[17] Schindler/Toendury, in: Süß/Wachter, Hdb des internationalen GmbH-Rechts, country report Switzerland marginal no. 3; Wachter 仍然在 2005 年提到五万家有限责任公司,参见 Schroeder, Die GmbH im europaeischen Vergleich, fn. 50. 稍早时间在西班牙有类似的发展:Embid Irujo, in: Lutter, Das Kapital der AG in Europa, p. 686。

[18] See alternatively Lehmann, ZGR 1986, 345; Hirsch, Law and Economics, p. 10.

[19] K. Schmidt, in: Lutter, Das Kapital der AG in Europa, p. 188.

[20] See Roth/Altmeppen, GmbHG, Intro. marginal no. 29; Roth, in: FS Koppensteiner, 2001, p. 141; Roth, ZGR 1993, 170. 进行进一步的区分,参见 Schön, in: Bachmann et al. (eds.), Rechtsregeln fuer die geschlossene Kapitalgesellschaft, p. 135 et seq。

的额外损失达到一万欧元;其次,剩余资产仅为八万欧元并且"困"在固定资产上。经验告诉我们,出售这些资产难以产生八万欧元的收益,仅能达到一半的水平(即四万欧元)。原因在于这些属于有形资产,基于特定的目的(即所谓的"资产特定性")被使用过。如果事实表明这些有形资产由于错失了市场机会(在错误的地点、错误的时间,基于错误目的)是一项失败的投资,意味着这些资产在用作其他用途时亦不能实现最大价值。结果是:额度为九万欧元的债务面对的是仅四万欧元的收益。

相应地,预期的残值(scrap value)应当用于确定相较于资产的"过度负债"。但是,在这种情况下,新设企业在拥有四万欧元自有资本这一相对稳固的经济基础时,其成立三天后便会因不多但不可避免的设立与启动成本(六万欧元贷款资金与由四万欧加二万欧元组成的资产)而陷入资不抵债,故被迫在不考虑或未尝试成功机会的情况下停止经营。

上述观点可能会受到以下批评:第一种融资方案是不切实际的,原因在于很难找到愿意为一家新设企业提供90%融资的贷款方。这甚至是(新)古典经济学的假设,即针对任何一定的风险,贷款方均会将相应的风险溢价纳入所要求的借贷利息中。[21]然而,这一理论几乎不能贯穿欧洲众多银行大规模、标准化的贷款实践。因此,就实践目的而言,上述理论假设没有实际作用。[22]尽管如此,关键的法律事项仍隐藏在上述理论假设背后。

问题是,就一个审慎的交易对象而言,其作出理性决策时能够发挥什么自我保护功能呢?从合同缔结的角度看,不仅风险溢价可能经协商纳入合同条款,其他预防措施也可能纳入考量,以便能以合同当事人期待或者接受的方式来分配风险。新设企业

──────────

〔21〕 Posner, 43 U. Chi. LRev. 491, 503 (1976); Kronman/Jackson, 88 Yale L. J. 1143 (1979); Easterbrook/Fischel, 52 U. Chi. L. Rev. 89, 104 (1985); see also Easterbrook/Fischel, The economic structure of corporate law, p.51.

〔22〕 On this issue, see Roth, ZGR 2005, 348, 374, and even earlier ZGR 1986, 371, 376. Contra Walter, AG 1998, 370.

的第一批债权人必须自行评估投资成功的机率,而且他们的评估甚至比设立人自己的判断更加现实。[23] 这些债权人不仅会以此决定为初创企业提供多少融资(从绝对融资数目、融资比例的角度)以及为融资设定何种条件。同时,债权人也可能在合同条款中规定对企业管理进行持续性监督,甚至参与企业管理的权利,从而可以保护其资产不被后续、竞争性的风险贷款所稀释。[24] 不过,债权人真的希望如此吗?他们有能力采取这些措施吗?法律体系是否应当以下述假设为前提呢?用一句古老的德国格言描述就是,"如果一个人不想被抛弃,就应该睁开眼睛"。

从比较法的角度来看,公司法领域的学者对这一问题争议巨大。[25] 一方面,对自身利益采取独立的保障措施会产生巨大的交易成本和监督成本,而交易对象本可以利用这些资源采取与股东一样的方式进行风险投资(包括成功的风险),股东身份又是这些交易对象极力避免的。另一方面,相应的合同安排必然高度复杂,甚至超越合同当事人的理性和认知能力,或者相较于付出的成本不合比例。理论上,"所有的经济交换本可以通过合同进行有效率的安排。然而,在有限理性的制约下,不可能以合同的方式来安排复杂事项的每一个方面"[26]。

---

[23] 心理学的风险研究发现,企业设立人,无论是由于有限认知,还是不理性的乐观(Bense/Bechmann, Interdisziplinäre Risikoforschung, 1998; Roth, in: MüKoBGB, 5th ed, § 241 marginal no. 128, § 313 marginal no. 38)低估了经营失败的可能性,参见 DER SPIEGEL 2012 No. 1, pp. 117, 124。

[24] See Roth, ZGR 1993, 170, 192. 关于贷款、债权或者金融契约的事项,参见 Bratton and K. M. Schmidt, EBOR 7, 39 and 89 (2006); Kalss, in: Kalss/Schauer, Gutachten zum 16, OEJT 2006, p. 35; Nouverté, ZIP 2012, 2139. 从意大利法的角度,参见 Miola, in: Lutter, Das Kapital der AG in Europa, p. 635。

[25] See Fleischer, ZHR 168 (2004), 673: "法"与"合同"在公司法中被作为解决问题的两种替代模式。更早的文献参见 Lehmann und Roth, ZGR 1986, 345 and 371。

[26] Williamson, ZgS 1981, 675, 676. 关于贷方风险的计算事项,也参见 H. Schmidt, Jb. Sozialwiss. 37 (1986), 354; see also Fleischer, EBOR 7 (2006), 29, 35. For additional citations, see above Ch. 1 fn. 38. 新近一个著名反对声音来自波斯纳(Posner, Stanford Law Rev. 50, 1551 (1998));但是,我们认为,波斯纳忽视了有限认知和有限理性(即现实生活环境的复杂性)这一最为重要的方面。关于降低复杂性作为"法"的一项核心功能,参见 Luhmann, Rechtssoziologie vol. 1, 1972。

但是,英美公司法却从上述思想体系中获得理论基础并将其在全球范围传播。其中,《公司法剖析:比较与功能的视角》一书更是形象地阐明了这一点。[27] 欧陆法律传统更强调按照强制性法律标准来保护法益;具体而言,首先考虑债权人(包括所有类别的债权人、职工以及公共税赋的接收方,诸如国家、社会保障机构等);其次关注股东的利益,具体而言,附属投资者、中小投资者或股东与控制股东之间的关系,或者与大股东及其股份潜在购买者之间的关系。[28] 鉴于债权人利益明显不能再通过启动或者参与破产程序获得保障,因此,规制措施应当在公司破产之前产生效力,而且最好是在公司成立时便已发挥效力。这尤其适用于对(其他)股东权益的保障。首先是一般性地关注公司设立,其次是关于资本缴纳的特别条款,最后是众多保障资本的条款。针对股份公司而言,这一规制理念体现在欧盟公司法指令(即分别于1968年和1976年生效的《第一指令》和《第二指令》)中并且至今依然受到欧陆法律传统的影响。同时,上述规制理念后来也体现在欧洲股份公司(SE)中。一方面,这些保障性条款的性质是具体的、实质性的规则。这意味着,上述规则是针对资本缴纳及维持提出的特殊要求。另一方面,这些规则为资本缴纳以及日后可能的变更创设了形式上的框架,旨在通过并行的程序性机制和专业

---

〔27〕 对美国学界探讨状况的详细介绍,参见 Fleischer, ZHR 168 (2004), 685. 关于对德国法学的继受,诸如 Schoen, in: Bachmann et al, Rechtsregeln fuer die geschlossene Kapitalgesellschaft, p. 118 et seq. as well as the contributions from Fleischer and Mülbert in EBOR 7 (2006), 29 and 357, reprinted in: Eidenmüller/Schön, The Law and Economics of Creditor Protection。

〔28〕 在股份公司法的历史发展过程中,后者(即投资者保护)曾经是关注的中心,参见1884年股份公司法修订的解释性说明:Schubert/Hommelhoff, Hundert Jahre modernes Aktienrecht, p. 415, Kalss, in: Kalss/Schauer, Gutachten zum 16. OEIT 2006, p. 309; Fleischer, EBOR 7 (2006), 31; Ekkenga/Bayer, in: Lutter, Das Kapital der AG in Europa, p. 342. 《欧盟资本指令》的第二项立法理由中也将股东保护置于债权人保护之前。事实上,股东在(通过股市)进行衍生品购买时(making a derivative purchase)尤其依赖法定保护工具,因为在进行购买交易时他与公司之间不存在一项合同关系,这种合同关系至少可以使其理论上能够维护其利益。与之相反,一项设立公司之协议的当事人可以对其内容进行协商。值得保护的利益仅在下一个出资阶段才被涉及;在这一阶段的担忧是其他股东也履行其义务。

控制来保障上述实体性规则的实现。

第二节 资本确定与法定最低资本金

企业家创业的风险被转嫁给公司这一独立的实体。公司股东可以自行选择不承担公司责任,而仅承诺向公司履行特定的资本。公司资产或者责任资本,即所谓的责任基金(liability fund),首先来自由股东出资且构成债权人可主张的公司资产的一部分。企业家的信用(在未提供额外保障的情况下)完全以此为基础,这对于债权人和股东至关重要。一个法律体系必须确保公司累积一定额度的责任资本并且确保这些资本尽可能完整地得到维持。以上介绍引出了欧陆公司法律体系中两个最为基本的支柱,即资本缴纳制度与资本维持制度。

一、责任资本的水平

责任资本的数额取决于两项根植于德国、奥地利、瑞士公司法以及罗马法系公司法中的规制原则。[29] 资本确定原则(the principle of fixed capital)意味着,设立人协商同意在公司章程中规定一定数量的股份或者注册资本,承诺实际缴纳该数量的资本、承担相应责任并且将之交给公司用于经营。[30] 立法通过的最低资本要求规定了应当确定的资本最低额度,而最低资本要求不仅在有限责任公司与股份公司之间,而且在不同法律体系中均存在差异。《欧盟资本指令》规定,股份公司的最低资本金是二万五千欧元,而部分欧盟成员国国内法的规定远远超出这一额度:意大利为十二万欧元、西班牙为六万欧元、奥地利为七万欧元、德国为

---

[29] Lutter, in: Nobel, Internationales Gesellschaftsrecht, 1998, pp. 129, 142. 西班牙和葡萄牙法的限制,参见 Lutter/Bayer/Schmidt, EuropUR, § 8 marginal no. 13. 在普通法法系并非如此,参见 Armour, EBOR 7 (2006), 5, 7, 10. 关于西班牙法律发展的典型特征,参见 Embid Irujo, in: Lutter, Das Kapital der AG in Europa, p. 682.

[30] Roth, Kapitalverfassung, presentation to 16. OEJT 2006, pp. 100, 104.

五万欧元、荷兰为四万五千欧元、法国为三万七千欧元(但上市公司的最低资本要求是二十二万五千欧元)、捷克为八万欧元(上市公司最低资本要求是八十万欧元)、芬兰八万欧元、瑞典和丹麦为五十万克朗(上市公司最低资本要求分别约为五万五千欧元和六万六千欧元);瑞士要求十万法郎。欧洲股份公司的最低资本要求是十二万欧元。

就有限责任公司的最低资本而言,奥地利为三万五千欧元(2013 年 1 月 1 日前),德国为两万五千欧元。也就是说,这些均为本国股份公司最低资本要求的一半。德国和奥地利针对有限责任最低资本的规定数额是欧洲各国中最高的。但是,德国的企业主公司(UG)是一个例外。意大利规定的资本金门槛是一万欧元,捷克、波兰与丹麦(折合后)分别约为八千欧元、一万两千欧元以及一万六千欧元。荷兰为一万八千欧元(截至 2012 年),葡萄牙为五千欧元(截至 2011 年)。西班牙对于有限责任公司最低资本金的要求是全欧洲最低(三千欧元)。但近年来(自 2003 年),除德国外,诸多其他欧盟成员国也效仿英国的立法例[见下文(四)边码 39],引入了一欧元有限责任公司供设立人选择。芬兰满足于将有限责任公司的最低资本金确定为两千五百欧元。而瑞典要求(折算后)一万一千欧元。[31] 瑞士有限责任公司设定的最低资本金标准是两万法郎。西班牙引入了一种依特殊快速程序设立的有限责任公司,被称为"初创公司"(SLNE;nueva empresa)。[32] 葡萄牙于 2005 年采取了同样的措施,甚至覆盖了股

---

[31] 捷克共和国以及斯堪的纳维亚国家的数据来源于以下文献中的相关国家报告:Ars Legis (ed.), Kapitalgesellschaften in Europa, as of 2007.

[32] Sociedad Limitada Nueva Empresa, see Hierro Anibarro, La sociedad limitada Nueva Empresa;关于 2010 年法律改革之后的情形,参见 Hierro Anibarro, Sociedad Nueva Empresa, see also Alfaro, EBOR 5 (2004), 467; Wachter, in: Schröder, Die GmbH im europaeischen Vergleich, 2005, pp. 27, 34; Löber/Lozano/Steinmetz, in; Süß/Wachter, Hdb. des internationalen GmbH-Rechts, country report Spain marginal no. 41 et seq。

份有限公司。[33] 然而,这两个国家对此类快速设立的公司并没有最低资本金的相关规定。

仅在极少数的情况下,有限责任公司的资本金会被设定上限(瑞士:两百万法郎),或者股东人数会被设定最高限度(法国:100人)。原因在于,受到强监管的股份公司的法律形式更受大型企业欢迎。西班牙的 SLNE 公司形式是有限责任公司的第二种具体类型,适用更快和更简便的设立程序。其中,资本金的上限被设定为十二万欧元,而股东人数的上限实际上仅为五人。

34　　　(资本确定与最低资本金)两项要求之间存在一定联系:法律设定最低资本金以存在确定资本数额的要求为前提,但反过来这种联系就不存在。[34] 事实上,这两项要求追求的规制目标是不同的。[35] 资本确定原则要求公司自其"生命"之始便拥有一笔数量确定的初始资本(被称为"股份"或者"注册资本"),这些资本构成股权的基础。公司设立人享有充分的自由来设定这一初始资本的数额。不过,设立人应当针对确定的资本数额签署具有约束力的协议并且履行这些出资义务,这些出资的总额构成了确定的资本额(相应地也被称为"认购资本";subscribed capital)。这样可以实现三重目的:其一,公司自成立初便拥有特定数额的资本;其二,公众通过披露(至少在公开的登记簿中)行为获得相关信息[36];其三,每一个股东可以知晓其他股东应当履行的出资数额。

上文所提及的资本缴纳和资本维持的两个支柱,即从法律上确保对公司承诺的资本实际足额支付给公司并且日后不得抽

---

〔33〕 Stieb, in: Süß/Wachter, Hdb. des internationalen GmbH-Rechts, country report Portugal marginal no. 4.

〔34〕 Eidentmueller/Grunewald/Noack, in: Lutter, Das Kapital der AG in Europa, p. 20; Kalss/Schauer, Gutachten zum 16. OETJ 2006. p. 306.

〔35〕 这一点在批判性讨论中经常被忽视,例如 von Armour, EBOR 7 (2006), 5, 7, 10; Triebel/Otte, ZIP 2006, 311。

〔36〕 关于在商业信函等中更全面(和更有效)的披露,参见下文边码 37。

回,这属于资本确定原则的法定配套措施。通过这些措施,公司的交易对象以及其他股东可以实际信赖其资本水平。该目的一方面可以通过不同繁杂程度的(德国法中的规定十分复杂)出资形式规定来实现,另一方面可以通过将资本保留在公司内的规定来实现。后者是对所有或者特定资本项目(equity items)的法律约束(legal comittment;因此也称为"捆绑资本"tied-up capital)来获得保障,初始资本构成了其核心部分。

私人主体对资本(的水平)作出决定是公司成立、登记和披露的必要组成部分;正是这一私法自治权允许公司日后在遵循相同程序并进行披露的情况下变更,无论是资本增加还是减少。资本增加需要遵循同样的要求以及法律义务;资本减少时捆绑的资本也相应降低。

法定最低资本金制度的立法目的在于通过规定强制性最低限额限制公司设立人确定资本金的自由,对特定法律形式的公司规定最低额度的初始资本。公司成立后的减资也不得降至这一最低额度之下。

二、理论分析

(一)资本金制度

资本确定与法定最低资本金制度最初旨在建立一种责任缓冲或者风险缓冲机制,以期为借贷的资金提供清偿保障。[37] 原因在于,公司的损失通常首先是由公司资本偿付,此后才会导致债权人参与到损失分担的风险中。也就是说,债权人只有在公司自有资本耗尽之后才承担股东有限责任的法律后果。基于这一考虑,1980年德国有限责任公司法改革曾将最低资本金的要求从原来的两万马克提升至五万马克,希望以此"提高信赖有限责任的门槛"[38]。显而易见的事实是,在股东自我融资比例较高的

---

[37] Roth, ZGR 1993, 170, 177; Spremann, Investition und Finanzierung, pp. 92, 252.

[38] Report of the legal committee, BT-Drucks. 8/3908, p. 69.

情况下,企业经营风险的高低起伏以及单纯资产价值的波动更容易被吸收。同样地,不动产抵押业务实践中通常将借贷的最高额度设定为(不动产价值)的80%至90%。另外,自有资本降低了债权人因提供资金而从企业营收中收取的服务费;反之,若经营状况欠佳,这一方式则具有相反的杠杆效果。[39] 基于上述两个原因,自有资本比率是评估企业信誉最为重要的依据之一。

这同时也彰显了与最低资本金制度不同的规制路径。法定最低资本金并未特定化为相对公司融资总额的特定比率,也不以行业领域或者营业类型为基础进行设定,而是作为一个绝对数额适用于所有选择了特定法律形式的企业。对于小型的有限责任公司而言,这一数额相较其总资产可能较高;但对于多数企业而言,从其成立之初到经营扩张数年后,这一数额必然非常低。相比之下,通过公司章程确定公司资本是一个更好的方式。因为这样可以具体问题具体分析,设定适合特定企业的责任资本,以设立人的自由裁量为基础,利用章程确定资本数额并通过登记和披露的方式获得公众监督。公司设立人仅需要根据上述要素作出具体的评估。然而,一个关键的问题是,是否可以期待设立人的评估在法律关系中获得有效的控制。

根据企业的特定类型来设定最低资本金的议题已经在"初始资本不足"的概念下被探讨过。这一做法意味着必须以个案具体情况为基础,并且将其作为普遍适用的确定资本金的替代方式或辅助方式。[40] 有观点认为,公司应当配备与其经营目的相当的初始资本,否则会产生有限责任丧失的直接风险。上述规制路径基于经济原因(这一标准难以可靠量化)[41]和法律原因(高度的

---

[39] Roth, ZGR 1993, 178.

[40] Cf. Ulmer, GmbHG, Intro. A, marginal no. 45; Meyer, Haftungsbeschraenkung im Recht der Handelsgesellschaften, p. 522; Kluiver/Rammeloo, in: Lutter, Das Kapital der AG in Europa, p. 659.

[41] See also Armour/Hertig/Kanda, in: Kraakman et al. (eds.), The Anatomy of Corporate Law, p. 130 fn. 83 on establishing an equity ratio. Eidenmüller/Grunewald/Noack discuss a ratio of 5 % for smaller enterprises in; Lutter, Das Kapital der AG in Europa, p. 28.

法律不确定性)遭到普遍否定。[42] 不过,比利时立法者在一定程度上接受了这一观点。比利时法规定,相关人员应制订公司未来数年的详细财务计划。如果事后证明此前的财务计划不可靠,则设立人可能承担个人责任。[43]

然而,将法律规制的路径聚焦于公司设立阶段的核心难题却在于另一个方面,即本质上资本金是静止的。但伴随着企业一定时间的经营,其风险也会动态发展。因此,公司成立时的资本保障在经过企业短短数年,甚至数月的经营之后已完全不同。股东权益伴随公司储备金的增加也在相对和绝对数量上增加,从而提高债权人获得清偿的可能性。不过,股东权益也可能由于企业亏损而被耗尽,因此使资本金担保功能丧失价值。最终,立法无法预防后一种情况发生。不过,立法的确可以规定,亏损必须用此后的盈利来弥补,并且立法可以设定一个在全部资产耗尽之前的警戒门槛。实际上,很多欧洲国家规定将初始资本金丧失过半作为采取一系列反应措施的警戒线,诸如,《德国有限责任公司法》第49条第3款、《法国商法典》第L223-42条以及第L225-248条[44]、《比利时公司法》(Code des sociétés)第332条、《欧盟资本指令》第17条、《西班牙资合公司法》第363条e款;意大利则规定初始资本金损失三分之一(《意大利民法典》第2446条)。然而,不存在"根治"损失发生和累积的"良药"[45],经验表明,股东出资作为"缓冲"无论是在相对数量上还是在绝对数量上,均无法

---

[42] 严重资本不足(substantive undercapitalization)似乎在西班牙获得重视:Embid Irujo, in: Lutter, Das Kapital der AG in Europa, pp. 679, 682.

[43] Code des Société Art. 215, 229; see Kocks/Hennes, in: Süß/Wachter, Hdb. des internationalen GmbH-Rechts, country report Belgium marginal nos. 8, 44; Heitkamp, in: Ars Legis (ed.), Kapitalgesellschaften in Europa, country report Belgium, pp. 1, 4, 11.

[44] Urbain-Parleani, in: Lutter, Das Kapital der AG in Europa, 正确地指出这一规则对一欧元公司适用是毫无意义的(p. 589)。《德国有限责任公司法》第5a条第4款基于这一原因进行了不同的规定。当然,这一问题以类似的形式在以资不抵债为由的破产案件中呈现; see also Urbain-Parleani ibid。

[45] 恰当的观点:Urbain-Parleani, in: Lutter, Das Kapital der AG in Europa, p. 586 with quote from Guyon。

构成真正意义上的损失预防工具。相应地,如果交易相对人希望确保交易安全,则不能以初始的资本金为指引,必须关注企业以往和当前的财务状况。不过,在这方面,企业财务信息的披露仅呈现了一幅不完整的"图景",甚至都不是"实时"的信息。

(二)分担风险

确定资本(尤其是最低资本金)普遍存在的(对债权人)不充分性保障是长久以来的缺陷。[46] 因此,该原则如今依然被坚持且具有正当性的首要理由在于其被作为严肃性及尊重程度的一种表征或者门槛。[47] 这意味着,企业设立人乃至所有人通过在法定最低资本金或者自愿选择的更高额度的初始资本金中投入重大资本,以分担企业经营的风险,从而避免以公众利益为代价从事过于冒险的创业活动,以此向公众彰显设立人对于企业的信心以及责任心。如果股东在公司成立时仅投入一欧元来排除自身的风险和责任,由于缺乏相关的股权投资,股东受到一种最大限度穷尽创业风险的激励,会将经营失败的风险完全转嫁给交易对象和贷款方。[48] 与之相反,如果要求设立人进行较大的资本投入,他们将会对企业经营成功的机率进行更加仔细的考量。当然,这一相关性或者感到心疼的阈值因人而异,秉承这一严肃性理念的立法必然只能采取一种标准化的方式予以规定。这又一次引出了第二个问题:是否可以将设立人严肃性的评判留给公众?现行各国法律体系中比较一致的做法是,未将上述路径作为唯一的标准,而是倾向选择(为公众的评估)提供法律支持。不

---

[46] See formerly Roth, in: Roth/Altmeppen, GmbHG, 1st ed. 1983, Intro. 3.2.2; more recently e. g. Mülbert/Birke, EBOR 3 (2002), 695; Krüger, Mindestkapital und Gläubigerschutz; Engert, GmbHR 2007, 337; Eidenmüller, ZGR 2007, 168, 183 und ZHR 171 (2007), 644, 660; most recently Schön, in: Bachmann et al. (eds.), Rechtsregeln für die geschlossene Kapitalgesellschaft, p. 156.

[47] Ballerstedt, ZHR 135 (1971), 384, v. Caemmerer, in: FS Pieter Sanders, 1972, p. 18; K. Schmidt, Gesellschaftsrecht, § 18 II 4 a. Similarly for Italy Miola, in: Lutter, Das Kapital der AG in Furopa, p. 614.

[48] Eidennmüller/Grunewald/Noack, in: Lutter, Das Kapital der AG in Europa, p. 23.

过,这些法律支持仅可以提供一种合法性的指示或者信号,(设立人严肃性的)评估依然由公众自身进行。

值得说明的是,必须区分自有责任资本和以日常运营资金(working capital)方式进行的自我融资。[49] 一定数量的初创资本需要成为日常运营资金,一般来讲,只能在有限程度内通过借贷来获得该笔资金。不难想象的是,一方面(尽管更可能是例外情形),公司的设立人以股东出资的形式设定了较高的责任资本的总量水平,以期强化公众对其经营严肃性的认可;另一方面,设立人可以在责任资本之外通过其他方式为企业经营融资,例如在允许的范围内额外支付任意储备金,或者通过向股东借款的方式来为企业融资。这些方式仅在一定程度上使设立人承担超出一般借贷资金所承担法律义务的责任。[50] 笔者认为,市场对股东参与公司融资份额的要求也应当决定着他们承担风险的份额(或者最低的数额),这样的评估方式不应当被轻易地否定掉。

严肃性表征这一理念以自我风险分担为基础,其正当性也被风险理论的研究所确证。根据风险理论,企业主及企业管理者从事风险经营的意愿在危机时会上升[51],原因在于,一旦自有资本耗尽,他们就没有什么可以再损失,从而会以牺牲债权人利益的方式投机。[52] 与之相反,可以说股东与债权人之间(偶然情况下如同股东与股东之间)的风险共识或者风险共同体(他们"都是一条船上的人")是有限责任的指导性原则。原因在于,两个群体均通过对企业并非无足轻重的投资的方式共同承担风险,并且从此种意义上讲,债权人对企业作出了一项消极承诺,即债权人放

---

〔49〕 See also Armour/Hertig/Kanda, in: Kraakman et al. (eds.), The Anatomy of Corporate Law, p. 131; Schön, in: Bachmann et al, (eds.), Rechtsregeln fuer die geschlossene Kapitalgesellschaft, p. 15 citing Ferran Eur. Company & Financial L. Rev. 3, 178 (2006).

〔50〕 参见下文关于股东借款的探讨(本章第五节之四)。

〔51〕 Kraakman, EBOR 7 (2006), 468; Roth, presentation to 16. OEJT 2006, pp. 112, 122.

〔52〕 Lutter/Banerjea, ZGR 2003, 402, 415; Banerjea, ZIP 1999, 1153, 161; Bitter, WM 2001, 2133; see also BGH NJW 1994, 447.

弃对企业进行积极监督的权利。[53] 不过与此同时,上述关于危机的例子也表明,涉及履行出资时,主体正当性(严肃性)的信号与资本的形成抑或日后资本增加相互关联,并且可能伴随着作为责任担保的自有资本耗尽而在一定时间后相应贬值。一定程度上,正如同在涉及个体(小)股东的情形中,债权人受制于债务人或者企业日后的发展,即便在其持续性监督的情况下,也仅有有限的选择。

然而,(设立人)选择的特定资本金应当公之于众,使其具有信号功能。基于这一目的,多国法律要求将其记录到登记簿中(例如《德国有限责任公司法》第10条第1款)。在商事通信往来中(如商业信函)进行永久性披露或者类似的方式可能会更有效,事实上多国的法律已经将其规定为披露的方式。法国法针对SARL规定了提供通信信息的要求(《法国商法典》第L 223-1条第4款),而意大利法的相应规定适用于所有公司类型(《意大利民法典》第2250条第2款)。[54] 德国法则交由公司自身自由裁量(《德国股份公司法》第80条第1款第3句以及《德国有限责任公司法》第35a条)。*

(三)国际上的批评

世纪之交以来,对于确定资本的立法要求,尤其是对于最低资本金水平的要求在国际上遭受的批评日益增多,这些批评主要受到英美法的"启发"。[55] 上述趋势可能与下列事实有关,即自欧洲法院1999年"Centros案"判决以来,欧盟各个成员国国内法

---

[53] Roth, presentation to 16. OJT 2006, pp. 112, 122 and ZGR 1993, 170, 180.

[54] 在涉及一人公司的情况下,则必须注明(Art. 2250 (4) CC)。

* 《德国股份公司法》和《德国有限责任公司法》均对股份公司和有限责任公司提出要求,即在商业信函中若包含出资的信息,则应当注明公司的初始资本以及尚未履行之出资的总额。二者区别在于,有限责任公司仅要求尚未履行之出资是非货币出资的情况下才注明,而股份公司则未区分是否为非货币出资。——译者注。

[55] Armour, Modern L. Rev. 63, 355 (2000); identical EBOR 7, 5 (2006), reprinted in: Eidenmüller/Schön, The Law and Economics of Creditor Protection, p. 3; Enriques/Macey, Cornell L. Rev. 86, 1165 (2001); identical in Italy: Riv. Soc. 2002, 78; additional citations in: Kalss/Schauer, Gutachten zum 16. OEJT 2006, p. 295.

中具有竞争关系的法律实体形式获得了进入所谓欧盟"法律实体形式市场"的可能;这种可能性以欧洲法院对公司"设立自由"(freedom of establishment)的司法解读为基础。[56] 这创设了一种激励机制和成员国之间放松管制的竞争,或者称为"底线竞争"。有意思的是,上述德国数十年来关于责任资本优点的讨论事实上被完全忽视。[57] 不过,这一批评的主要冲击力却源自另外一套理论。其核心观点是,传统法律制度成本高,这些成本反过来被理解为设立公司的障碍并进而成为创设工作岗位的阻碍。该理论的核心论据是,(传统法律制度)所期待的保护目的完全可以通过合同当事人自治性的自我保护措施来实现。[58] 这一理论不仅忽略了公司设立的成本收益分析,即公司的设立人不能够或者不愿意向公司投入适度的自有资本[59];还忽略了对"自我保护"理论的以下质疑:当事人面对高度复杂的事项在有限理性的制约下面临失败的高风险(见上文边码 31)。尽管有些保留和限制,德国法学界依然信赖资本确定原则,亦即最低资本金制度本身,尤其是确定资本制度,原则上对于效率的实现具有(即便可能并不十分强烈)积极的作用。[60]

对待上述质疑,诸多国家态度不一。荷兰表示对于质疑理论的认可[61],法国和意大利的相关报告则表明,两国主导性观点希

---

[56] See Roth, Vorgaben der Niederlassungsfreiheit fuer das Kapitalgesellschaftsrecht.

[57] Armour 等学者在 Kraakman et al, The Anatomy of Corporate Law, at p. 131 中指出初始资本迅速耗尽的风险并且在放松管制的企业法律形式中赋予超过一欧元的自愿资本金以合法性效果;这一观点也并未区分固定资本与最低资本。

[58] Cf. Armour, EBOR 7, 5 (2006), p. 27: "legal capital rules are a form of primitive regulatory technology".

[59] 与位于德国的英国有限责任公司(Limited)打交道,其经验提供了这种对比的素材,参见下文边码 40。

[60] Eidenmüller/Grunewald/Noack, in: Lutter, Das Kapital der AG in Europa, p. 40; Merk, in: Miller-Graff/Teichmann, Europaesches Gesellschaftsrecht auf neuen Wegen, p. 81; most recently Bayer, VGR-Jahrestagung 2012, in: Gesellschaftsrecht 2012, 2013, p. 25, 49. See also for Austria Krejci, Societas Privata Europea, 2008, p. 63 et seq., 166 et seq.

[61] Kluiver/Rammeloo, in: Lutter, Das Kapital der AG in Europa, p. 655 et seq., Rademakers/de Vries, in: Süß/Wachter, Hdb. des internationalen GmbH-Rechts, country report The Netherlands marginal nos. 16, 57.

望保留法定资本金制度。[62] 不过也存在一些悖反的地方,例如,法国已经对有限责任公司取消了最低资本金的规定。

(四)欧盟成员国国内法的新近发展

前文提及的对资本金制度的质疑以及欧洲法院判决所触发的欧盟成员国国内法间的制度竞争成功地对成员国立法者产生影响。自2003年以来,**法国**允许有限责任公司在无最低资本金的情况下设立(此前为七千五百欧元)[63];《德国有限责任公司法现代化与反滥用法》(MoMiG)引入了企业主公司(UG)。葡萄牙[64]和荷兰[65]分别于2011年和2012年进行了类似的立法。西班牙则将最低资本金降低至三千欧元。[66] 包括意大利在内的部分欧盟成员国并未"屈服于"这一趋势(有限责任公司的法定最低资本金为一万欧元)。直至2013年,奥地利一直坚持将有限责任公司的法定最低资本金确定为三万五千欧元,而且并未产生明显不利的后果。[67] 比利时选择了一个非常有意思的中间方式,其立法一方面允许设立一欧元有限责任公司*,并要求附加特殊的(法律形式)标识;另一方面又规定这种类型公司必须在五年内满

---

[62] Urbain-Parleani ibid p. 577 et seq; Miola, in: Lutter, Das Kapital der AG in Europa, pp. 612, 643, 650; similarly from Poland Kidyba/Soltysinski/Szumanski, in: Lutter, Das Kapital der AG in Europa, pp. 694, 714.

[63] Code de Commerce Art. L223-2 in the version from 1 August 2003, previously minimum capital of FF 50,000. See Meyer/Ludwig, GmbHR 2005, 346.

[64] Codigo das Sociedades Comerciais Art. 201 in the version of Legislative Decree No. 33/2011 of 7 March 2011; see Stieb, in: Süß/Wachter, Hdb. des internationalen GmbH-Rechts, country report Portugal marginal nos. 4, 35. See Lutter/Bayer/Schmidt, EuropUR, §6 marginal no. 31 on reform. efforts in Norway.

[65] Law of June 18, 2012, in force since Oct. 1, 2012. See Hirschfeld, RIW 2013, 134.

[66] See Hierro Anibarro, Simplificar el Derecho de Sociedades, 2010(关于将放松管制作为目标的其他改革措施)。

[67] 参见上文边码1和下文边码40关于欧洲法院Centros案判决后,外国"便宜"企业法律形式的竞争及其数量上的意义。然而,奥地利计划于2013年7月1日将法定最低资本金降低至一万欧元,并明确地表示旨在使得有限责任公司的设立更加具有吸引力并激励为了更多的有限责任公司设立。

* 由于各个国家对于同一概念的叫法不同,本书在翻译时保持差异,并未统一上下文名称。——译者注

足普通最低资本金的要求(一万八千五百欧元)[68],德国立法者仅将达到普通法定资本金作为企业主公司的目标(《德国有限责任公司法》第5a条第3款、第5款)。

在德国,立法者所提供新公司形式受到了热烈欢迎,自2008年11月1日至2011年3月1日,德国总共新注册了四万七千家企业主公司。[69] 这些新设企业主公司中,约10%将公司资本金设定为一欧元(在法国法提供的新公司形式中,约有5%将公司资本金规定为一欧元)[70],并且总共约80%的新设企业主公司的资本金为一千欧元以下。[71] 如果上述数据可以用于称颂传统有限责任公司形式变体为新类型公司的成功,那么,下述质疑便不无道理:于谁而言是成功的?事实上,对这些公司设立的可靠性(solidity)的担忧已经得到相关实证研究的证明。[72] 无论如何,这些制度创新并未对资本确定制度造成冲击。更不用说可以放弃将公司资本确定为一欧元的决定(正如荷兰2012年公司法改革所采取的措施)。[73] 德国企业主公司的初始资本必须以具有约束力的方式予以确定并且被公之于众。然而,正如前文所述,至今并未有证据证明,仅拥有少量资本金的企业主公司会影响其在公众中的受欢迎程度。[74] 不得而知的是,有多少公司设立人被迫以担保等形式来承担更高的个人责任风险,以此弥补公司资本的不足。不过,设立人担保等形式也仅使部分债权人受益。

---

[68] Code des Société Art. 214; according to Kocks/Hennes, in: Süß/Wachter, Hdb. des internationalen GmbH-Rechts, marginal no. 29.

[69] 德国耶拿大学(University of Jena)关于企业主公司(UG)的研究项目。

[70] According to Kraakman et al. (eds.), The Anatomy of Corporate Law, p. 131 fn. 87.

[71] Figures and sources in: Roth/ Altmeppen, GmbHG, Intro. marginal no. 9, § 5a marginal no. 4.

[72] Niemeier, in: FS Roth, 2011, p. 533;基于"生存型企业家"的考虑,支持进一步自由化的观点(尽管存在很高的失败风险),参见Braun el. al, ZHR 177 (2013), 131, 147.

[73] Hirschfeld, RIW 2013, 138.

[74] Cf. Holzner, Dir UG im Wettbewerb der Gesellschaftsformen;形成对比的是,过去十多年众多德国企业采用英国Limited的形式设立公司。更多关于这一主题的内容下文紧接着讨论。

伴随着英国有限责任公司的出现,我们得以积累更多的经验。大约自 2003 年以来,英国有限责任公司在德国、荷兰以及奥地利取得了越来越显著的地位。英国有限责任公司(Limited)并没有最低资本金的要求。公司设立人利用公司形式这一优势来运营,诸如德国企业。截至 2006 年年底,德国大约有四万家企业以这样的方式设立。该期间内,大约每十个新设立的有限责任公司中有一到两家采用英国有限责任公司的形式。[75] 这一状况也对德国立法者产生了影响。然而,英国有限责任公司在德国发展中得到的经验可以说是乏善可陈。较之普通的德国有限责任公司,这些企业的生命周期要短暂得多,极易陷入破产状态。多数情况下,这些企业的信誉度低,显然是因为这些公司的资本金水平较低。此外,此类公司的借贷能力也相应受到限制。这意味着,银行对其的接受程度是有限的。另外,我们也可以得出这样的结论,即市场自身完全可以评估(交易对象的)信誉,也就是说可以放弃法定的强制性措施。不过,同样也可以据此得出相反的结论,即能够通过立法来确保最低资本金的水平符合所有当事人的最佳利益。后一种结论是基于以下事实得出的,即英国有限责任公司已经造成了巨大的破产损失,其原因在于,债权人明显不能像银行那样保护自身利益。[76] 对于德国企业主公司而言,上述令人不安的初步结论也同样适用。[77]

第三节 资本缴纳

一、基本原则

只有在资本的实际缴纳能够得到保障的情况下,资本确定机

---

[75] 这些以及以下的数据来自 Niemeier, ZIP 2007, 1794; identical in: FS Roth, p. 533.
[76] Niemeier, in: FS Roth, 2011, p. 543.
[77] Miras, NZG 2012, 486; quantifying Bayer/Hoffmann, NZG 2012, 887.

制才能够实现其立法目的。这包括将缴纳出资转化为公司资产,或者以公司对负有缴纳**出资**义务的股东享有可执行、可变现之请求权的形式实现目的。[78] 基于这一目的,立法首先规定,全部股权(份)总额必须由全体有限责任公司或股份公司的股东认购,从而承担缴纳出资的义务(例如《意大利民法典》第 2329 条)。出资或发行价不得低于相应的名义价格(禁止折价发行,《欧盟资本指令》第 8 条第 1 款)。[79]

这些出资义务以及公司成立的有效性本身通过一项特殊的存续权利获得保障。该权利以载入商事登记簿为基础。此项权利很大程度上取代了关于意思表示无效的一般性规定。在共同体法层面,《欧盟披露指令》[80]第 12 条将股份公司或者有限责任公司的(设立)"无效"限制在特定的例外情形中。[81] 成员国国内法层面,任何类型的法律行为(表示)瑕疵均(与公司的有效成立)不相关;前提是这些瑕疵并未被立法明确列为构成公司应当被宣告无效的例外性事由(《德国股份公司法》第 275 条、《奥地利股份公司法》第 216 条、《意大利民法典》第 2332 条第 3 款)。针对一些特定情形,立法还明确规定,股份的认购人由于认识错误,甚至被欺诈或蒙蔽而认购股份的,也应当缴纳出资(《德国股份公司法》第 185 条第 3 款、《奥地利股份公司法》第 152 条第 3 款增资程序中的股份认购)。这是涉及成员资格瑕疵意思表示的公认法律原则的立法表达。根据该规定,只有在相关意思表示存在重大瑕疵,诸如权利能力欠缺、伪造签名或者无权代表的情况下,这些意思表示才被宣布不具有拘束力。[82] 这些法律原则的目的无非是基于债权人利益和其他股东利益的考量来保护公司

---

[78] 赞同的立场,参见 Schön, in: Bachmann et al. (eds.), Rechtsregeln fuer die geschlossene Kapitalgesellschaft, p. 157。

[79] Lutter/ Bayer/Schmidt, EuropUR, § 8 marginal no. 17.

[80] In the new version from 2009, 2009/101/EC, previously Art. 11.

[81] See Lutter, in: Nobel, Internationales Gesellschaftsrecht, 1998, pp. 129, 134.

[82] BGH ZIP 2007, 2416; 2008, 1018; 2010, 1540 and 2497; see also CJEU Case C-215/08, Friz, (2010) ECR 1-02947=ZIP 2010, 772.

的存续,并保持规定的资本金。以此观之,这些法律原则处于资本缴纳与资本维持的"交界地带"。[83]

因此,我们把研究的焦点转向**特别出资义务的履行**。不言而喻的是,负有出资义务的债务人不得被免除义务(《德国有限责任公司法》第 19 条第 2 款)。然而,资本缴纳还面临其他风险。典型的例子包括:(1)缴纳出资后被立即返还股东,即便是以向公司借款的形式返给股东。(2)出资义务被股东对公司享有的(如基于股东借款)请求权抵销;在公司成立后的增资中,此种形式更加具有实践意义。(3)协议非货币出资,或者用其他资产来代替现金出资义务的履行,但该非货币出资或者资产的价值较低。上述三种情形中,不仅债权人的利益保障遇到风险,而且其他已经足额履行出资义务的股东的利益也会受到侵害。此外,就股份公司而言,长久以来存在这样的论点,即(4)设立人将其他出资人或此后加入的股东缴纳的出资通过收取过高的设立费用或者其他费用的方式"放进自己的口袋",设立人也可以将其出资高估或以高于资产本身价值的价格向股份公司出售资产(常见例子包括专利等),或者以其他方式占有公司的资产。

针对上述情形,现行法律体系中有三种潜在的应对方式:一是,法律不进行原则性的规定,或者不针对特定情形作出规定。二是,法律对出资的履行规定了事后控制及处罚措施,多数情况下这些措施由以后破产程序中的破产管理人来实施。三是,立法在公司设立或者增资过程中规定了事前控制机制或者预防性措施,即视具体情况对交易进行披露、审查以及申诉。诸如英国等一些国家,在《欧盟资本指令》未作出强制性要求的情况下,控制资本缴纳或资本维持也并未被立法赋予任何特殊的价值。不过,资本确定也似乎并非(立法者规制的)参照标准。在欧洲大陆

---

[83] See most recently Roth, JBl 2012, 73, 76.

国家[84]，资本缴纳的法律后果一般是从资本确定原则中延伸出来的。不过，各个国家之间在规制强度以及具体情景中存在差异。部分情景下，立法规定了事前控制机制，而在部分情景中，立法则采用了事后控制机制，并且整体的严格程度也存在差异。

任何形式的审查起点都是立法对股东缴纳出资设置的特定实体性要求。这些实体性要求在一定程度上是不言自明的，或是从债法一般原理下关于债务履行的规则中延伸出来的，或是公司法的特别规定。例如，《欧盟资本指令》第 7 条第 1 句规定，认购的出资需仅由能够进行经济评估的资产构成。[85] 这一要求似乎并不需要进行明确的立法表述，紧接着该条第 2 句规定，提供的劳务或者服务不得作为出资。[86] 这一规定的前提是，在非现金的情况下，股东所缴纳出资的标的应当在公司设立文件中准确地载明（《欧盟资本指令》第 3 条第 h 款）[87]。这是基于资本缴纳的目的，根据不同出资的属性而进行的基本区分：现金出资与其他可以纳入"非货币出资"（或称"实物出资"；in-kind contributions）这一广泛概念的以非现金方式缴纳的出资。

二、现金出资与非货币出资

(一)现金出资

在现金出资的情况下，重要的问题包括如何确保资金**有效地流入公司资产中**，以及资金的来源（不得直接或者间接地来自公

---

[84]　波兰、斯洛伐克、捷克共和国以及匈牙利不仅强烈地在股份公司法领域以《欧盟资本指令》为模板，而且在有限责任公司法领域很大程度上也具有欧陆法传统，参见相应的国家报告：Ars Legis（ed.），Kapitalgesellschaften in Europa，and Süß/Wachter，Hdb. des internationalen GmbH-Rechts，2011。

[85]　类似地，《意大利民法典》第 2464 条第 2 款关于有限责任公司出资的规定。

[86]　类似地，德国、奥地利、荷兰以及西班牙针对有限责任公司的规定；Roth/Altmeppen，GmbHG，§ 5 marginal no. 43，Kluiver/Rammeloo，in：Lutter，Das Kapital der AG in Europa，p. 663；然而，意大利（Art. 2464（6）CC；但是有额外的担保）和法国则不同（Art，L223-7（2）CCom）。

[87]　类似地，成员国国内有限责任公司法：Sections 5（4）dGmbHG，6（4）oeGmbHG；France Art. L223-9 CCom；Italy Art. 2463 et seq，Codice civ。

司本身)、支付的时间和方式(在公司尚未成立时缴纳资金的接收主体将收到的资金作为公司资产的组成部分继续持有)。《欧盟资本指令》第9条第1款规定,公司设立时,应当至少支付四分之一的现金出资。多数欧盟成员国对有限责任公司作出了类似的规定[88];只有在例外的情况下,立法才要求现金出资必须足额缴纳。[89] 2004年,比利时提高了最低资本金的要求,一人有限责任公司在成立时必须缴足三分之二的资本金(《比利时资合公司法》第221条、第223条)。[90] 此外,资本金应当支付给确定的银行账户,并且该账户在公司成立前应一直处于冻结状态。[91] 德国法和奥地利法的规定更加详细:公司成立时须分别缴纳四分之一或二分之一的出资(《德国有限责任公司法》第7条第2款;《奥地利有限责任公司法》第10条第1款;《奥地利股份公司法》第28a条);法定货币支付;向公司账户或者执行董事账户支付,并且该账户处于执行董事可以自由支配的状态(《德国股份公司法》第54条第3款;《奥地利有限责任公司法》第10条第2款);不得通过对公司享有的请求权予以抵销(《德国有限责任公司法》第19条第2款)。基于司法裁决形成的判例法(或称"法官法")对上述规则的具体化和精准化,(这里仅就最重要的方面来举例)形成了下述具体规则:须缴付的资金不得由公司垫付;一般情况下缴付的出资不得向一个余额为负的银行账户支付[92],并且不得返还给股东,即便是通过间接的方式(《法国商法典》第L223-8条第1款);原则上甚至不能以借款的方式返还给股东,并且也不能

---

[88] 法国针对 SARL 规定了 20%(Art. L223-7 (1) second sentence);额外内容,参见 Wachter, in: Schroeder, Die GmbH im europaeischen Vergleich, 2005, p. 50。

[89] Switzerland Art. 777 c OR; Spain Art. 78 LSC; Poland according to Wachter, in: Schroeder, Die GmbH im europaeischen Vergleich, 2005, p. 50.

[90] Kocks/Hennes, in: Süß/Wachter, Hdb. des internationalen GmbH-Rechts, country report Belgium marginal no. 30.

[91] According to Heitkamp, in: Ars Legis (ed.), Kapitalgesellschaften in Europa, country report Belgium p. 3.

[92] 意思是指,存款时出现赤字的银行账户。

支付到被控股集团能够使用的"现金池(cash pool)"中。[93] 判例法作出的额外限制旨在预防法律规定的正当目的被规避,从而使得这些规则的运用能够更加"严丝合缝"。然而,相较于对立法的严格批评,这些判例法规则招致的质疑更加强烈。因此,放松管制的立法建议必须正确地适用这些判例规则。[94] 基于这一原因,立法者在2008年《德国有限责任公司法现代化与反滥用法》的部分措施中,放松了以借款形式将资金"返还"给股东的限制。不过,这些改革措施的效果很快又被德国联邦最高法院的判例所冲淡。[95]

(二)非货币出资

立法对非货币出资的特殊对待源于其引发的根本问题,即估值难。出资人很容易通过过高确定所缴纳资产的财产价值来规避出资义务(即高估价值),从而导致公司的责任资产受到损害并且使已经完全履行出资义务的其他股东处于不利地位。鉴于上述可能性,万全的解决方案只能是仅允许现金出资;然而,没有任何一个法律体系青睐这一方式。不过,德国法为设立有限责任公司提供了一些便利措施,前提是设立人放弃非货币出资。具体而言就是采用模范章程的简易设立(《德国有限责任公司法》第2条第1a款)以及没有最低资本金要求的公司设立程序,即采用企业主公司的法律形式(《德国有限责任公司法》第5a条第2款第2句)。西班牙也针对其国内法中的新型有限责任公司SLNE作出了类似规定。[96]

除了上述特殊情形外,立法对非货币出资规定了严格的条

---

[93] 在现金池(cash pool)中,将集团公司(group companies)的流动资金合并到一起,进行共同管理(一般为母公司或子公司);另一方面,个体公司可以从资金池中提取资金,从而取代昂贵的银行贷款。在大多数情形中,相互之间的支付流被设置为贷款。

[94] Lutter, in: Lutter, Das Kapital der AG in Europa, p. 14; Der Überprüfung bedürfen „die vielen Schlacken, die sich um die Rechtsfigur des festen Kapitals angesammelt haben".

[95] BGH NJW 2009, 2375 (= BGHZ 180, 38) and 3091; see Roth, NJW 2009, 3397 and p. 47 below.

[96] Wachter, in: Schröder, Die GmbH im europäischen Vergleich, 2005, fn. 75.

件。单纯是计划缴纳特定非货币出资这一情况就必须通过协议形式确定并且被所有合同当事人接受,随后也必须进行公开披露。否则,所有股东出资均被默认为现金出资(《意大利民法典》第 2464 条第 3 款),并且不能够以非货币出资来代替履行。在这种方式中,非货币出资的**价值评估**不能留给负有出资义务的当事人来决定,而必须经过审查。反过来,为了实现审查目的,必须披露评估非货币出资价值的要素。非货币出资的审查要求可能源于《欧盟资本指令》第 3 条第 8 款的规定,欧盟成员国国内法将这一针对股份公司的审查要求法典化,规定了由更加可靠却也成本更高的外部评估主体准备评估报告这一方案。相关的评估报告应当公开披露(《欧盟资本指令》第 10 至 10b 条进行了一些修正;《德国股份公司法》第 33 条及以下诸条,第 33a 条的规定除外;《意大利民法典》第 2343 条,但该条规定的例外情形除外)。关于有限责任公司,立法原则上没有规定对公司设立进行成本高昂的审查(但《奥地利有限责任公司法》第 6a 条第 4 款第 4 句规定了例外情形;《法国商法典》第 L223-9 条规定了更加精细的解决方案),并且假定公司股东会出于自身利益的考虑主动关注非货币出资的正确估值问题。基于上述(以及其他)原因,非货币出资必须在公司设立时全部缴纳并且将出资置于执行董事完全自由支配之下(《欧盟资本指令》第 9 条第 2 款;《德国有限责任公司法》第 7 条第 3 款)。除此之外,在涉及有限责任公司的情况下,尤其是如果其成立过程不受审查监督,很多国家立法规定了非货币出资股东的出资差额(现金)补足责任(《法国商法典》第 L223-9 条第 4 款;《西班牙资合公司法》第 73 条及以下;《德国有限责任公司法》第 9 条;《奥地利有限责任公司法》第 10a 条)。如果公司成立后在十年或五年内发现股东所缴付的非货币出资价值低于公司设立时的估值,则出资的股东应当以现金方式弥补两者之间的差额。德国联邦最高法院的判例将该出资差额责任也适用于股份公司。[97] 一开始便通过保证或者类似方式来保障股东缴付资产价值更加符合实际。意大利法针对有限责任公司的特定情形规定了类似措施(《意大利民法典》第2464条第6款)。但其他欧盟成员国关于非货币出资的保护性预防措施规定甚少。[98]

对于公司设立程序享有监督权的机关必须确保出资法律义务得到遵守,在此过程中应当尤其关注非货币出资的情形及其估值,以期一方面从公司设立之始便为公众利益提供保障,另一方面基于设立人利益排除日后可能的争议。公司成立后如果发现存在故意违反法律规定的出资义务,设立人及特定情况下的公司执行董事应当承担损害赔偿责任(《西班牙资合公司法》第30条,《奥地利股份公司法》第39条及以下诸条;《德国有限责任公司法》第9a条)。

上述内容已经详细描述了**事前和事后控制机制**。前者发生在公司设立过程或者公司增资过程中,首先通过公证人(notary)参与设立程序(详见下文边码53)并在最终阶段通过商事登记法院来控制。商事登记法院有权颁布制裁措施,即拒绝登记出资人缴纳的出资,从而使其出资行为无效。基于上述目的,公司设立过程中的相关情形必须进行公开披露。更多的事后控制机制是基于单纯的客观后果,即出资是否足额缴付;未足额缴付则导致出资差额的填补责任。一般来讲,欧陆公司法将两种机制连接起来,一方面要求设立过程透明并对设立程序进行审查;另一方面对公司成立后发现的违反出资规定的行为进行处罚。责任人在存在过错的情况下承担损害赔偿责任,并且无论是否有过错均应承担差额填补责任。然而,如果立法目的是为公司的财产利益提供最佳保护以及对公司设立程序控制的有效性进行保障,那么,基于严格责任的惩罚措施范围应当超越让负有出资义务之当事人填补出资的差额。

---

[97] Most recently BGH ZIP 2012, 73.
[98] Lutter/Bayer/Schmidt, EuropUR, § 11 marginal no. 3.

这一背景下,**德国**和**奥地利**从两个方面将责任的严格程度推向极致。一方面针对出资差额责任,两国有限责任公司法都规定了其他股东对某一股东出资差额的补充责任(分别规定在《德国有限责任公司法》《奥地利有限责任公司法》第 24 条和第 27 条)。这一规定将股东的责任风险扩张到自己出资份额之外,还涵盖了其他股东的出资责任。从责任的范围广度来看,上述规定在国际上较为独特。[99] 它们不仅适用于非货币出资的价值差额,还适用于其他任何形式出资产生差额的情形。在涉及非货币出资的情况下,其他股东尤其难以控制出资不足这一风险。[100] 另一方面,该规定对于保障资本缴纳这一立法目的而言非常重要。相应地,《法国商法典》第 L223-9 条第 4 款、《西班牙资合公司法》第 73 条和第 76 条规定了非货币出资不足时股东的共同连带责任,除非股东在公司设立中对非货币出资依法进行了专家评估。[101]

法律规定的非货币出资保护性措施存在的弊端是,设立人可以轻易地进行规避。例如,不声明其非货币出资的意图,而是形式上统一采取现金出资,但在事后某个时段与公司缔结协议,将作为出资的现金以合同价款重新支付给设立人,或者通过其他间接的方式进行资产出资。规制股份公司的法律规范(例如《欧盟资本指令》第 11 条)在这方面也已经针对**事后设立**(Nachgründung)采取了审慎的态度,即在公司成立后的两年内(与设立人、股东等)进行大规模购买资产的交易需要经股东大会决议并可能受到对非货币出资的审查。其他国家立法或多或少有关于解决上述问题的法律规定,但《德国有限责任公司法》并未

---

[99] 关于共同连带责任,参见 von Karst, in: Süß/Wachter, Hdb. des internationalen GmbH-Rechts, marginal no. 50 using the example of France applies only to a narrow group of cases.

[100] See Lutter/ Bayer, GmbHG, § 24 marginal no. 6; Roth/Altmeppen, GmbHG, § 9 marginal no. 6.

[101] 《西班牙资合公司法》第 77 条(Art. 77 LSC)针对股份公司设立人非货币出资规定了更加严格的责任。

规定。[102] 此外，法院在披露的并购交易之外发现了一般保障规则的法律漏洞，并将这些汇集在"隐蔽的非货币出资"（constructive contribution in kind）的概念之下。例如，（主要发生在公司成立后的增资程序中）现任股东通过现金出资清偿对公司的借款，或者股东将获得的盈余分配旋即用于现金出资。（解释说明：在以上两个示例中，股东本身享有针对公司的请求权，依据法院的观点，该请求权本可以并且应当作为非货币出资的标的，以确保在考虑公司偿付能力的情况下可以实现股东的请求权）。

结果，严格的惩罚措施曾被实施了数十年，仅仅由于未能披露非货币出资，导致出资义务的履行效果被简单地宣告无效，无论已履行出资的事实价值如何。在最坏的情况下，公司破产时股东可能被要求履行两次出资义务。这一效果可以从披露规则所欲实现的预防性效果和预防性控制中得到解释。即这对于设立人而言会形成一种激励机制：选择忽视公司设立程序的特殊要求，单纯等待公司设立后产生争议，再在必要的情况下补足出资差额。考虑到针对公司设立规则的特定规避行为，上述责任规定也许是令人信服的；然而，违反上述规定的法律后果可能更多出现在因疏忽而未能履行公司设立的法律义务的情形中，相关的司法判例更为此提供了充分的证据。基于上述法律规则，德国法选择了一种欧洲国家非典型的路径。根据笔者的考察[103]，不仅不存在（暂不考虑邻近的奥地利法律体系）"同行者"[104]，而且引发了这些规定是否与规范股份公司的

---

[102]《奥地利有限责任公司法》第 35 条第 1 款第 7 项（öGmbHG section 35（1）no. 7）代表了一种这种的路径。然而，奥地利法后来才继受了德国法关于隐蔽的非货币出资的判例，参见 Roth/Fitz, Unternehmensrecht, marginal no. 592. 关于其他欧洲国家的探讨，参见 Kalss/Schauer, report to 16. OEJT 2006, p. 376（此处，在隐蔽的盈余分配的标题下，即将分配作为出资资产的对价）。

[103] 类似地，Kalss/Schauer, report to 16. ÖJT 2006, p. 344; for France, see Karst, in: Süß/Wachter, Hdb. des internationalen GmbH-Rechts, country report France marginal no. 47。

[104] OGH ecolex 2001/79; 2003/279

《欧盟资本指令》相兼容的质疑。[105]

不过，经过 2008 年《德国有限责任公司法现代化与反滥用法》(MoMiG)的改革，立法者终于调整了规制路径。在此之前，德国联邦最高法院的司法判例一直是该领域改革的重要阻力。[106] 改革后的法律规则针对资产流入采取事后事实审查(after-the-fact review)并针对资产价值采取举证责任倒置，也就是说，出资股东必须证明其出资的价值及其必须填补的差额（新《德国有限责任公司法》第 19 条第 4 款；新《德国股份公司法》第 27 条第 3 款）。必须承认的是，德国法新规则是在预防与单纯控制之间"走钢丝"。原因在于，新法与旧法一样禁止隐蔽的非货币出资，并将此行为作为公司设立审查的组成部分与上文提及的损害赔偿责任相结合。对于通过提供或者容忍虚假信息的方式来规避并破坏上述控制规则的董事，新法也同时规定了惩罚措施。不过，公司成功完成商事登记后，公司接受的实际价值记作股东的出资。

（三）资金流回

与此同时，《德国有限责任公司法》在改革过程中也接受了请求权的价值充分性，即便是在股东履行出资后又将其以**借款**形式流回（股东处），或者流入其他**现金池**。新法甚至一开始就合法化了此类交易（新《德国有限责任公司法》第 19 条第 5 款；新《德国股份公司法》第 23 条第 4 款）。这导致德国联邦最高法院将后一种情形（现金池）作为其原惩罚理论的"新战场"。因为对于这一情形，新的法律规则也要求对计划的设立程序或者增资程序进行披露，而德国司法机关又一次非常主动地添加了公认的已经超过必要限度的旧的惩罚机制。如果没能够及时披露，即便请求权

---

[105] Meilicke, DB 1989, 1067; LG Hannover ZIP 1991, 369; see CJEU Case C 83/91, Meilicke, Schlussanträge des GA, ZIP 1992, 1036; Judgment (1992) ECR I-04871 = ZIP 1992. 1076; see Ebenroth/Neiß, BB 1992, 2085.

[106] 针对判例法的发展以及仅在后来逐渐被学界认可过程的概括介绍，参见 Roth, in: FS Hüffer, 2009, p. 853。

充分实现,也不会产生完全履行的效果。[107]

三、理论分析

资本确定制度(fixed capital system)的目的在于,无论是将股东出资作为安全的责任资金,还是将其视为设立企业之严肃性的表征,均只有在采取预防措施以确保承诺的出资不仅仅存在于纸面上的前提下,才能够得以实现。如果立法容忍股东出资的立即返还(很明显这并不罕见),或者股东的出资义务可以通过无价值的非货币出资来实现,那么,第三人很难对公司初始资本的"数额"抱有任何期待。保障股东不受因其他股东未能履行出资义务带来的影响,不应当仅仅交由股东自己关注和应对。从这一角度而言,有必要建立一种以规范为基础的资本缴纳保障制度。

一方面,(法律)咨询资源丰富的公司设立人总是能够发现法律漏洞,如果立法者和司法机关希望跟上节奏,相关的法律状况很快会变得复杂、令人迷惑,并且最重要的是对于粗心的公司设立人而言,这会形成一个"陷阱"。上述风险不仅针对设立股东本身,还包括对法律细微发展不熟悉的或者无法预知这些规则的法律咨询人员。

德国法在过去数十年的发展是上述现象的典型写照。将资本缴纳规定的不同标准作为资本确定制度的必要辅助措施具有重要意义。预防性措施和控制必须到位,以确保公司设立的规则得到遵循。然而,如果一家公司违反了设立规则,由于没有被识别出或者未被发现从而完成了商事登记,那找到一条中间道路来平衡法律保障和法律确定性的关系并非易事。法律规则的本质目的必须牢记在心,即公司收到并保护所有股东出资的完整价值。在这一目的之下,关于"隐蔽的非货币出资"的启示也许可以

---

[107] See fn. 95 above.

一般化:控制的对象是(出资的)价值;危机情形显示,如果在公司成立后的一定期间内(出资)价值降低,则需要股东予以补足。在这些情形中出资审查与差额填补责任联系在一起,而出资审查的有效性可以通过适当的举证责任倒置的方式获得保障。一旦(股东出资的)**价值充足性**(voll value)通过这一方式得到佐证,那么,公司确保其募集资本的价值充足性利益也获得了充分的保障。[108]

另一方面,事前审查即公司设立过程中的审查,符合所有参与人的利益以及公众的利益。原因在于,其一,这可以避免事后危机及其造成的损失;其二,这一阶段能够进行更加简便、确定的评估。其三,如果在这一阶段发现了违反公司设立规则的行为,相较于后续阶段的处罚,当事人的利益能够获得更好的保障。基于以上原因,在公司设立阶段进行有效控制要优于单纯的施加处罚措施(例如英国法规定)。[109] 基于这一原因,必须制止规避设立规则的企图。如果德国法为执行董事设定特殊的法律义务并且对故意的瑕疵登记进行惩罚,由于举证责任倒置,不能低估处罚措施对股东构成的威慑;因为多数情形中,对一项经过数年的资产的先前价值进行举证并非易事。[110]

四、公司成立前的责任承担

法律规定或者股东协议承诺的出资必须在公司成立时获得保障。具有独立法人地位的公司成立时间是其(通过完成商事登记[111])获得权利能力的时间(《德国有限责任公司法》第11条、

---

〔108〕 予以赞同的观点,参见 Bayer, in: Gesellschaftsrecht 2012 p.40, 47。
〔109〕 针对董事资格的消极要件,参见第一章第一节。对此不同的意见,参见上一脚注,针对有限责任公司。
〔110〕 相应地,德国文献偶尔有观点会建议采取预防性的证据保存,例如以"清单式意见"的形式(参见 Ulmer/Casper, GmbHG, Erg. -Bd, MoMiG, 2010, §19 marginal no. 85)。然而,这也是故意逃避(intentional evasion)的最佳证据。
〔111〕 比利时法框架下,记载于登记簿之前便已经如此,参见 Code des société Art. 66, 450; European Corporate Law, 2nd ed. 2009, p.141。

《奥地利有限责任公司法》第 2 条、《德国股份公司法》第 41 条、《奥地利股份公司法》第 34 条）。然而，针对公司资产的侵害可能在公司成立之前便已经发生。具体而言，一方面包括产生法律责任的交易；另一方面通过处分先前缴纳的资产（先前缴纳的资产一定程度上被占用；见上文）或者发生其他价值上的贬损。为了保障公司利益，法律规定了行为人的个人责任（《欧盟披露指令》第 8 条[112]以及上文引用的法律条文）[113]，行为人通常情况下是"董事"。即便股东并未担任此类职务，但也可能被视为间接行为人。[114] 除此之外，德国判例法已经发展出差额填补责任和财务亏损责任[115]。这些法定责任旨在弥补公司设立前已经从事的经营活动导致的所有经营损失。[116]

五、增资

通过新的出资来增加资本意味着公司确定资产的增加，在这种情况下，以股东的自由裁量为基础，从概念上可知已经超越了法定最低资本的要求。增资是通过将新的资本注入公司资产来完成的。与之相反，用公司资金进行增资仅是将既有财务会计账簿上的项目（储备金）转换为股份或者注册资本，即捆绑的资本（tied-up capital）。这样的转化将相应的资产置于更严格的法律义务规制下。不过，公司资产本身并没有因为这种转化而增加。此种交易被视为资本维持的一个特殊方面。

通过增加资本交换出资的方式来向公司注入新的资金应当被理解为募集初始资本的"镜像"。基于这一原因，初始资本缴纳的规则也适用于增资，尽管二者间存在一些细微差别。《欧

---

[112] Art. 7 of the original version.
[113] 在西班牙也同样如此，不过这一问题可以通过快速设立新的程序得到缓解。参见 Loeber/Lozano/Steinmetz, in: Süß/Wachter, Hdb. des internationalen GmbH-Rechts, country report Spain marginal no. 77. 原则上正确的是，设立程序的加快可以缓解这一问题。
[114] Kersting, Die Vorgesellschaft im europaeischen Gesellschaftsrecht, p. 364.
[115] BGHZ 80, 129; 105, 300; ZIP 2005, 2257.
[116] See Roth/Altmeppen, GmbHG, § 11 marginal no. 12.

盟资本指令》的规定清晰地表明了这一点：该指令第 26 条与第 9 条相对应；第 27 条与第 10 条相对应。甚至二者的控制机制都相同，例如，《欧盟资本指令》第 25 条规定了披露程序，正如第 3 条对设立程序的规定；与公司设立的要求一样，具有公证人制度的成员国国内法律体系针对增资程序规定了公证人的参与（《德国有限责任公司法》第 53 条第 2 款、第 55 条第 1 款；《奥地利有限责任公司法》第 49 条第 1 款、第 52 条第 4 款；《西班牙资合公司法》第 290 条、第 296 条）。不过，法律显然也基于公司已经存在这一事实规定了特定情形。基于这一原因，股东缴纳的出资可以立即用于公司经营并且在此情形下不适用与设立前公司相关的事项。相应地，没有必要对资本的有效缴纳期间过度担忧（《欧盟资本指令》第 27 条规定的期限是"五年"；但是，德国和奥地利有限责任公司法并非如此）。相反，法国法则要求现金出资立即足额缴付（《法国商法典》第 L223-7 条第 1 款）。

不过，这也导致了新的问题：一方面，基于事后股东达成的增资协议进行的**预先支付**可能会引发问题。这些预先支付如果已经被使用，通常情况下就不能够获得认可。另一方面，将此前股东向公司的借款"作价"或者转化为出资，一般会产生更大的影响。就尚未偿还借款的价值可能会存在疑问：法律规定的方式是否适用于非货币出资的价值评估？这一过程在经济意义上的怪异之处在于，没有新的资产向公司缴纳，而是将公司的负债转化为股权。

最后，如果股东不能够以合比例的基础和相同的条件参与增资程序，那么，其利益就会陷入被侵害的危险之中。因为在这些情形下，他们的所有权比例会降低，与之相伴随的是（对公司事项的）决定权降低。如果新股以低于其价值的方式发行，原股东所持股份的价值就会被稀释。

示例：如果公司资本被划分为 1000 股，净资产价值为十万欧元。在额外以每股名义价值六十欧元,发行1000股的情况下,拥有100股原股份的股东如果不参与增资出资的缴纳,其持股比例将由原来的10%降至5%;其所持股份的价值相应地由原来的一万欧元降至八千欧元。

基于上述原因,原股东均被法律赋予了一项认购新发行股份的权利;认购权以原持股的所有权比例为基础并且仅在特定法律规定的情形下才能被排除。该项权利规定在《欧盟资本指令》第29条以及类似的欧盟成员国公司法中(诸如,《奥地利有限责任公司法》第52条第3款第3句;《意大利民法典》第2473条;《西班牙资合公司法》第304条及以下诸条;《瑞士债法典》第781条第5款第2项)。在成文法没有规定的情况下,原股东的认购权也获得了一致认可(例如《德国有限责任公司法》),尽管这是从忠实义务和禁止歧视原则中延伸出来的。[117] 这一股东保障机制并非欧陆法系公司法独有的特征,英美法系公司法也类似地引入了优先权(pre-emptive right)制度。然而,这种情况仅在章程的框架下可能部分会实现;忠实义务也被称作一种替代方式。[118]

新股认购权原则上可以转让(《法国商法典》第L 225-132条第3款)。当存在相关的交易市场,股东在不能或者不愿意参与增资时可以(通过转让)避免自己的股份被稀释。不过在这种情况下,该股东无法直接阻止增资,因增资决议被多数股东采纳,其反对意见很可能被否决,故无法避免其所有者权益份额的降低。立法为股东提供的保障也仅限于要求股东会决议(《欧盟资本指令》第25条),针对这些情况,欧盟成员国国内法要求绝对多数表决通过的股东会决议(德国和奥地利国内法一般要求四分之三多数表决通过)。另外一个问题是,新发行股份的发行价格定价过

---

〔117〕 Roth/Altmeppen, GmbHG, § 55 marginal no. 23. 在法国存在争议,参见 Karst, in: Süß/Wachter, Hdb. des internationalen GmbH-Rechts, marginal no. 55 et seq.

〔118〕 Rock/Davis/ Kanda/Kraakman, in: Kraakman et al. (eds.), The Anatomy of Corporate Law, p. 195.

高。这意味着存在超过股份价值的溢价,这可能给原股东带来利益[119],但也可能会导致原股东难以在原持股比例的基础上参与增资。

除了一些其他方面的特定限制外,认购权可以由股东处分;保护股东权利并将之细化为保护股东在公司事项上享有的发言权(见第四章)。反过来说,发行溢价变得更加重要,即在溢价与股份真实价值相对应的情况下,可以避免原股份价值的稀释。[120]

六、特殊情形中出资缴纳的保障

(一)股东借款

在股东人数较少的情况下,即涉及有限责任公司时,股东借款是替代出资的一个非常流行的方式,也就是说用债替代股权。股东可以像与公司缔结其他类型合同一样向公司提供借款。这种通过借款向公司提供融资的方式在多个方面具有优势。尤其是当公司拥有的自有资本不合比例地低于公司经营所需资本时,这种方式可以使公司事实上获得成功运行的机会。这一方式的弊端在于,股东借款融资原则上可能被偿还,尤其是当危机即将来临时,公司内部人员已经意识到这种危机并用尽公司最后的流动资金,从而损害公司其他债权人的利益。针对这一情形,各国的法律体系以不同的方式设置了控制措施,其中,法院再一次发挥了先锋作用。不过,作为阻止股东出资外流的措施,这属于资本维持制度需要讨论的话题。

(二)壳公司(储备设立)

所谓的壳公司(shelf company)是指企业设立的一种特殊形

---

[119] 其允许认购权的价值(the value of a subscription right)降低至零。

[120] 相应地被《西班牙资合公司法》第 308 条第 2 款 c 项(Art. 308 (2)(c) LSC)作为前提条件;也被以下文献准确地表述 Urbain-Parleani, in: Lutter, Das Kapital der AG in Europa, p.605;相反的观点,参见 Hueffer, AktG, § 186 marginal no. 39b。

式。在这种设立过程中,公司(通常为有限责任公司)作为"储备"而设立,其自身并不从事经营活动,此后被同一设立人或者其他设立人当作一个企业的法律实体。此前曾经积极从事经营但后来停止经营的企业,也可能以这一方式被使用。该利用方式可能存在的问题是事后被"唤醒"公司的资本金问题,这个事后被"唤醒"的公司的初始资本金已经不复存在。针对这一情形,德国联邦最高法院(BGH)凭借一己之力提出一项原则:对旧公司的重新利用应被等同视为设立一个新的公司。相应地,股东也必须在此时完全缴付出资,对于公司资本,所有股东根据公司设立的原则承担责任。这一责任的决定因素是事后被"唤醒"的公司应当记载在商事登记簿,或者在没有登记或者不需要登记的情况下,须披露登记法院。此处,将披露作为预防性措施又会产生问题,因为披露规则的严格惩罚措施及其纯粹判例法的基础。不过,正是基于这一原因,法院已经释放信号,作出力图减轻责任后果的努力,并且也对学界研究以及此前的判例给与了更多的评判性关注。[121]

(三)公司设立报酬

公司设立人承诺支付给自己或者其他主体公司设立报酬,或者以公司的资产为代价提供特殊利益的情形,属于资本缴纳与资本维持的交叉领域。这些安排必须至少在公司章程中规定并且与章程一起披露(《欧盟资本指令》第 3 条第 10 款、第 11 款);不过,也需要对公司设立进行审查(《德国股份公司法》第 33 条),或者在资本维持的范畴下区分相关成本的类型与金额。[122]

---

[121] 概括性介绍,参见 Roth/Altmeppen, GmbHG, § 3 marginal no. 12 et seq. see also, e. g. Bachmann, NZG 2011, 441。

[122] Roth/Altmeppen, GmbHG, § 5 marginal no. 74.

第四节 公司设立的其他方面

一、公司设立行为

(一) 内容

公司的设立必然需要经过数个步骤,在商事登记簿上登记是设立程序的最后一步。此后,公司根据本研究所纳入的多个法律体系的规定得以成立。[123] 然而,公司设立中最为核心的要素是登记程序之前股东间达成的法律协议,或者设立人单独从事的一个法律行为。这在《欧盟资本指令》(第 2 条) 中被称为"公司章程"(statutes) 或者"设立文件"(Errichtungsakt)。只要法律的强制性规定不适用,或者法律的任意性规定没有作出不同的或者进一步具体化的要求,公司章程或者设立文件的内容对于公司设立人和此后加入公司的股东权利和义务以及公司的存续和活动就具有决定性意义。

各国的法律可以或多或少地允许当事人对其法律关系自我规范,正如在其他类型合同中的那样。然而,针对设立公司,各国法律选择了不同的路径。当事人对相应企业法律形式的选择仅在符合以下条件时有效,即在股东协议、公司设立文件或者公司章程中纳入法律规定的必要条款(minimum provisions)。公司机构的其他自由裁量权在多数情况下受到限制(《欧盟资本指令》第 2 至 3 条);不过,原则上对有限责任公司的限制程度要低于股份公司。[124] 这导致一个必然的结果,即公司设立文件需要采取一种特定形式(form)。一些法律体系也针对标准化、简单化的公

---

[123] 比利时是一个例外,参见脚注第 111。其他法律体系,参见《法国商法典》(CCom)第 L210-6 条;《德国有限责任公司法》(GmbHG)第 11 条以及《奥地利有限责任公司法》第 2 条。

[124] 针对意大利,参见 Miola, in: Lutter, Das Kapital der AG in Europa, p. 614,针对荷兰,参见 Kluiver/Rammeloo, in: Lutter, Das Kapital der AG in Europa, p. 657。

司设立提供了示范协议。法国为公司设立人提供了法定的示范协议[125];德国允许在简易设立程序中采用法定示范协议,不过,当事人的自由裁量权也受到极大限制(《德国有限责任公司法》第2条第1a款)。这同样适用于西班牙有限责任公司的快速设立程序。[126] 奥地利立法者计划通过在特定情形中减轻公证人责任来降低一人有限责任公司的设立成本。

针对有限责任公司设立的强制实体法要求欧盟成员国国内法之间存在很大差异,一些法律仅仅规定了最低限度的内容:公司的类型与名称、登记办公地和营业范围[127]、资本的组成部分(初始资本、认购资本)、股权/份的划分与数量,或者公司存续期间、披露的信息,诸如,《德国有限责任公司法》第3条、《法国商法典》第L210-2条、《瑞士债法典》第776条、《意大利民法典》第2463条以及《西班牙资合公司法》第22条及以下诸条。根据《欧盟资本指令》的规定,在涉及股份公司时,需要的信息应更加具体化,首先是发行的股份及其各自的出资信息、公司设立成本信息以及设立人(因设立行为获取的)报酬信息。除此之外,还需要提供设立人的个人信息;如果列明了具体姓名,这些主体必须在公司章程上已经签字。

这必须与那些因当事人行使自由裁量权而应当规定的信息相区别,具体来说,就法律的任意性规范而言,当事人之间进行的偏离约定或者被当事人约定完全替代的内容需要纳入到公司章程中。这些内容包括诸如公司执行机关及其职权的具体规则、授权增资的规则(《欧盟资本指令》第2条第c项;《德国有限责任公

---

[125] Art. D223-2 and Annexe 2-1 for the single-member formation.
[126] Orden Ministerial des Justizministeriums No. 1445/2003 dated 4 June 2003;相关探讨,参见Wachter, in: Schröder, Die GmbH im europaeischen Vergleich, 2005, pp. 27, 34。
[127] See Schön, in: Bachmann et al. (eds.), Rechtsregeln fuer die geschlossene Kapitalgesellschaft, p.14探讨了确定公司目的和经营范围对于股东和债权人的重要意义。

（二）形式

对于上文提及的公司设立采取要式方式的法律要求，如果其他方式不能保障遵守法律法规的要求，则至少应当采取书面形式。需要特别强调是，在欧陆法系传统中，公司的设立协议原则上没有特殊的形式要求，但在一些特定的情形中，也可以通过口头形式缔结设立协议。基于完成**商事登记**的目的，符合法定形式要求的这一事实必须通过向登记法院或者行政机关提交相关材料来完成。法国和斯堪的纳维亚半岛诸国的法律仅要求私法主体之间的协议，即便涉及公司（acte sous seing privé）也是如此。[128] 与之相反，多数国家的法律要求一份公证文书（authentic instrument）。

二、理论分析

适格的形式通常要求服务于一个简单的立法目的，即使当事人清楚地提前认识到其意思表示的重要意义，并鼓励他们更加认真地慎重考虑交易，保障法律确定性以及保存（交易相关）记录。以公司设立的法律文件为例，上述目标可以与公司法的保障目的无缝衔接。针对设立股东之间的法律关系以及公司的组织基础而言，设立文件的形式要求能够确保对必要的规则进行特别界定，并通过私法行为获得合法性。在商事登记簿上公开的行为能够使当事人选择的规则透明化，并且让事后加入的股东或者有意收购股份的利益相关者和公众获取相关信息。从实体法的角度来讲，最为重要的结构性要素被强调为强制性的必要事项，当事人对此应当独立地进行约定，不应当将这些事项交由现成的示范

---

* 该条规定，公司章程可以授权公司（执行）董事在公司完成商事登记之后（最长五年内）将公司的初始资本金提高到特定额度（所谓的授权资本；Genemigtes Kapital）。授权资本的名义价值不得超过授权时公司初始资本金的一半。

[128] 仅针对特定类型的出资类型要求有公证人进行公证，诸如不动产。

协议来规定。

公证人公证作为更高的形式要求能够在上述(对内和对外)两方面强化法律保障。原因在于,公证人作为外部的、拥有丰富相关知识的、中立的主体能够发挥支持和控制作用,即公证人通过参与协议起草,确保协议能够符合所有(当事人的)利益并且合乎法律要求。与此同时,作为公证人参与公司设立程序的结果,公证人可以在对当事人和公众造成负面结果之前及时发现并纠正设立过程中的违法之处。这是预防性司法(preventative justice)框架下事前控制机制的优点。(本话题的更多内容详见第五章。)

相反,受英美法模式以及欧洲法院司法判例的改革压力影响,一些欧陆法系国家在立法上已经产生放松管制的效果(deregulatory effect),不仅针对法定资本制度,还涉及整个公司设立程序。诸如,行政管理精简化、节约成本等关键词成为相关讨论的关注点。[129] 作为这一发展过程的组成部分,从成本与收益的角度分析,对每一项公司设立的要求进行批判性衡量是正确的方式。然而,公司法包含的规制目的具有其内在的价值,并不总是能够进行量化。多数情况下,实践往往能够更好地反映上述结论;例如,经验已经表明,伊比利亚半岛上的葡萄牙 EIRL 商人[130]以及西班牙的 SLNE 这两种法律形式实践中受欢迎程度很低。例如,从 2003 年开始,最初只有约 0.5% 的有限责任公司选择了西班牙法规定的简化设立程序,后来受欢迎程度缓慢上升到 1%。[131] 在德国,由于法定示范章程附加的诸多限制,实践中,人们对于法定的示范协议更多持怀疑态度,剩下的公证人公证的咨

---

[129] 一个结果是以下企业法律形式的引入:the Société par actions simplifiée in France, Art. L227-1 CCom, the Sociedad nueva empresa in Spain, Art. 434 LSC;文献中不同的观点,参见 Hierro Anibarro, Simplificar el Derecho de Sociedades.

[130] See above fn. 12.

[131] Hierro Anibarro, Sociedad Nueva Empresa, p. 12; Löber/Lozano/Steinmetz, in: Süß/Wachter, Hdb. des internationalen GmbH-Rechts, country report Spain marginal no. 41 et seq.

54 询功能却被更加积极地强调。[132] 在法国,简化股份公司(société par actions simplifiée)作为一种特殊的公司法律形式也仅在一些限定条件下值得推荐,原因在于,要获得立法赋予当事人的极大组织自由,则必须出具一份尤为认真和详细的设立协议。[133]

第五节 资本维持

一、股权资本的缴纳

资本维持的要求从作为资本缴纳的"镜像"(mirror image)开始:股东最初缴付的出资不得事后要求返还。测算(所有股东)对公司出资的总额,意味着股东已经缴纳的股权资本(即所有股份或者认购的股权总量)被法律"捆绑或锁定",也就是说这些资本应当永久性地被保留在公司[134],不得分派出去。个体股东的个人出资数量不再具有决定性意义。禁止任何以"锁定的资本金"结算的抽逃出资行为。与之相反,至少就有限责任公司而言,股东出资的履行程度原则上与资本维持无关。股东出资义务的履行程度可被视为具有充分价值;在确定公司可支配资产时,股东出资义务可以如同已经支付给公司的出资一样,被公司总资产涵盖。

《德国有限责任公司法》第 30 条第 1 句的规定提供了关于资本维持制度的清晰立法表述:"维持公司初始资本所必要的公司资产不得返还支付给公司股东。"相应地具有重要意义的是,公司手中可支配财产的总额超过股份或者**名义资本**限制(或边界)的部分,意味着减除所有负债之后的净资产。在计算此项时,必须借助公司会计账簿(商业账簿)的帮助;资产负债

---

[132] Bayer, in: Lutter/Hommelhoff, GmbHG, § 2 marginal no. 54; Miras, NZG 2012, 486, 487.

[133] Feuerbach/Victor‑Granzer, in: Ars Legis (ed.), Kapitalgesellschaften in Europa, country report France p. 73.

[134] 直至企业清算或法律允许情况下的减资。

表具有决定性意义。[135] 基于这一原因,《欧盟资本指令》第 15 条援引的是上一年度财务决算表(annual accounts)。在分红派息之前及此后,该财务报表中所列明的净资产不得低于认购资本的总量。

不过,根据《欧盟资本指令》的规定,"锁定资本"的范围也扩张至那些"根据法律或法规不得进行分配的"**储备金**。在德国和奥地利股份公司的法律中[136],这些储备金首先是指基于股东缴付出资的承诺,扩展至包括溢价以及附属性付款在内的款项。这些款项是在股份的名义价值(最低发行价)上设立的,在财务上必须计入资本储备金并且不得进行分配[137](《德国股份公司法》第 150 条第 3 至 4 款;《德国商法典》第 272 条第 2 款第 1 至 3 项)。法定强制性储备金还指那些(主要是在股份公司中)从公司经营良好年度所得净收益中分割出来的以便强化公司自有资本的部分(《德国股份公司法》第 150 条),这些储备金也相应地不得进行分派。一方面,公司章程可能会规定额外的储备金,不过,这些储备金可以事后被股东通过修改公司章程的方式处分和支配。根据学者的观点,以往设立的储备金被事后取消也属于这种情况。[138] 另一方面,公司章程可以设立盈余储备金,该储备金可以用于分派。[139] 在罗马法系国家中,规范股份公司的法律也采取了"锁定资产"的模式,即对等同于认购资本以及储备金的资产进行锁定,不得用于分派(例如,《法国商法典》第 L232-11 条、《西班牙资合公司法》第 273 条第 2 款),两项限制均同等适用于有限

---

[135] Roth/Altmeppen, GmbHG,§ 30 marginal no. 10;Kalss/Schauer, Gutachten zum 16. OEJT 2006, p. 349;这是主流观点。

[136] 类似地,奥地利针对大型有限责任公司如此规定(Section 229(4)UGB)。意大利则仅在有限的范围内(Art. 2431 CC)。参见《德国有限责任公司法》第 5a 条第 3 款针对一欧元有限责任公司(企业主公司,UG)的规定。这一规定旨在促使企业从获得的收益中逐步积累有实质意义的公司资本。

[137] Hueffer, AktG,§ 150 marginal no. 1;Claussen, in:Kölner Komm, AktG,§ 150 marginal no. 7.

[138] Contra, Claussen, in:Kölner Komm, AktG,§ 150 marginal no. 11.

[139] Claussen, in:Kölner Komm,§ 272 HGB marginal no. 50.

责任公司。[140] 原荷兰法曾采用相同的规定,但是,新近的有限责任公司法改革不仅放弃了最低资本金制度,甚至还允许股东依据其意愿自由确定分派的资本金数额。[141]

德国法中,出于禁止分派的目的,资产负债表需要针对以下两种情形进行不同的评估:一种是股东出资中**尚未缴付**(并且也未被要求缴付)的部分;另一种是**公司自己持有的股份**(treasury share),奥地利法一定程度上也如此规定。根据新的会计法规,这两部分均不得作为资产负债表中的资本,而且必须以直接和公开的方式从认购资本中减去(《德国商法典》第272条第1款第3句、第2款)。[142] 不过,在德国有限责任公司可分派资产计算中,参考量依然是确定的资本,并且持有的自身股权不得计入资产,因为无论公司状况如何,这些自身股份均没有价值。不过,公司(以有偿的方式)收购自身股份实际等同于向股东返还出资(详见下文边码62)。[143] 此种交易减少了可分派的资产。[144] 与之相反,如果股东负有的出资义务被认定为足值,则该出资义务代表了真实资产;在计算公司资产超过公司资本金的份额时,股东出资在多大程度上实际履行其出资义务是无关紧要的。[145] 根据以

---

[140] Kalss/Schauer, Gutachten zum 16. OEJT 2006, p. 375; Fleischer, in: Lutter, Das Kapital der AG in Europa, pp. 114, 123. 针对意大利参见 Miola, in: Lutter, Das Kapital der AG in Europa, p. 625. 比利时也类似,参见 Kocks/Hennes, in: Süß/Wachter, Hdb. des internationalen GbmH-Rechts, country report Belgium marginal no. 45。

[141] Rademakters/de Vries. in: Süß/Wachter, Hdb. des internationalen GmbH – Rechts, country report The Netherlands marginal no. 104; Kluiver/Rammeloo, in: Lutter, Das Kapital der AG in Europa, p. 665. 对这一观点的支持意见,也见 Haas, report to 66. DJT 2006 E 133。

[142] 受到限制,参见 öUGB in section 229 (1)。

[143] Baumbach/Hopt, HGB § 272 marginal no. 4; Roth/Altmeppen, GmbHG § 33 marginal no. 24, end.

[144] 如果仅是可支配利润则不同,从而准备金的解散与盈余分派相关联(见下文内容)。在此种情形中,收购公司自身的股份会导致同等程度降低公司已缴纳资本的效果并且没有冲抵(或不计入)可转换的准备金。See Rodewald/Pohl, GmbHR 2009, 32; critical view, Verse, in: Gesellschaftsrecht in der Diskussion, 2009, pp, 67, 85。

[145] Kropff, ZIP 2009, 1137; Baumbach/Hueck/Fastrich, GmbHG, § 30 marginal no. 15; Roth/Altmeppen, GmbHG, § 30 marginal no. 15; Wicke, GmbHG, § 30 marginal no. 5, Handkomm/Greitemann, GmbHG, § 30 marginal no. 70.

往的会计规则,二者的区别可以通过以下方式清晰展现,即两个项目均曾被要求列入"资产"项下(to be capitalized),自身股份却曾被要求与一项不可分派的储备金进行抵销。从实践的角度来讲,新的会计法规将不会改变这一点。

二、单纯的利润分配

立法对股份公司(奥地利以及瑞士有限责任公司类似)提供了更为广泛和全面的资本金保障制度,公司是否允许分派是以资产负债表的另一栏(即可分派利润)为基础。"只有年度资产负债表所确定的可分派利润才能够分派给股东。"(《奥地利股份公司法》第84条;同样立法意图的《德国股份公司法》第57条第3款;《奥地利有限责任公司法》第82条第1款;《瑞士债法典》第798条;《欧盟资本指令》第15条第1款第c项)。此外,可分配利润显示在以年度盈余为基础制作的损益表(income statement)中。尽管以名义资本或者股权资本为导向的资产义务(commitment of assets)居于资产负债表的核心,被认为具有"神圣的地位",但针对以盈利为基础的分派,诸多限制是从本财务年度的经营成果(即所实现利润)[146]中抽取出来的。至少从表面上看,它并未触及资产负债表的其他项目。这也导致另外一个普遍特征:较之前一种针对德国有限责任公司的以股权资本为基础的资本义务机制,第二种资本义务机制为股份公司设定了更加严格的资本维持要求[147],基于这一原因,《欧盟资本指令》第15条招致了一些误解:一方面,该条第1款第(a)项规定,禁止可能导致认购资本(包括根据法律或者公司章程不得分派的储备金)减少的分派行为;另一方面,该款第(c)项包含了积极的声明,将分派的范围限定在

---

[146] Kalss/Schauer, Gutachten zum 16. OEJT 2006, p.350.
[147] 在涉及一个被控制集团中的德国股份公司或者有限责任公司的情况下,存在一项特殊规则,可用其他措施来代替严格的盈余分派禁止规则,参见《德国股份公司法》第57条第1款、《德国有限公司法》第30条第1款。

依据会计法规被界定为可分派收益中。[148] 这两项限制性规定之间的关系值得进一步探讨,因为上述条文不仅仅阐释了两种资本义务类型之间的差异。

部分学者认为二者之间的差异具有根本性意义,具体而言:第(a)项是以资产负债表所列项目的静态观察为导向,第(c)项则是对利润使用过程的动态考察。[149] 不过,针对既定的财务报表,资产负债表中所有不同的涉及上述第(a)项"储备金"的项目也不过是当年及以往财务年度使用公司利润的结果。反之亦然:如果说第15条第1款第(c)项对如何计算向股东分派盈余的过程进行了特定化规定,且大体上将其等同于当年净收入转为可分配利润的标准过程(《德国股份公司法》第158条;《奥地利商法典》第231条),第(c)项的规定则提供了第(a)项消极性限制规定立法目的的"镜像"。一方面,第(c)项指向的是储备金的设立,储备金减少了可向股东分派的资产;另一方面,该项也指从储备金中产生并且可用于向股东分派的资产总量,以此再次增加可向股东分派的利润。这两种情形下,相关决策者的自由裁量权均受到一定的限制。与第(a)项相比,计算的基础存在一些微小的差异,公司章程可以通过设立强制性盈余储备金的方式来限制分派利润;然而,公司章程作此规定时并不一定扩大第(a)项所指的免于分派的义务资产范围。[150]

实际上,最为关键的因素一方面已在上文提及的设立储备金过程中得到体现,另一方面也体现在提取储备金(即储备金的取消)的过程中:第(c)项规范的是公司决策机关利用公司盈利分派

---

[148] Cf. Kalss, in: Koppensteiner, Österrcichisches und europaeisches Wirtschafts-privatrecht, Teil 2: Gesellschaftsrecht, 1994, pp. 119, 235 with 237.

[149] Wild, Prospekthaftung einer AG unter deutschem und europaeischem Kapitalschutz, p. 186.

[150] See p. 55, above. 在部分问题上有争议,参见 Wild, Prospekthaftung einer AG unter deutschem und europaeischem Kapitalschutz, p. 187 with citations。

的权利,第(a)项规范的则是公司资产"锁定"的程度。[151] 这反过来又引发了以下思考:如果我们能够暂时不考虑刚才提到的设立储备金的特殊性,两种资本金义务机制的差异就可以简化为储备金取消(reversing reserves)的过程。资本金义务适用于股东已经缴纳的资产,包括不得分派的、通过储备金进行的扩展收益。将对股东的分派限制在可分派盈利数量的范围内,使得可分派的数额随时通过从储备金中提取的方式(即部分或者全部取消储备金)增加;前提是这些储备金基于分派目的设立且符合其支取程序。以此观之,(可分派)盈利是股权产生的、超过出资的部分,并且该部分并未被"锁定"在不可提取的储备金中。[152] 或者正如《瑞士债法典》(第 675 条第 2 款、第 798 条)规定的,"仅能够从可分派盈利或者基于分红目的建立的储备金中分红"。最为关键的差异(仅)是遵守针对储备金取消设定的程序性规定,即年度财务会计报告的批准;即便这样,其与直接分派之间也不存在重大差异,因为此种决议或者类似的决议无论如何都必须作为盈余分派决议进行表决。

上述规定导致的资产约束义务的扩张不能够单纯地通过债权人保护这一立法目标正当化,因为在这一方面债权人并不享有不可变更的排他性权利(irrevocable prerogative)[153];相反,其正当性在于保障储备金支出的正式程序和遵守(股东大会)批准年度财务会计报告的权限。对于有限责任公司,这首先是指股东会决议(《奥地利有限责任公司法》第 35 条第 1 款第 1 项);对于股份公司,可能并非经由股东大会,但相关决策权的规范要符合适当标准(qualified),针对特定的时间点和内容,整体上要体现这一决策的重要意义和合程序性。但从经济学的角度来讲,在有限责任

---

[151] 类似的观点参见 Veil, in: Lutter, Das Kapital der AG in Europa, 2006, pp. 91, 95。

[152] Kalss/Schauer, Gutachten zum 16. OEJT 2006, p. 350。

[153] 然而,他们也受益于这样一个事实,即以正式年度财务报告为导向的盈余分派规则能够带来更大的透明度,尤其是针对当前的资产。参见 Reich-Rohrwig, Grundsatzfragen der Kapitalerhaltung. p. 101。

公司和股份公司这两种情形中,资本金义务范围的测定都是基于哪些储备金可以支出(或分派),哪些储备金不得用于向股东分派,这取决于相应的法律规定。

上文提及的会计法规改革从另外一个角度对**公司回购自身股份**进行了阐释。尽管根据原会计法规,公司回购的股份被纳入资产项目,且又被不可分派储备金抵销(offset),但根据现行会计法规则,公司自持股份直接以其名义值从认购资本中减除。这样的话,新的资产负债表针对这项数据较之以往会呈现价值更高的盈余储备金(higher retained earnings)。[154] 通过相应地降低认缴资本金数额,上述关于公司自持股份的理念可以理解为减资的一种形式。然而,这一事项中最为关键的是,资本的减少受到强制性保护措施的约束(见边码66),其中包括不得跌破最低资本金的"门槛"。这些限制性规定并不适用于公司回购股份时在资产负债表上的记载要求。常规减资的法定程序只有在公司回购股份并将其注销的情况下才应当遵守(《欧盟资本指令》第37条第2款;《德国股份公司法》第237条第2款)。除非有例外规定(《德国股份公司法》第237条第3款),法律再一次明确地要求设立不可分派[155]的资本储备金,正如《欧盟资本指令》的规定(《欧盟资本指令》第37条第2款;《德国股份公司法》第237条第5款)。基于这一原因,学界呼吁公司在回购股份之后应当为不可分派的确定资本设立独立的账户;在该账户中,不可分派资本的数额将以自有股份的名义继续增加。[156] 在新的法律中这可能显得有些非正统,但是这在必要的范围内维持了资本金义务。

---

[154] 额外的细节内容,参见 Verse, in: Gesellschaftsrecht 2009, pp. 67, 83. 仅在以下程度上适用,即股份以高于名义价值的价格购买时,二者之间的差额减少了可以自由支配的储备金。参见《德国商法典》第272条第1a款第2句。

[155] Hueffer, AktG, § 327 marginal no. 38 et seq.

[156] Verse, in: Gesellschaftsrecht 2009, pp. 67, 83 with citations. 这同样适用于股份有限公司,并将股东未缴纳和公司未催缴的出资考虑在内。在这个过程中,应当基于完全价值(full value)计入公司资本(见上文)。

三、实质性(盈余)分派

用虚假交易以及类似方式规避法律所禁止的向股东分派的规定简单且明显的例子是隐蔽的非货币出资;针对隐蔽的非货币出资,德国已经打造了一个扩张型的判例集合,包括了试图逃避行为的案例。这些案例涵盖了所有经济上导致公司资产减少却使股东受益的措施,这些措施同时以公司关系(corporate relationship)为基础。[157] 最简单的例子包括支付给股东过度的管理报酬或者其他向第三方支付过度或者虚假的薪酬,并且导致股东间接受益的行为。[158] 基于审查义务的履行与其对价之间的关系,新《德国有限责任公司法》第 30 条第 1 款和新《德国股份公司法》第 57 条第 1 款要求审查公司履行的支付义务是否能够"通过获得足值的对价给付请求权或者返还请求权"加以实现。如果是通过支付现金交换非现金的履行,则必须首先按照市场价值进行估值。据此,在非即时给付对价的情况下,请求权的价值必须基于债务人支付能力来判断。这里涉及的是根据客观标准判断合同当事人履行给付或者义务(若适用)的等价性或者适当性;判断的客观标准往往采用所谓的"臂长标准(arm's length standard)",新法则强调采用会计规则的标准。[159]

保护锁定的资本金免于通过实质性返还出资遭到损害,其第一个目的在于对**债权人的保护**,禁止分派的规定本身也旨在实现此目的。然而,第二个目的是针对其他股东的利益,这是笔者此处要着重强调的。原因在于,实质性分派可能是瞒着其他股东进行的、旨在以违反股东平等原则的方式使特定股东获得利益。基

---

[157] Roth/Altmeppen, GmbHG, § 30 marginal no. 2; Hueffer, AktG, § 57 marginal no. 7; Wilhelmi, Der Grundsatz der Kapitalerhaltung im System des GmbH-Rechts, p. 131 et seq.

[158] 更多的例子参见 Roth/Altmeppen, GmbHG, § 29 marginal no. 60 et seq. See BGH ZIP 2011, 1306。本案涉及为了股东利益而以所谓建设性支付(或称"积极支付";constructive payment)的形式承担的风险。

[159] Cf. BGH ZIP 2011, 1306 and Nodoushani, ZIP 2012, 97.

于这一原因,甚至必须在资本金义务之外考虑额外的法律限制:平等对待原则以及公司内部相关返还支付决策权的分配。[160] 就此而言,仅能够从可分派利润中向股东分派盈余,因为在实质性盈余分派情形中当然不考虑适当的、正式的储备金支出行为。相应地,资本金义务有必要适用于所有的储备金,实质性盈余分派在实践中总是构成对资本金义务的违反。[161]

从视为返还出资的角度来看,公司为股东提供贷款属于特殊的问题,尤其是在一般情况下公司不会向第三人提供无担保的贷款。该类别中的特殊情形是将流动资金加入到企业集团(康采恩)内部的一个现金池(cash pool)中;在该集团内部,数个或者所有关联公司的流动资金基于一个持续运行的基础合并在一起,并且向任何有资金需求的关联企业开放。如果一个公司自成立之始已被囊括在这样一个现金池机制中,公司股东向公司缴付的现金出资也已经流入该现金池(见上文边码47),那么资本缴纳与资本维持的原则均受到同等程度的影响。德国法在实质性非货币出资、实质性返还支付或者分派领域相应地获得了发展。在其试图连贯实现法律所保障的目标时,德国判例法再一次超越了法律的边界,从而导致在司法机关并未考虑公司从锁定资产中进行分派的情况下(例如,公司向股东提供贷款,或支付给所处企业集团的现金池),股东已经以返还支付请求权的形式获取了可以收回的资产。相反,德国司法机关认定这些抽回资金的行为本身具有违法性。最终,德国立法者必须进行纠正式干预并且明确将返还支付请求权的机制作为衡量标准(《德国股份公司法》第57条第1款;2008年后的《德国有限责任公司法》第30条第1款第2句第2种情况)。

---

〔160〕 Roth/Altmeppen, GmbHG, § 29 mariginal no. 61; Baumbach/Hueck/Fastrich, GmbHG, § 29 marginal no. 75; BGH ZIP 2008, 1818.

〔161〕 Roth, presentation to 16. OEJT 2006, p. 116. 关于奥地利有限责任公司,参见 Reich-Rohrwig, Grundsatzfragen der Kapitalerhaltung, p. 119; Koppensteiner/Rueffler, GmbHG, § 82 marginal no. 15。

从其他欧陆法系国家的比较法律分析视角出发,在对待实质性非货币出资以及实质性分派问题上德国法与这些法律的相似性非常突出,并且在以下范围内继续存在,即在向股东分派的情况下,严格纳入拟制交易(deemed transactions)也仅在例外情况下实施并且频繁地受到德国法的影响。奥地利的法律规定大体上也类似。[162] 在瑞典,实质性分红纳入到向股东分派的限制中。[163] 瑞士法禁止通过以下方式向股东支付款项,即"该付款明显与对价或者公司的财务状况不成比例"(《瑞士债法典》第678条第2款);该款的第一部分也许可以用实质性分派定义;第二部分大体相当于公司的资本金(维持)义务(见下文六,边码65)。[164] 最后通过第三方的间接支付将其明确归入"关联方"概念下。

相反,对于罗马法系国家而言,一个非常陌生的理念是,基于实质性分派视角将实质性盈余的支付置于禁止向股东分派的规定下。[165] 这些国家遵循另外一种替代性的规制模式。存在的危险因素是,与公司管理层成员抑或股东缔结的交易可能对公司的利益造成损害。相应的法律解决方案落脚于控制、公开以及参与,并且通过行为人的民事和刑事责任获得支撑。在法国,此类型的交易必须获得董事会或者监事会的许可,有可能还需要获得股东大会的批准;意大利和比利时的法律规定也大体相同。[166] 这与此前提到的(公司设立)事后审查规则相一

---

[162] See Reich-Rohrwig, Grundsatzfragen der Kapitalerhaltung, p. 118 et seq; Kalss/Schauer, Gutachten zum 16. OEJT 2006, p. 367, 此处强调了依然存在的差异。

[163] 更多的细节参见 Kalss/Schauer, Gutachten zum 16. OEJT 2006, p. 381(将2006年股份公司法改革考虑在内)。

[164] 股东仅在"恶意"的情况下才负有返还支付的义务。这与德国或奥地利法中针对"已披露的盈余分派"(disclosed distributions)相对应;根据《瑞士债法典》第678条第2款的规定,在涉及相关支付与对价或者公司的经济状况呈现明显不当比例关系(offensichtliches Missverhältnis)的情形中,应当被推定。

[165] Nienhaus, Kapitalschutz in der Aktiengesellschaft, p. 122; Wild, Prospekthaftung einer AG unter deutschem und europaeischem Kapitalschutz, p. 191.

[166] According to Kalss/Schauer, Gutachten zum 16. OEJT 2006, p. 375 et seq; Fleischer, in: Lutter, Das Kapital der AG in Europa, pp. 114, 123. 关于意大利法中的刑事惩罚(Art. 2626 Codice civ.),参见 Miola, in: Lutter, Das Kapital der AG in Europa, p. 625。

致,上述规则旨在抵御对股东出资的侵蚀。对此,提升公司内部的透明度并将决策权限转移给股东或者由股东组成的委员会是受到青睐的方案。然而,如果这是终点的话[167],关注焦点仅仅集中于股东的利益,债权人利益仅是"反射性"(reflexively)地获得保障,并且局限在预防公司资产因为个别主体利益而遭到侵蚀的这一股东整体利益的范围。

鉴于各个成员国的观念差异,不足为奇的是,各成员国针对《欧盟资本指令》中的实质性分派是否涵盖在向股东分派的限制性规定范畴中这一问题无法达成一致性理解。德国法学界同样对此存在分歧,尽管多数意见持肯定态度[168],并且存在充分的理由支持超越德国法律的传统精神对《欧盟资本指令》进行法律解释,该指令的保障性立法目的也要求进行广义的解释。指令文本并未对该事项加以规定,因为第 15 条采用了非常特定化的表述,第 19 条针对公司回购股份的情形又明确地援引了第 15 条的规定,这意味着其采取了广义解释。与之相反,并未采纳实质性分派方式的欧盟成员国明显不认为本国股份公司法受到《欧盟资本指令》的限制。[169] 这一观点也得到以下事实的支撑:有充分的理由怀疑《欧盟资本指令》是否允许适用德国法中严格的法律观念,更不用说跟随德国法的做法(见上文边码 46)。

四、股东借款

公司融资(见上文第一节和第二节)部分已经提出的问题是,公司设立本身是否实际要求合理的商业股权资本流入公司并作为运营资本?反过来,一家公司在资本严重不足的情况下是否

---

〔167〕 事后设立规则(Post-formation law;Nachgründung)的适用并不止于公开透明和决策权移转,还包括了其他与实物设立相关的保护性机制,包括对公司设立的外部审查。参见《德国股份公司法》第 52 条第 4 款;《意大利民法典》第 2343 条之 2;《奥地利股份公司法》第 45 条第 3 款(但是,《奥地利有限责任公司法》第 35 条第 1 款第 7 项并非如此)。

〔168〕 Wild, Prospekthaftung einer AG unter deutschem und europaeischem Kapitalschut, p. 189 et seq. with citations.

〔169〕 For France, see Fleischer, in: Lutter, Das Kapital der AG in Europa, p. 124.

当然不满足市场要求抑或潜在交易对方的要求？不过，股东依然有可能向公司支付必要的资金，尽管不是以缴纳出资的形式，而是采取债务的形式，即股东借款的形式。这种情形中，股东可能认为他们享有优势，诸如，这些资金不受法定资本金义务的约束；尤其在企业面临即将到来的危机时，这些资金可以从公司尚有的流动资金中获得支付（见上文第三节六，边码 50）。公司股东可能会凭借其对公司的影响来使得自己的债权获得优先于第三方债权人清偿的待遇。

然而，鉴于法定期间内必须启动破产程序的要求，**破产法**已经规定了相应法律机制来制止这种现象，即在程序中排除股东借款的优先性。不过，即便将股东的返还请求权与其他第三方债权人的请求权在破产程序中同等对待也可能导致不公平。基于这一原因，一些法律体系已经发展出对股东借款特殊处理的规则，这种做法极大程度地剥夺了股东作为债权人这一法律身份享有的利益，并将股东借款作为股权出资实质对待。其核心理念是，这些股东借款代替了经济上合理的且可能必要的股权出资；立法者应当将这一状况考虑在内，因为股东不同于其他第三方债权人，其对公司有出资责任。股东并未被要求在公司需要额外资金时提供额外的出资，但如果股东选择这样做，公司应当采取正确的经济应对措施。

这一问题的提出应当基于的理念思考进路是，（将股东借款）重新归类为股权出资在经济上是否合理，并且这又将资本不足（undercapitalisation）的判断标准问题推到"前台"，称之为"**名义出资不足**"（nominal undercapitalisation）。上述问题的回答取决于，就评估方式而言，股东借款是否替代了股权出资，因为"谨慎的商人会选择采取向公司进行股权出资"的形式而非采取借款的形式。直到 2008 年《德国有限责任公司现代化与反滥用法》（MoMiG）改革前，《德国有限责任公司法》第 32a 条才如此规定。原《德国有限责任公司法》将此界定为"公司的危机"（Krise der Gesellschaft）。相应的法律后果是,股东的请求权在破产程序中的清偿顺位要次于第三方债权人的债权,挑战了股东获得的优先偿付或者担保。意大利在 2004 年法律改革中也引入了类似规定(《意大利民法典》第 2467 条)。该条对要件特征的描述采取了更加一般性的概念,即"负债水平与股权出资之间存在不成比例的关系"。[170] 奥地利试图在独立的立法中,即《奥地利自有资本替代法》(EKEG),通过更加精确的条款来规定"危机"的标准(见下文边码 65)。与之相反,德国为了实现更大程度的法律明确性,在 2008 年改革中采取了更加积极的措施,即在破产程序期间或者临近破产程序之前,将股东借款原则上作为股权出资对待,不论这些股东借款在个案中是否需要被归类为替代股权出资(《德国民事诉讼条例》第 39 条、第 135 条等)。[171] 西班牙也采取了类似的进路。[172]

五、股份回购

作为原股份发行交换出资的反向行为,在不考虑购买价格的情况下,公司回购股份事实上是返还出资的典型形式。公司回购股份的价格须以股份当前价格或者公平价格为基础,独立于原始的出资价格,也就是说通常会高于原始出资价格。[173] 不过,在满足特定限制条件的情况下,法律允许公司回购自身股份。法国和意大利的立法例则表明并非必须如此;处于有限责任公司,两国立法毫无例外地禁止公司回购自身股权(《法国商法典》第 L223-34 条第 4 款、《意大利民法典》第 2474 条)。

与之相反,其他欧洲法律体系近年来允许此种股份回购,具

---

〔170〕 瑞士也类似。参见 Schindler/Toendury, in: Süß/Wachter, Hdb. des internationalen GmbH-Rechts, country report Switzerland marginal no. 61。

〔171〕 概括式的介绍,参见 Roth/Weller, Handels - und Gesellschaftsrecht, marginal no, 458, 全面的探讨,参见 Roth/ Altmeppen, GmbHG, preceding sections 32 a, b (prior version)。

〔172〕 Embid Irujo, in: Lutter, Das Kapital der AG in Europa, p.691.

〔173〕 See Lutter/Bayer/Schmidt, EuropUR, § 8 marginal no. 24. 涉及代表股份公司的第三方为股份收购提供融资的主题。

体针对在证券交易市场公开交易的股份。理由有三:其一,如果公司拥有多余的流动资金,可以基于股东自身意愿分配给股东,有别于一视同仁的盈余分配,这当然会考虑平等对待的要求。其二,如果公司产生超过投入资本平均水平的收益,其可以通过较优惠的贷款来提高公司的借贷水平,从而降低股权出资的基数,也就是所谓的杠杆效果。其三,奥地利立法者对公司回购自身股份进行了积极评价,将之视为"稳定股价的措施"[174]。不过,(资本维持的)法律原则依然在以下范围内有效,即股份回购的对价只能从未受到资本金义务约束的资产中支付(《欧盟资本指令》第19条第1款第c项;《德国有限责任公司法》第33条第2款第1句),并且在计算受锁定资产(tied-up capital)时(见上文"二"结尾),回购后的股份不得考虑在内。其他情况下可能适用特殊的法律规则,这些规则相较于分派的一般性限制具有优先适用性(《德国股份公司法》第57条第1款第2句;《奥地利股份公司法》第52条第2句)。

特别需要说明的是,上述法律法规允许股份回购在满足法定简化要求的情况下用于特殊目的。例如,公司基于向职工分派股份的目的收购本公司股份(《欧盟资本指令》第19条第3款)。不考虑这一点的话,公司也被允许享有一定程度的支配与处分自由,但受到两方面的限制:第一,数量不得超过认购资本的10%并且决策过程应当获得股东大会的明确授权(《欧盟资本指令》第19条第1款第a、b项)。这里指的是不受限制的回购交易,应当区别于公司可能的回购权以及股东向公司要约出售自己股份的权利。第二个限制详见第四章第三节。

股份回购与建设性返还支付(constructive repayment)交界之处的特殊事项产生于资本维持的法律要求与资本市场法所提供的投资者保护之间的冲突。根据资本市场法,在股份公司违反其

---

[174] 支持更加广泛范围的股份回购的理由说明,参见1999, 1902 Beil. XX GP, P, 4。

股份的法定信息披露义务的情况下[175],股东可以就购买股份后遭受的价格损失起诉公司承担损害赔偿责任。多数情况下,股东实际上希望向公司出售这些股份,以期获得购买股份时所支付的价款。尽管这些请求权旨在实现此前法律禁止的向股东返还股权出资的行为,但德国和奥地利的司法判例已经赋予了股东损害赔偿请求权以优先效力,至少在公司故意欺诈公众投资者的案件中是这样。[176]

六、理论分析

(一)资本保护

对于上文提到的冲突情况,在法学界多数意见的支持下,法院不计后果地超越了资本维持原则的保障范围;因其涉及的核心问题是公众作为股东加入公司的可执行性,这种执行性不能受到因欺诈而导致欠缺当事人合意的干扰(见上文第三节之(一)边码41),尽管因欺诈而认购股份作为投资欺诈的一种形式引起了媒体的关注。基于这一原因,不能避免的是,将解决方案置于欧盟法层面并与可适用的欧盟指令相结合,再将该事项交由欧洲法院裁决。

在股份回购的一般情形中,上文提到的法律保障主要涉及资本维持程度较低且更多是潜在的价格**操纵**问题。对此,自一战和二战期间经济危机以来,存在众多的例子可以说明这一点。[177]

---

[175] 基于多项欧盟公司法指令 Directive 2003/71/EC of the European Parliament and of the Council of 4 November 2003 on the prospectus to be published when securities are offered lo the public or admitted to trading, 2004/109/EC of 15 December 2004, 2003/6/EC of 28 January 2003, overview in Möllers, BB 2005, 1637, 1641。

[176] BGH ZIP 2005, 1270; 2007, 326 and 681; OGH GesRZ 2011, 251. 批评性意见,参见 Kindler, in: FS Hueffer, 2010, p. 417; 反对意见,参见 Lutter, in: Kölner Komm, AktG, § 71 marginal no. 69, end。并未考虑将该事项交至欧洲法院,参见 Roth, JBl 2012, 73, 新近(2012)这一情形发生在奥地利的一个低层级法院中 HG Wien GesRZ 2012, 196 with comments by Eckert; see Fleischer/Schneider/Thaten, NZG 2012, 801。

[177] Maltschew, Der Rueckerwerb eigener Aktien in der Weltwirtschaftskrise 1929 – 1931; Terberger/ Weltberg, Der Aktienrueckkauf und die Bankenkrise 1931.

一方面，将股份回购推崇为价格稳定的制度是一种经济政策的委婉表达(economic policy euphemism)。[178] 另一方面，从实践的角度，价格操纵已经通过资本市场法得到充分规制，因而不应再成为股份回购中关注问题的观点显得过于激进。

资本维持的门槛阈值(threshold value)本身具有根本性意义，而在这一方面现行法律体系似乎在多个领域存在完善的空间。首先，这适用于以资产负债表为导向的情形，很大程度上表现为静态和回顾性股权出资。前瞻性的替代方式本可以基于可预见的运营和压力考察公司的资金**流动性**。其次，如果将年度可支配利润供以支配，所采用的门槛标准则过高；以下情况有可能过低，即提取可支配的储备金，从而仅将认缴资本和相对较小的储备金项目置于锁定状态。最后，如果仅考虑向股东分派或者返还支付，而不是在可能的情况下将资本维持范围扩大至涵盖其他资产侵蚀(asset erosion)的形式，那么相应法律效果会受到严重的限制。产生这样的结果根源于上文已经提及的众所周知的现象，即公司面临即将到来的危机时，不仅会使股东将公司仅存的流动性资金输送给股东自己，还会诱发股东采取更加冒险的措施。也就是说，股东有意愿承担高风险甚至非理性的高创业风险，并以债权人的利益作为投机代价，因为公司所有权人与股东之间原则上的风险对等性已经丧失殆尽。[179] 当然，这一情形中，法律的规制也受到一些限制，因为企业家的自由裁量(商业判断)不应当受制于司法审查，且原则上也不存在预防损失发生的法律救济，经营损失又间接地与创业风险相关。

如果将预防破产作为事实上的立法保障目的，那么视野会更加开阔，即引导我们关注现行法中具有不同法律后果的**三类门槛阈值**(three threshold values)：认购资本(潜在的可扩张涵盖特定储

---

[178] 关于这一主题的探讨，参见 Roth, in: FS Koppensteiner, 2001, pp. 141, 146, presentation to 16. OEJT 2006, p. 114。

[179] 参见上文第二节之二。

备金)界定了免于分派的净资产数量;低于这一数量时便属于负自有资本(negative equity)。如果净资产降至零,这代表资不抵债(over-indebtedness)的开始,也就是说债务不能再获得清偿,启动破产程序的原因已经产生。许多法律体系选择了一条中间道路,即认缴资本损失过半(《欧盟资本指令》第17条、《德国有限责任公司法》第49条第3款;《瑞士债法典》第725条第1款)会触发一系列反应措施:从召集股东大会开始,至少通过股东大会让股东普遍知晓危机情况;再到相应地对公司进行重组、实施减资或者解散公司(《法国商法典》第L223-42条、第225—248条;《西班牙资合公司法》第363条第e款;意大利做了进一步区分,见《意大利民法典》第2446条及以下、第2482—2484条)。[180] 如果这些保障性措施被证明是不充分的,那么反应门槛必须与更加适当的危机参数相连接,从而允许更早的干预。在重组不成功的情况下,为公司维持其存续提供更广泛的保护。[181] 那么,建立风险管理体系落入了管理层职责范围,以便确保及时地识别危机。[182]

(二)公司危机决定要素

当前主要是以两个标准作为决定要素加以探讨,即公司的危机是否开始,且继续进行商业活动是否会陷入风险之中。[183] 两个标准分别是信用状况(credit standing),即以主流的市场条件获取借款的能力、偿付能力(solvency)和可预见期间内履行经济债务的预期能力。德国立法者已经将信用的丧失作为危机的标志(基于对原《德国有限责任公司法》第32a条的主流解释)。[184] 偿付能力或者流动性测试是以英美法系做法为基础的、国际上广为

---

[180] Overview in: Kalss/Adensamer/Oelkers, in: Lutter, Das Kapital der AG in Europa, p. 134. Regarding the loss of one third of capital in Italy, see Miola, in: Lutter, Das Kapital der AG in Europa, pp. 612, 624, in Spain Embid Irujo, in: Lutter, Das Kapital der AG in Europa, p. 690.

[181] 法律比较与概览,参见 Haas, report to 66. DJT 2006; Adensamer/Oelkers/Zechner, Unternehmenssanierung, p. 98 et seq。

[182] BGH ZIP 1995, 560; NZG 2012, 940.

[183] According to Bauerreis, ZGR 2004, 294, 298 for French law (see next page).

[184] Roth/Altmeppen, GmbHG, § 32 a (prior version) marginal no. 22.

接受的方式。[185] 出于评估短期或者中期履行债务能力的目的,后一种标准不过是濒临破产的另一面[186],根据现行法,这些因素对破产程序启动或者为了防止破产程序启动已经发挥了一定的作用。这一进路的核心事项是,哪些事实或者哪些可能性应当作为此种评估的基础。除此之外,如果公司现实并未求助于资本市场或者可能无法佐证采取了这一方式,信用状况的问题依然是一个理论事项。

基于这一原因,奥地利立法者规定了更加精确的表征要素或参数,股权资本比例(equity ratio)以及认定的债务返还期限,这在《奥地利商法典》中位于重组栏目之下(股东借款通过《奥地利自有资本替代法》辅助)。[187] 这些规则以欧盟银行法为样板,或依据广义的资产负债表进路,也就是说间接地引申于公司账户。这一规则虽然结合不同优势,但是也存在清晰计算公式带来的相应缺陷,既有行使自由裁量权的额外空间,也有面向破产的复杂法律后果。实际上,这一规则的适用性一定程度上被削弱了,其实践效果微乎其微。法国法(《法国商法典》第 L620-1 条)的程序性保障也是致力于类似的目的并且遵循企业家"对其无法克服的困难进行佐证和辩护"的基本原则。不过,根据相关报告,这些规定实践中可能一定程度上有效果。[188] 可能的解决方案与合约理论(contractual theory)结合得更加紧密(见第一章第

---

[185] EU Commission Action Plan from 2003, see Reich Rohrwig, Grundsatzfragen der Kapitalerhaltung, p. 424; Veil, in: Lutter, Das Kapial der AG in Europa, p. 91; fuer Italien Miola, in: Lutter, Das Kapital der AG in Europa, p. 635 et seq., for the Netherlands Kluiver/Rammeloo, in: Lutter, Das Kapital der AG in Europa, p. 659; Hirschfeld, RIW 2013, 139. See additionally. Rickford and Schoen, EBOR 7 (2006), reprinted in: Eidenmüller/Schoen, The Law & Economics of Creditor Protection, pp. 135, 181.

[186] Similarly, Haas, report to 66. DJT 2006 E 124.

[187] 针对这一主题的概括性介绍,参见 Roth/Fitz, Unternehmensrecht, marginal no. 595. EKEG 的核心理念是公司危机。

[188] Urbain-Parleani, in: Lutter, Das Kapital der AG in Europa, p. 592. However, see also CJEU Case C-116/11, Bank Handlowy, ZIP 2012, 2403; Submissions of the Advocate-General, ZIP 2012, 1133.

一节之一),并且又一次将与债权人达成的自愿私人协议的信任作为基础。[189]

基于上述内容,建议的解决方案超出了单纯的资本维持要件或者法律后果:一方面试图通过界定资本不足的阈值(threshold value)或者界定破产前公司存续的威胁[190];另一方面又与其他主体行为以及惩罚措施的不同规则相联系。这些惩罚措施包括管理层成员及股东的个人责任,也就是说"揭开"这些主体通常承担的有限责任。这就与下文第四节将要讨论的揭开公司面纱制度相联系。

七、减资

认购资本的减少是资本金缴纳的反面;减少的资本可以用于向股东返还资产或者用于抵充已经产生的资产负债表记载的损失(收支逆差;adverse balance)。无论如何,减资会导致认购资本或者股权资本数量的减少,因此应当遵守法定最低资本金的限制规定(《欧盟资本指令》第 34 条针对同时进行的增资规定了例外情形:重组的选项之一)。减资仅在以下情况考虑,即股东已经提前自愿设定了更高的资本金水平并且缩小了锁定资本的范围。换句话说,此前由资本金义务对债权人利益提供保障的范围缩小了,因此,如果没有征得债权人同意或者没有其他配套性的保障措施,就无法完成减资。

这些保障措施主要有两个层面的目的:其一,减资,其旨在实现的目的;其二,实施必须由股东会作出,并且采取**修订公司章程的行为**,包括修改相关的控制机制。公司章程的修订也必须获得绝大多数股东的同意(《欧盟资本指令》第 30 条;《奥地利有限责任公司法》第 54 条第 1 款)。除此之外,在向股东分

---

[189] Spindler, JZ 2006, 839; Schon, in: Bachmann et al., Rehtsregeln fuer die geschlossene Kapitalgesellschaft, p. 147.

[190] "In the vicinity of insolvency", Davies und Spindler, EBOR 7 (2006), 301 und 339.

派之前,必须满足债权人的请求权,必须对请求权尚未到期的债权人采取保护措施。出于这一目的,必须向债权人提供充分、及时的信息(《欧盟资本指令》第 32 条;《德国有限责任公司法》第 58 条)。

第六节　刺破公司面纱(直索责任)

一、责任限制及其穿透

(股东)有限责任这一特权并非是在不受限制的基础上授予的,而与特定条件相关联,至少就公司成立与信用而言,理论上与股东利益和债权人利益相关。这些条件旨在防止风险的完全外部化,预防股东或者具有重大影响力的股东以其他人利益为代价投资。如果违反这一根本性的共识,法律可能会基于债权人的利益刺破公司的面纱,直索股东的个人资产。这样的直索责任并非欧陆法系独有的制度,也是英美法系固有的成分,表述上称之为"刺破公司面纱";不过,这一制度在德国联邦最高法院的指引下已经被赋予特殊的属性。其他成员国选择了不同的路径,也实现了类似目标(如法国采取财产不足责任诉讼的形式;action en comblement du passif or pour insuffisance d'actifs)。[191] 这里首先涉及以行为或者过错为基础的责任,同时也与资本保护密切关联。资本保护也扩展至公司管理以及对公司产生的影响力,相应地豁免对公司没有影响力的股东,或者以公司管理层为追责对象。

直索责任并非单纯是公司初始资本不足的结果。正如前文提及的,之前以此为目标采取的改革动议至今未能取得成功。公

---

[191] Art. L651-2, previously Art. L652-1 CCom. On this issue and Spanish law, Merkt/Spindler, in: Lutter, Das Kapital der AG in Europa, pp. 207, 222 et seq., additionally on France, see Urbain-Parleani, in: Lutter, Das Kapital der AG in Europa, pp. 592, 598; regarding Spain Haas, Der Durchgriff im deutschen und spanischen Gesellschaftsrecht, 2003.

司股东并没有义务为公司提供额外的出资,即便公司后来"耗尽资金"。相反,法院认为应当关注以损害债权人利益为代价采取针对性方式破坏资本金保障功能的行为。这些行为可以在广义上被视为**对有限责任的滥用**。最典型的例子是资产的混同(co-mingling)。如果没有将用于清偿债权人债权的公司资产与股东的个人资产进行清晰的区分,那么作为有限责任基础的资产分割便被牺牲。[192] 上述情形对一人公司具有重要实践意义,即唯一的所有权人将不同领域的资产混同在一起。总体而言,一人股东承担个人责任风险要高于多方(股东)参与的情形。意大利法明确允许对一人公司股东的个人责任实施穿透,前提是出资未能够以恰当的方式履行,或者该主体的所有权并未根据适用的法律和法规进行披露(《意大利民法典》第2325条第2款、第2462条第2款)。

大型企业的经营风险也可以利用责任分割的"技巧"在不同法律实体之间分配;诸如,为出租车车队、移动起重机、船舶或者为实现单个建筑项目而设立独立的公司,此后将这些公司置于企业集团的框架下连接在一起。在一个项目失败或者一个法律实体工具导致大量损失的情况下,仅让相应的附属公司破产,债权人也只能以附属公司(不充分)的资产获得清偿。[193] 原则上,这些行为被视为利用法律结构安排的机会,为法律所容忍。[194] 德国联邦最高法院仅在以下情况允许对同一企业集团的其他公司责任穿透,即由于企业集团管理采取的措施,在一定意义上该公司为了其他公司的利益而被牺牲。[195]

---

[192] BGHZ 123, 366; 173, 246; BGH NJW 2006, 1344; NZG 2008, 187.
[193] Roth/Fitz, Unternehmensrecht, marginal no. 585.
[194] 根据比利时法,运营多个一人公司的单一股东应当对公司债务承担连带责任。参见 Heitkamp, in: Ars Legis (ed.), Das Recht der Kapitalgesellschaften in Europa, country report Belgium p. 13。
[195] BGHZ 95, 330; 115, 187; BGH NJW 1993, 1200.

二、公司营业(going concern)的风险及破产触发事项

上文提及的德国联邦最高法院判决突出强调了对公司资本基础的侵蚀。自此之后,法院放弃了企业集团的进路,转而更加强调对公司资产的"入侵"构成滥用公司形式,并且最终造成对公司抑或其债权人的违法侵害。[196] 在这方面,法院关心的是将向股东分派的法定禁止性规定的适用范围扩张至其法条文义本身并不包含的领域;这或者是因为从会计法的角度,对公司资产的侵害不再能够归入(向股东进行的)分派或者实质性分派;或者因为法院意图在禁止向股东分派的限制性规定之外涵盖任何一项资产的流出行为。后者是德国有限责任公司特有的问题,因为禁止分派的规定仅限于股东认购的出资,对以损害储备金为代价而进行资本外流的可能性依然持模糊不定的态度(见上文第五节之三边码58)。[197] 即便是其他法律允许的正式盈余分派,包括储备金的支出,也可能引发担忧。[198] 前者的例子包括掏空公司资产的行为,诸如向股东或者其他附属企业转移职工、专有技术知识(know-how)、商业关系、客户基础或者企业运营所需要的资源。[199] 这些行为是所有者在公司面临即将到来的危机时,试图以自身利益为目的,并以损害债权人利益为代价所进行的,与他们试图从公司流动资金中抽取资金的行为相同。进一步而言,这些情形的特征在于,上述单个行为可能无法单独被认定为对公司财产的侵害,因此需对其评估并通过损害赔偿加以救济。

相反,从更加广泛的意义上来讲,这里涉及的是因欠缺对公司存续能力(也是对债权人利益)的考虑而对公司生存造成威胁

---

[196] BGHZ 173, 246; 176, 204; see Altmeppen, ZIP 2008, 1201.

[197] 然而,一旦要将建设性盈余分派(constructive distributions)涵盖在内,同样的问题普遍性地存在于《欧盟资本指令》第15条第1款所采用的规制模式上。

[198] Lutter/Hommelhoff/Bayer, GmbHG, § 29 marginal no, 22 in connection with § 13 marginal no. 34.

[199] Roth/Weller, Handels-und Gesellschaftsrecht, marginal no. 561.

的行为;如果这些行为导致公司破产甚至破坏公司生存能力,公司所遭受的全部损害必须在债权人债权能够清偿的范围内获得赔偿。司法裁判将这些行为解读为对公司故意、不道德的侵害。[200] 如果股东的创业风险限制在公司的资产范围内,那么,对公司(间接地对公司的债权人)而言,不得剥夺公司为维持其生存所需要的资源。这些对于维持企业存续所必要的资产被指定用于实现债权人的债权,不得由股东任意处分。股东也不得故意破坏公司履行义务。从实践的角度来看,其结果是,此后股东(们)或者公司管理层对公司债务在其违法抽取的公司资产范围内承担个人责任,甚至可能由于违反信义义务而承担刑事责任。[201]

三、理论分析

法院(通过判例)推荐的解决方案是设立一道危机开始的门槛(尽管可能不清晰但有用处);同时股东或者管理层在处理公司资产时应当履行特殊的义务。原则上这一方案是适当的——不仅可以预防资产以损害公司利益的方式从公司流出,还可以预防其他威胁企业存续的管理行为。从实践的角度而言,这一方案意味着公司的股东(在涉及有限责任公司的情况下指的是大股东或者兼任管理者的股东)抑或管理层(在涉及股份公司的情况下指的是监事会或者其他承担控制机制职能的机关)应当更加认真关注公司在危机中的存续能力;同时也意味着,他们通常情况下必须降低对风险容忍的程度(而不是屈服于与之相反的诱惑;见上文第二节之二边码37),并且在极端的情形中,应当将重组措施作为替代性方式,或者及时启动公司的解散程序。然而,德国联邦

---

[200] BGHZ 173, 246 following NJW 2002, 3024 and ZIP 2001, 1874;这里请求权的正当性理由依然存在差异。相关总结参见 BGH NZG 2012, 667。

[201] 关于后者,参见 BGH NZG 2009, 1152; 2012, 836, 839。

最高法院未能够进一步深化这一潜在的解决方案。[202]

从法律保障的角度来看,这些判决应当归入广义的**资本维持**措施。这一点是基于以下事实,即判决的适用范围限于被禁止的资本流出。威胁公司存续的行为可以视为超越了特定风险门槛的对公司资本结构的侵蚀。[203] 保障公司继续存在的要求等同于资本维持;出于公司清偿债务能力的考虑而对公司资产采取固定保护也恰恰是在追求完全相同的目标。这显示了德国联邦最高法院在有限责任公司法领域的多数新近判决一直聚焦于资本维持。

反过来,这又是公司法重心从资本缴纳向资本维持转移的整体趋势的表征。[204] 原则上,这一趋势是正确的,因为正如前文所述,资本缴纳的关键在于以"快照"(snapshot)的形式设置特定的条件。这些资本在此刻后可能迅速恶化,导致在公司经营过程中,其商业伙伴或者潜在的公司股份购买者为了了解公司的财务状况只能去获取当前的信息并且对这些信息自行评估。最后,基于上述原因,"严肃性表征"依然是实践中资本金要求最为重要的效果。然而,正如上文所述,如果法律对此不加以限制的话,股东或其管理层的严肃性可能在经济形势欠佳时遭受影响,并最终导致股东或其管理层从事风险过高的活动并且以牺牲债权人的利益为代价。

如果公司在既定时间点上的经济偿付能力对与公司正在进行交易、需要获得保护的主体至关重要的话,公司的原始资本金仅具有一定限度的意义;**公司资本结构的后续发展**在很大程度上

---

[202] BGHZ 176, 204 = ZIP 2008, 1232; NZG 2005, 114 = LM 2005, 57 [Roth]; contra Roth, NZG. 2003, 1081. See also Schoen, in: Bachmann et al. (eds.), Rechtsregeln für die geschlossene Kapitalgesellschaft, p. 131 et seq; see also the contributions of Davies and Spindler in EBOR 7 (2006), reprinted in Eidenmüller/Schoen, The Law and Economics of Creditor Protection, pp. 303, 341.

[203] Roth, NZG 2003, 1081.

[204] Roth, presentation to 16 OJT 2006, p. 112.

对其具有不确定性,主要是因为:第一,需保护主体不愿意或者不能对公司的财务状况进行持续性的观察(监督)[205];第二,需保护主体在既有法律关系的背景下采取应对措施的能力受到限制。他们不能撤销已经达成的交易或者已经完成的投资。对于他们而言,重要的是,公司的偿付能力一旦形成,无论是基于原始的资本金还是后续经营上的成功,公司资本依然能够保持或者至少不因公司控股股东的行为而恶化(毕竟无法绝对排除履行能力的降低)。在不考虑这些因素的情况下,即便是从一开始,公司的商业伙伴可能不会像自由企业理论设想的那样可以轻易评估公司的信用状况,他们过多的注意力或判断被日常经营事务所占据。

然而,在法律保障这一优先目标之下,将上述认知转化到实践中是一个尚未结束的过程。有两个方面还存在**进一步发展法律的空间**:一方面涉及对触发加重法律后果的情形进行更加具体的界定和表述,这些法律后果附加于现行法律保障之上,而非取而代之[206],具体而言,包括"危机""对(公司)存续的威胁""偿付能力测试(solvency test)"以及"重组的需要"等条款。另一方面,法律后果还可以进一步精细化,其中,资产的外流应当视为对资本维持构成首当其冲的威胁。不过,对于其他公司资本基础的风险,诸如(董事等)负有义务的主体未能够采取挽救措施的潜在风险也可以在强化法律义务的名义下归类为对公司存续构成威胁的"侵入"。相应地,惩罚措施的焦点也许可以从对股东不加区分的直索责任转移到对承担特定职责主体(公司管理层、发挥实际控制力的股东)主张的损害赔偿义务上。

---

[205] See Schön, in; Bachmann et al. (eds.), Rechtsregeln für die geschlossene Kapitalgesellschaft, p. 151 et seq. 关于在公司危机中基于债权人利益抑或公共利益的信息义务和披露义务。

[206] 基于所有将偿付能力测试与资产负债表测试相结合的英美法的支持者。旨在将当前的反应(义务触发)门槛向前推移,参见 Roth, presentation to 16. OEJT 2006 p. 118 et seq。

第三章 公司组织机构

第一节 组织机构与利益多元化

公司法领域的立法必须考虑公司组织内部的多元利益,也必须考虑法律环境中的多元利益。[1]《欧盟运作方式条约》规定的职权分配同样涉及企业的内部与外部关系。根据该条约 50 条第 2 款第 g 项的规定,欧盟立法者应当对各成员国中关于"公司股东和第三人"权益保障的规则进行融合与统一。就公司内部的关系而言,法律因此必须首先规范公司内部不同**股东之间的竞争性利益**。基于这一目的划分两种类型的股东,一类是对公司施加影响力的股东,另外一类是仅拥有少数利益的股东。这里涉及的是**保护少数股东免受多数股东滥用权利的典型议题**;保护方式包括赋予个体股东管理权(成员权),诸如召集和参与股东会的权利,包括发言权(the right to be heard)、知情权、表决权以及(通过诉讼)挑战股东决议的权利。这些权利在公司属于**企业集团非独立一员**的情况下极其重要,因为控股股东可能试图利用其影响力执行集团公司的政策,而不考虑公司及其外部股东的利益。其他股东之间的竞争性利益事

---

〔1〕 参见(尤其是针对有限责任公司法)Raiser/Veil, Recht der Kapitalgesellschaften, § 13, p. 104 et seq.; Kübler/Assmann, Gesellschaftsrecht, 6th ed. 2006, § 14 III p. 176 et seq.

项,包括(涉及上市股份公司)资本市场中将持股作为投资的股东、投机者以及机构投资者之间的利益冲突。

除了这些不同股东群体成员间的冲突性利益(此问题将会在下一章分析[2]),成员国的立法者进一步通过多种方式规范职工群体的利益。职工群体内部利益冲突,例如,小时工、薪酬职工与管理者之间的利益冲突,此处不予讨论。因为规范这些关系是劳动法的任务。职工对于高工资、职工福利的利益以及有保障的工作和可接受的工作环境的利益必须纳入作为职工群体与公司的关系中进行考虑。这些职工利益可能潜在地与股东获取盈余的利益相冲突,即便在如今,一个显而易见的道理是,令人满意的职工通常具有较高的生产率,较高的生产率直接影响公司的利益。[3] 比较法层面,对于公司法是否将职工的集体利益纳入考量以及采用何种形式,各国存在差异。一些国家(诸如德国)在公司的管理机构中赋予职工"慷慨"的管理性共同决策权[4];与之相反,一些其他国家则选择了决策权较弱的共同决策形式,或者完全放弃职工共同决策权。本书对这一问题将不再进行深入探讨,因为本研究主要聚焦于小型公司,其极少拥有适用职工共决制度所要求的职工人数。无独有偶,反馈小组(Reflection Group on the Future of EU Company Law)在2011年的报告中并不认为有必要在职工共决领域采取改革措施;根据该报告,职工共决对企业经济的影响既不是积极的,也不是消极的。[5] 此外还有如下事实,欧洲范围内关于职工共决事项几乎无法达成共识。欧洲有

---

〔2〕 See below, p. 113 et seq.
〔3〕 关于职工满意度作为生产率因素,参见 Koys, Personnel Psychology, 54, 103-114 (2001); Otte, Arbeitszufriedenheit; Wert im Wandel; Stock-Homburg, Der Zusammenhang zwischen Mitarbeiter-und Kundenzufriedenheit. Direkte, indirekte und moderierende Effekte; Wright/Cropanzano/Bonnet, Journal of Occupational Health Psychology, 12, 2, 93-104 (2007).
〔4〕 Cf. Raiser/Veil, Recht der Kapitalgesellschaften, § 13 III, p. 108 et seq.
〔5〕 Cf. the report dated 5 April 2011 (p. 53 f.) available at://ec. europa. cu/internal_market/company/docs/modern/reflectiongroup_report_en. pdf; see also Hopt, Europäisches Gesellschaftsrecht: quo vadis? EuZW 2012. 481 et seq.; Bayer/Schmidt, BB-Gesetzgebungs-und Rechtsprechungsreport zum Europäischen Unternehmensrecht 2010/2011, BB 2012, 3, 13 et seq.

限责任公司(或称"欧洲私公司",EPC)项目目前遭遇的挫折以极端的方式佐证了这一点,成员国之间争议巨大。[6] 相应地,欧盟委员会在《2012 年行动纲要》中转而依赖增加职工的股权参与。[7]

除股东和职工外,还必须考虑第三种公司利益相关群体:**公司管理层成员**,他们在经济现实中完全有可能追求自身利益。公司管理层以及(适用时)监督机构的成员所追求的公司政策常常与作为整体的股东利益以及职工利益相悖。企业的强大和扩张往往是公司政策的中心,即便这以牺牲股东盈余利益分配或者职工利益为代价。从管理层的角度而言,企业的盈利应当更多用于再投资,而非向股东分红或者以提高待遇的方式传导给职工。限制分红以及工资政策的动机可以是物质的(对提高待遇的追求)或非物质的(对权力和荣誉的追求)。这种"专制型"公司管理者的形象也是经济学领域学术研究和讽刺性描述(satirical depictions)的对象。[8]

最后,非关联的**第三方**必须纳入第四类值得关注的公司利益相关群体。欧盟法框架下(《欧盟运作方式条约》第 50 条第 2 款第 g 项),除了股东利益保护,第三方利益保护也同样具有重要意义。这类群体首先包括公司的债权人,其权益的保障构成公司法核心的关切之一。[9] 这涉及供应商、顾客及贷款方。债权人保护的首要工具包括资本缴纳、资本维持以及一系列可以引发股东以及董事会成员责任的情形。第四类公司利益相关群体也包括所有与公司具有法律关系的其他主体。就此而言,法律通过内容广泛的披露义务来实现对公众的保护,最重要的根据是欧盟公司

---

〔6〕 关于 2011 年 6 月 20 日匈牙利建议稿(Council Doc. 11786/11)的讨论,参见 Bayer/J. Schmidt BB 2012, 3。

〔7〕 COM(2012) 740/2 dated 12. 12. 2012 (see Ch. 1 fn. 35), p. 11 (at 3. 5); see also Bremer, NZG 2012, 817.

〔8〕 Ogger, Nieten im Nadelstreifen; Noll/Bachmann, Der kleine Machiavelli.

〔9〕 这也得到了欧洲法院的确认, case C – 378/10, *Vale Epitesi kft* (2012), NZG 2012, 871 pt. 39。

法第一、第四、第十一号指令以及成员国对相关指令的转化性规范。

股东、职工、董事会成员以及第三方的利益必须独立于**公司利益**来看待。特定情形中,司法及法理将公司利益作为一种独立的因素,例如将其作为董事行使经营性自由裁量的指南(《德国股份公司法》第93条第1款第2句,"商业判断规则"[10])。

在高度复杂的利益关系网中,公司组织机构法律规范的目标是在不同利益群体的影响与董事会的独立性之间维持一种平衡。即基于第三方利益保护规定董事会的权利和义务。基于此,董事会代表公司的权力是无限的且不能受到限制(《德国有限责任公司法》第37条第2款;《德国股份公司法》第78条;《奥地利有限责任公司法》第20条第2款;《法国商法典》第223-18条第5、6项;《意大利民法典》第2475之2条[11])。进一步而言,还应存在独立于公司章程条款或者股东影响的会计规则和破产申请要求(《德国有限责任公司法》第40—42a条;《德国破产条例》第15a条;《奥地利有限责任公司法》第22、23条;《法国商法典》第L232-1、L640-4条;《意大利破产法》(L. fall.)第224条)。这同样适用于与资本维持相关的董事义务(仅《德国有限责任公司法》第30条第1款、第43条第3款)以及商事登记时的披露(例如《德国有限责任公司法》第78条;《奥地利有限责任公司法》第26条第1款)。

在**比较法分析**的过程中[12],逐渐清晰的是,欧陆法律体系沿

---

[10] 关于其他法律体系中公司管理机构成员的经营自由裁量权的主题,See:a Austria: OGH GesRZ 2006, 86; Kalss, in: MüKoAktG, § 93 AktG (D) marginal no. 302 et seq.《奥地利股份有限公司法》第84条)瑞士: Kunz, in: FS Druey, 2002, p. 445, 455 et seq.; c) 意大利: Kindler, ZeuP 2012, 72, 92 et seq.。

[11] 法律基础是《欧盟披露指令》第10条;不同的是《瑞士债法典》第814条第4款结合第718a条;参见下文脚注51所作说明。

[12] Raiser/Veil, Recht der Kapitalgesellschaften, p. 20 et seq.

用了德国法大型公司与小型公司的区分[13]模式[14]。股份公司与有限责任公司同样在奥地利[15]与瑞士[16]广为人知。这同样适用于法国[17]和意大利[18]。东欧国家在引入市场经济的过程中,也已采用大型公司与小型公司的区分模式。[19]

与之相反,英美法系传统中,公司(英国的 Company 或者美国的 Corporation)作为具有主导地位的统一企业形式是针对公众公司设计的。当然,这些法律体系也存在针对其他公司形式的特殊规则,这些公司形式也有封闭性的股东群体,具体类型如英国有限责任公司(Ltd)以及美国法上的封闭公司(close corporation)。[20]

设置公司组织机构的**两种基本路径**的地域分布大体上与欧洲大陆和英美法传统国家相对应。两种路径的差异在于给予作为群体股东的利益分量不同。基本上可以将公司的组织机构区分为"双层"的监事会体系(two tier supervisory board system)与"单层"的董事会(one tier board system)体系。这两种体系也分别

---

〔13〕 有限责任公司(GmbH)首次通过立法在德国引入是 1892 年 4 月 20 日;参见 Lutter, in: FS GmbHG, 1993, p.49 et seq, on this law and its reception in many countries around the world; Schubert, in: FS GmbHG, 1993, p. 1 et seq.; Zollner, JZ 1992, 381 et seq.; comprehensive treatment in Koberg, Die Entstehung der GmbH in Deuschland und Frankreich。

〔14〕 这也是"反馈小组"的发现(参见上文脚注 5, there p. 8 et seq. , subsection I. 1. 2),但是,其认为这一根本性的区别为"不相关的",因为事实上也存在拥有大量股东的"小型公司",反之亦然。

〔15〕 Cf. Kalss/Nowotny/Schauer, Österreichisches Gesellschaftsrecht; Beer, in: Süß/Wachter, Hdb. des internationalen GmbH-Rechts, Country e. g. Österreich, p.1263 et seq.

〔16〕 Boeckli, Schweizer Aktienrecht.

〔17〕 Regarding the Société Anonyme (SA) and the Société à Responsabilité Limitée (SARL) s. Bonnard, Droit des société; Constantin, Droit des société; Cozian/Viandier/Deboissy, Droit der sociétés; Guyon, Traité des contrats. Les société. Aménagements statutaires et conventions entre associés; Sonnenberger/Dammann, Französisches Handels-und Wirtschaftsrecht; Sonnenberger/Classen (ed.), Einführung in das französische Recht.

〔18〕 Regarding the Società per Azioni (S. p. A.) the Società a responsabilità limitata (S. r. l.) see Di Sabato, Diritto delle Società, 2nd ed. 2005; Kindler, ZEuP 2012, 72 et seq.

〔19〕 Raiser/Veil, Recht der Kapitalgcsellschaften, § 7 marginal no. 1, p. 21.

〔20〕 尤其是关于英国法的体系(至今依然适用),参见 Hallstein, RabelsZ 1938/39, 341, 350 f. 。

被描述为"二元体系"(dualistic)和"一元体系"(monistic)。从历史上看,监事会制度原是德国法中针对股份公司的一种特殊制度。监事会源自19世纪,当时作为一种自愿机构,由于监事会监督功能的有效性[21],于1870年成为强制性机构,从而取代国家监督,因为后者被认为缺乏有效性。[22] 股份公司中,强制性监事会的首要责任是作为股东的委员会监督董事会的公司管理行为(《德国股份公司法》第111条第1款)。这一制度以下述判断为支撑,即股份公司中,股东大会由于欠缺专业知识或流程繁琐难以作为有效的监督机构。[23] 意大利法原本针对股份公司(società per azioni)选择了具有较弱监督机构(监督委员会;collegio sindacale)的双层体系。该监督机构的设置对超过特定注册资本水平(十二万欧元)[24]的有限责任公司(società a responsabilità limitata)也是强制性的。自2004年以来,意大利公司可以选择具有更强监督机构(监事会;consiglio di sorveglianza;《意大利民法典》第2049之8条以及第2409之5条)的"德国式"双层组织机构。[25] 实践中却很少有公司作出此种选择。[26]

相反,法国法历史上采取**单层体系**。尽管自1966年开始,公司可以选择监事会模式,但实践中几乎没有出现过这种情形。[27]

---

[21] 详细的评价,参见Raiser/Veil, Recht der Kapitalgesellschaften, § 13 marginal no. 8, p. 106。

[22] 一种观点认为,Renaud, Das Recht der Aktiengesellschaften, p. 625 et seq, see also Lutter, in: Bayer/Habersack (eds.), Aktienrecht im Wandel, Band II, Kapitel 8; 对德国股份公司法发展的概述,参见Schubert/Hommelhoff (eds.), Hundert Jahre modernes Aktienrecht。

[23] Raiser/Veil, Recht der Kapitalgesellschaften, § 13 marginal no. 8, p. 106. 当前观点为,L. Lehmann, Das Recht der Aktiengesellschaften, Band 2, 1884, p. 335 et seq。

[24] Ghezzi/Malbreti, ECFR 2008, 1 et seq.; Kindler, ZEuP 2012, 72 et seq.

[25] Sec Kindler, ZEuP, 2012, 72, 75 et seq.

[26] 然而,基于实践运用的目的,进一步的完善和改进依然在热烈地进行中。参见以下有益的指南,Consiglio Notarile di Milano (ed.), Massime nolarili in matcria socictaria, 4th ed., 2010. 在2008年,在意大利仅有476家股份有限公司作出了不同于传统体系的选择(其中,321家单层制或一元制,155家双层制或二元制);相关数据参见Paolo Bcnazzo, Giur. comm. 2009, I, 702, 704 and available at www.associazionepreite.it (via the button "materiali")。

[27] Raiser/Veil, Recht der Kapitalgesellschaften, § 7 marginal no. 7, p. 22.

此外,一种严格的单层组织机构(没有其他选项可以供股东选择)是英美法系传统的典型特征。这些体系中,公司管理是一个集体机构的职责(董事会,尤其是《英国 2006 年公司法》第 170—181 条),该机构由股东大会任命。仔细考察会发现该机构区分内部成员之间的管理职能与监督职能。例如,公司的管理职能是由该机构的全职成员负责(管理董事或者执行董事),监督职能主要由兼职成员[普通董事(ordinary directors)或者非执行董事]履行。[28]

通过比较法分析,小型有限责任公司组织机构的差异较小。据此而言,纳入文章分析对象的欧陆法系国家(德国[29]、法国[30]、意大利[31]、奥地利[32]以及瑞士[33])也采用了单层制。对此,仅有的例外情形是股东的选择权[34],以及基于《德国职工共决法》[35]、额外注册资本[36]或者员工人数达到一定水平后有限责任公司设立监事会的强制性要求。[37]

第二节　公司组织机构与风险限制

本书第二章我们已探讨过,公司的资本结构(法定最低资本

---

[28] Ebert/Levedag, in: Süß/Wachter, Hdb. des internationalen GmbH-Rechts, country ex. England, p. 777, marginal no. 521.
[29] 《德国有限责任公司法》第 35 条及以下。
[30] Art. 1223-18 CCom; see Karst, in: Süß/Wachter, Hdb. des internationalen GmbH-Rechts, country ex. France p. 899 et seq., marginal no. 120 et seq.
[31] Art. 2474 CC.
[32] 《奥地利有限责任公司法》第 18 条及以下。
[33] 《瑞士债法典》第 18 条及以下。
[34] 德国与奥地利法均规定了选择性的监事会:《德国有限责任公司法》第 52 条、《奥地利有限责任公司法》第 29 条第 6 款。
[35] 参见《德国职工共决法》(MitbestG)以及《第三方参与法》(DrittbG)所包含的规定;也见:Ulmer/Habersack/Henssler (eds.), MitbestG.
[36] 对比,针对意大利,根据《意大利民法典》第 2477 条第 2 款结合第 2377 条的规定,数额为十二万欧元。
[37] 对比,《奥地利有限责任公司法》第 29 条;也见 Beer, in: Süß/Wachter, Hdb. des internationalen GmbH-Rechts, country, ex. Austria, p. 1305 et seq., marginal no. 188 et seq.

金要求、资本缴纳的保障、资本维持机制)是以债权人利益保障为目的。与之相反,公司的组织机构(主要是股东与管理机构之间的职权分配)则承担另外一项重要的保护目的,即**保障股东的利益**。该目的同样派生自《欧盟运作方式条约》第50条第2款第g项。

股东利益会因为管理失误以及管理机构的不法行为而受到威胁。在这两种情形中,由于收入下降、承担损害赔偿义务或者缴纳罚款,预期公司盈利会降低或者年度财务报告会显示亏损,导致可用于利润分配的资金减少,甚至完全消失。相应地,以公司利益为中心的公司组织机构必须将重大权限分配给股东,或者至少针对公司管理赋予股东充分的监督和惩戒权。只有通过这种方式,股东面临的经营性风险才能够保持在可控范围内。公司董事会成员针对管理职能范围内的特定事项负有一系列法律义务,这意味着,股东不再首要地参与公司管理决策。除以符合公司利益的方式履行这一基本义务外(例如,《德国股份公司法》第93条第1款),董事义务还包括一系列特殊的义务,其中部分是服务于股东利益保护的目标,但很多情形中的董事义务旨在保护债权人和其他第三方的利益(如会计义务、资本保护、办理商事登记、提出破产申请等)。在此范围内,如同资本结构,公司的组织机构并非以股东利益保护为目标,而是以第三人利益保护为目标。

公司损害赔偿责任是董事违反法定义务的首要民事责任形式(《德国有限责任公司法》第43条第2款;《奥地利有限责任公司法》第25条第2款;《瑞士债法典》第827条结合第754条;《法国商法典》第L223-22条第1款;《意大利民法典》第2476条第1款)。其他惩罚措施包括撤销职务(《德国有限责任公司法》第38条;《奥地利有限责任公司法》第16条第1款)、终止雇佣协议

(《德国民法典》第 626 条[38])以及取消退休金。[39] 这些惩罚措施实施与否原则上属于股东自由裁量的范畴(《德国有限责任公司法》第 46 条第 5 项)。[40]

第三节 作为股东"受托人"的董事会成员

就小型公司而言,理解股东、管理机构及其成员之间关系的关键在于民法的委任合同(mandatum)。[41] 其背景是十九世纪多种公司法体系中占据主导地位的理念,即管理层成员是股东的代理人(受托人)。"**委任理论**"(Mandate theory)的很多痕迹依然可以在现代实体法中找到。例如,委托代理规则可以类推适用于(accordingly)公司的执行董事。[42] 这将公司管理理解为合同义务的传统观点根植于罗马法。[43] 股东大会是公司**最高的决策机构**。股东是"公司的主人"。在与股东大会的关系中,公司管理机构(包括执行董事)在小型公司中仅处于次要地位。股东大会任

---

[38] 针对奥地利,参见 Kalss, in: MüKoAktG, § 93 AktG (D) marginal no. 239, 249 et seq. 262. 只有少数法律体系规定了管理机构成员除了作为成员的地位之外还需要与公司之间的雇佣合同,这部分导致针对赔偿权解释上的困境 Sangiovanni, GmbHR 2012, 841 et seq. (仅针对意大利)

[39] BGH AG 1997, 265,266=NJW-RR 1997, 348; Hüffer, AktG, § 84 marginal no. 17.

[40] 然而,根据《法国商法典》第 L223-22 条第 4 款的规定,公司章程中规定以股东决议为依据提起诉讼的条款无效。

[41] Sections 662 et seq. IlGil; sections 1002 et seq. ABGB; art. 1984 et seq cc (fr); art. 1703 et seq. CC (it.); art. 394 et seq. OR; DCFR D. IV. -1:101 et seq.

[42] 《德国民法典》第 712 条第 2 款、第 713 条;《德国商法典》第 105 条第 3 款、第 161 条第 2 款;《意大利民法典》第 2260 条第 1 款、第 2293 条、第 2315 条(合伙);关于意大利公司法中"委任合同"的功能,参见 Maffei Alberti, Commentario breve al diritto delle Sociétés, Art. 2389 CC Anm. I 1; Cass., 9 agosto 2005, n. 16764, Società 2006, 973 with commens from Sangiovanni; see also GmbHR 2012, 841, 843 et seq.; 关于法国法,参见 Vidal, Droit des sociétés, 7th ed., 2010, p. 204 et seq., 517 et seq.; Bachmann et al., Rechtsregeln für die geschlossene Kapitalgesellschaft, p. 77 et seq.

[43] Fischer-Zernin, Der Rechtsangleichungserfolg der Ersten gesellschaftsrechtlichen Richtlinie der EWG, p. 15; 关于罗马法,参见 Zimmermann, The Law of Obligations-Roman Foundations of the Civilian Tradition, 1990, p. 468-469; Kaser/Knütel, Römisches Privatrecht, § 43; fundamentally Arangio-Ruiz, La società in diritto romano; Meissel, Socictas. Struktur und Typenvielfalt des römischen Gesellschaftsvertrages.

命公司管理机构并向其转移部分权限。在委任理论的经典范式中，管理机构的成员作为股东代表从股东处接收约束性指示。这些指示并非直接由股东作出，而是由股东大会发布。结果上，这一指示权通过股东大会的一般性权限得到补充；基于这一权限，股东大会甚至可以就任何事项代替管理机构自行承担管理职能。[44]

英国法中，"委托人"（principal）与"代理人"（agent）之间的关系大体上与委任理论下股东与管理机构之间的关系相对应。[45]源自社会学与经济学的"委托-代理理论"借用了此种概念。[46]根据该理论，任何管理权和所有权分离都存在这样一种风险——管理机构的决策与行为会以违背股东利益的形式作出。在缺乏有效监督的情况下，一个被授权基于他人（委托人）利益采取行动的主体（代理人）会倾向为了自身利益（进而损害委托人的利益）利用其行为权限。[47]其前提是，正如公司的典型情形，委托人（股东）将职责以及相关的决策权限转移给代理人（管理机构成员）。委托人通过这种方式减轻自身的负担或应对自身在经营管理领域专业知识不足带来的问题。经过此番操作，代理人明显相较委托人拥有与转移职责相关的信息方面的知识优势。[48]委托人并不知晓代理人重要的品质（隐藏的性格）、后者的行为和专业知识（隐藏的行为与信息）及其意图（隐藏的意图）。为克服此缺陷，所谓的"代理成本"问题产生了。

---

〔44〕Fischer-Zernin, Der Rechtsangleichungserfolg der Ersten gesellschaftsrechtlichen Richtlinie der EWG, p. 15 et seq.

〔45〕Fischer-Zernin, Der Rechtsangleichungserfolg der Ersten gesellschaftsrechtlichen Richtlinie der EWG, p. 20; 当前观点，参见 Armour/Hansmann/Kraakman, in: Kraakman et al. (eds.), The Anatomy of Corporate Law, p. 35 et seq.。

〔46〕一种基础性的探讨，参见 Jensen/Meckling, 3 Journal of Financial Economics (1976), 305; Blair/Stout, 31 Journal of Corporation Law (2006), 719。

〔47〕Drygala/Staake/Szalai, Kapitalgesellschaftsrecht, § 21 marginal no. 5; see also previously Baums, ZIP 1995, 11; Fleischer, ZGR 2001, 1, 6 f.; Seibert, ZRP 2011, 166.

〔48〕基本原理（针对合同），参见 Fleischer, Informationsasymmetrie im Vertragsrecht。

以"委托-代理理论"为背景,现代经济学试图通过以激励和效率为导向的方式建立预防性措施,用来弥补上面提到的信息不对称的缺陷。当然,不应当轻易否定下述观点:公司中非常典型地存在这种委托-代理关系,一方是公司管理层成员,另一方是股东。[49] 这是因为,在这种情形下,股东将重要的决策权限在公司内部转移给管理机构。管理层成员在必须保障他人利益关系的背景下采取行动,因为他们的职责恰恰包括对投入公司的资本进行良好管理,且在可能的情况下增加其价值。这一制度安排的本质决定了管理层成员难以在所有情形中均具有所需要的重要能力或者个人天赋来获取最佳的经济成果。当然,也存在管理层成员将个人利益置于股东利益之上的风险。不过,以"委托-代理理论"的方式来准确描述这一事项对发现法律解决方案仅具有有限的作用。正如下文将要讨论的,适宜实现上述目的的法律工具很长时间以来一直在民法合同关系中得到应用。

然而,如今典型的**"委任理论"不再被认为适用于公司与第三方之间的关系**。因而,为了保障公众利益,《欧盟披露指令》将代表公司的权限与内部关系进行了区分(第 10 条)。[50] 德国法中,这一内外关系区分在《德国有限责任公司法》第 37 条第 2 款中非常明确。根据该条,管理层成员的代表公司权限涵盖所有诉讼和非诉讼法律行为。在与第三方的关系中,上述代表权是没有限制(unlimited)且不得被限制(cannot be restricted)的。同样的规则还体现在法国法(《法国商法典》第 L223-18 条第 6 款)、意大利法(《意大利民法典》第 2475 之 2 条)、奥地利法(《奥地利有限责任公司法》第 20 条第 2 款)以及(受到一定限制的)瑞士法中。

---

[49] Cf. also Farma/Jensen, 26 Journal of Law and Economics (1983), p. 301 et seq.; Eidenmüller, JZ 2001, 1041, 1046 et seq.; Hopt, in, FS Wiedemann, 2002, pp. 1013, 1014 et seq.; Wiedemann, ZGR 2006, 204, 244 et seq.

[50] Habersack/Verse, Europ. Gesellschaftsrecht, § 5 marginal no. 30 et seq.

瑞士法代表权的范围原则上根据公司目的来衡量[51]，与英美法系的越权原则（ultra vires doctrine）相类似。根据该规定，公司执行董事的代表权限涵盖了公司经营目标能够合理解释的所有法律行为（《瑞士债法典》第 814 条第 4 款结合第 718a 条）。出于保障公众利益的考量，应对这一法定框架进行广义解释，包含基于公司目的可能有效的且并未被明确排除的所有交易类型。除此之外，以这一方式限制代表权限对善意第三人不具备拘束力。

公司管理层职能的"委任属性"在英美法传统的经典越权原则（uitra vires doctrine）中得到淋漓尽致的体现。根据该原则，公司的权利能力（legal capacity）受到股东用章程界定的公司目的限制。结果上，管理层成员任何情况下不得超越股东在公司章程中表达的意愿，使公司承担法律义务。最终，《英国 2006 年公司法》告别了该模式（第 39 条第 1 款）。[52]

就**内部关系**（即上文讨论的职权分配及其等级关系）而言，重要的基本原则尤其是股东大会人事权的基本原则（见上文第四节（三）边码 83 及以下），依然可以追溯到民法"委任理论"。该理论适用于小型公司管理层成员遵循指示的义务（例如，《德国有限责任公司法》第 37 条第 1 款；《奥地利有限责任公司法》第 20 条第 1 款；《欧洲有限责任公司条例（草案）》第 31 条第 4 款；代理法的典型如，《德国民法典》第 664 条第 1 款第 1 句）；即便部分法律体系的一些事项需要单独在公司章程中规定（《瑞士债法典》第 815 条第 1 款；意大利法的规定参见《意大利民法典》第 2475 条第

---

[51] 关于下述主题，参见 Schindler/Töndury, in: Süß/Wachter, Hdh. des internationalen GmbH-Rechts, national report on Switzerland, p. 1528, marginal no. 147。

[52] Davies/Worthington, Gower and Davies' Principles of Modern Company Law, 9th ed., 2012, ch. 7-4 (p. 166 et seq.); Ebert/Levedag, in: Süß/Wachter, Hdb. des internationalen GmbH-Rechts, national report on England, p. 707 et seq., marginal no. 521 et seq.; see also Witt, ZGR 2009, 872, 890; Mayson/French/Ryan, Company Law, p. 102 et seq.; Davies/Rickford, ECFR 2008, 48, 56; Möser, RIW 2010, 850, 851 et seq., 856.

1款[53])。管理层成员保障公司利益的义务同样起源于代理法(《德国股份公司法》第43条第1款;《奥地利有限责任公司法》第25条第1款;《瑞士债法典》第812条第1款)。代理人的信息义务(duty of information)以及报告义务(duty to render account;《德国民法典》第666条)在公司法中也作为针对个体股东的义务得以法典化(《德国有限责任公司法》第51a条;《意大利民法典》第2476条第2款)。类似地,随时撤销法律关系的权利也可以在代理法中找到类似规则(《德国民法典》第671条第1款;《德国有限责任公司法》第38条第1款;《奥地利有限责任公司法》第16条第1款;《瑞士债法典》第815条第1款;《法国商法典》第L223-25条第1款;《意大利民法典》第2383条第3款经类推适用也属于此类规则[54])。

第四节 公司组织机构的职权界分与层级

股东权限与公司管理层机构权限的界分取决于相关事项的重要性程度。对此可以适用简单的经验法则:公司根本事项或者股东关系事项由股东自身决定。同样的规则也适用于公司与管理机构成员的关系。比较法研究表明,分配给股东的事项多数情况下通过专门列举的方式予以规定;与之相反,管理机构被赋予的管理公司经营的职权则未有更详细的描述。基于此种情形,可以再次从民法委任理论中找到指导性原则。这一内容将在下文关于小型公司股东会的部分职权中说明。随后,将与大型公司的组织机构特殊性进行对比。

---

[53] 针对意大利,参见 Maffei Alberti, Commentario breve al diritto delle società, Art. 2475 CC comment. I 7。

[54] Maffei Alberti, Commentario breve al diritto delle società, Art. 2475 CC comment. IV 1.

一、一般性职权的原则

小型公司中,股东是"公司的主人",这一点与委任理论相同。相应地,公司股东会是公司最高的管理机构。[55] 股东会拥有一般性职权,原则上能以决议的方式在经营中作出任何决定。股东会权限的特定限制规定是通过保护少数股东利益或与第三方利益相关的管理义务的方式实现的。股东会是否在特定范围内缺乏权限,或者是否可以假定特定决议的内容违法(例如,指示管理机构成员从事违法行为),这些问题对于判断股东会职权边界是无关紧要的。无论如何,强制性规范构成了股东会与管理机构关系的界限,对此,股东不得通过合同扩大其法定权限,或者援引一般性职权来跨越上述界限。这一界限的外延是变化的:德国法规定了股东拥有相对宽泛的合同自由,甚至规定了股东可以将职权转移给其他公司机构的事项(《德国有限责任公司法》第45条);瑞士法则在《瑞士债法典》第804条第2款规定了一个较长的**不可以转移**职权的事项目录。

二、公司的重大事项

首先,股东(大)会最基本的职权是**修改公司章程**。公司章程构成了公司社团的基本框架,并以此形成了公司与股东之间的实体法律关系。设计公司社团基本框架是公司股东的任务,原因在于,股东是公司社团内部合同自由的最终主体。[56] 相应地,以章程修改为目的的股东会职权得到普遍性认可(《德国有限责任公司法》第53条;《奥地利有限责任公司法》第49条第1款;《瑞士债法典》第804条第2款第1项;《法国商法典》第L223-30条第3

---

[55] 在这里,关于股东是否是真正的公司决策机构以及股东大会是否仅作出形式上的决策这一理论问题暂且不讨论;关于这一问题,参见 Teichmann, in: Gehrlein/Ekkenga/Simon, dGmbHG, § 15 marginal no. 3 with additional citations。

[56] Zöllner, in: Baumbach/Hueck, GmbHG, § 53 marginal no. 3.

款;《意大利民法典》第 2479 条第 2 款第 4 项;《欧洲有限责任公司条例(草案)》第 28 条第 1 款[57])。然而,即便在这一领域,也存在分散的基于公众利益对股东权限的限制。例如,法国法允许管理机构在强制性规范规定的必要范围内修改章程(《法国商法典》第 L223-18 条)。此外,符合这一逻辑的还有部分法律体系中假定股东会享有对**公司章程**作出具有拘束力的**解释**的权限。例如,可能涉及遵守特定措施中相关的程序性要求(该要求可能规定在章程中),或者是对特定措施内容要求的澄清。[58] 类似地,解散公司的决议也具有重大事项的特征。作为公司设立的反向行为(actus contrarius),公司解散的决策也类似仅属于股东的权限(《德国有限责任公司法》第 60 条第 1 款;《奥地利有限责任公司法》第 84 条第 1 款第 2 项;《瑞士债法典》第 804 条第 2 款第 16 项;《法国商法典》第 L223-42 条;《意大利民法典》第 2484 条第 6 项;《欧洲有限责任公司条例(草案)》第 28 条第 1 款[59])。公司管理机构成员对公司存续不含有自身利益。

　　公司的根基在**保障公司免受不希望的第三方的参与**(Überfremdungsschutz)情形中也同样面临威胁。多数情形中,公司采用的法律工具在公司章程中纳入了股权转让限制条款,即股权转让应获得公司同意,或者获得公司内部特定机构同意("转让限制条款")。[60] 德国法中,如果公司章程依据《德国有限责任公司法》第 15 条第 5 款的规定将"公司"同意作为股权转让的限制条件,那么,作出该同意决定的权限属于股东会。管理机构成员仅拥有向第三方告知同意的权限;内部关系方面,他们也受到股

---

〔57〕 欧洲私公司项目的匈牙利折中稿版本(Council doc. 1061/11 = 11),参见上文第一章第三节之三边码 23 及以下。

〔58〕 BGH NZG 2003, 127.

〔59〕 欧洲私公司项目的匈牙利折中稿版本(Council doc. 1061/11 = 11),参见上文第一章第三节之三边码 23 及以下。

〔60〕 《德国有限责任公司法》第 15 条第 5 款;《奥地利有限责任公司法》第 76 条第 2 款第 3 句;《意大利民法典》第 2469 条第 2 款;《欧洲有限责任公司条例(草案)》第 16 条第 2 款。

东会指示的约束。[61] 其他法律体系间接地将此种类型"同意"的权限赋予股东会(《瑞士债法典》第 804 条第 2 款第 8 项;《法国商法典》第 L223-14 条第 1 款)。在奥地利,这一权限属于公司管理机构。[62] 从法律确定性的角度来讲,意大利法的规则更可取:没有规定公司的同意,而是要求相关条款必须准确地指明相应的公司机构(《意大利民法典》第 2469 条第 2 款)。

部分法律体系不仅将公司的法律框架列入重大事项,而且将**公司从事经营的物质基础**纳入其中。这为股东权利在以下情形面临的多重威胁提供保障,即公司负有义务提供抵押(to pledge)或者以单独继受(singular succession)的方式转移公司所有资产。[63] 对于立法者而言,针对以上情形在公司组织机构中对管理机构的权限设置限制是合理的。这是因为存在以下绝对风险:这些情形中管理机构可能基于自身利益考量,以对股东利益构成实际损害的交易条件剥夺公司经营活动的物质基础。

法国法新近的发展沿着该方向走得更远。在《法国民法典》第 1849 条框架下,在公司与第三方之间的关系中,管理层成员可以通过交易约束(非商业目的之)合伙,只要该交易属于合伙的目的范围;章程中对管理层成员权限的限制不得对抗第三人。2012 年,法国法院已经认可了针对公司不动产的以抵押或者其他担保形式等强化形式(the validity of an enhancement)的有效性;即使相关担保是针对第三方的债务,例如,母公司为子公司提供的担保。在一项 2012 年 9 月 12 日作出的引发广泛讨论的判决中,法国最高法院民事庭判定:如果违背公司利益,此类担保是无效的;在对公司生存构成威胁(该交易涉及几乎公司的所有资产)的情况

---

[61] Roth/Altmeppen, GmbHG, § 15 marginal no. 100.

[62] Beer, in: Süß/Wachter, Hdb. des internationalen GmbH-Rechts, country report on Austria, p.1294, marginal no. 137.

[63] 关于以下话题,参见 Stein, in: MüKoAktG, § 179a marginal no. 5 et seq.

下,公司管理机构无权(通过法律行为)使公司承担法律义务。[64]有意思的是,本案中,股东支持设定担保的一致性决议被认为是不相关的。"**公司的利益**"是从**债权人的角度**进行界定。

典型例子还有将**公司资产出售**给多数股东的情形。这一情形中,少数股东面临的不仅是丧失股东身份的风险,还有丧失股权经济价值的风险。德国法和奥地利法对此类管理层权限的限制规定在《德国股份公司法》第 179a 条和《奥地利股份公司法》第 237 条,目的在于为股东财产面临的上述风险提供一定程度的保障;尽管从宪法对财产权保障的角度而言[65],通过资产转让方式解散公司的上述保障是否充分,仍然存疑。依据《德国股份公司法》第 179a 条的规定,合同如果使股份公司负有转让全部财产的义务,应当获得股东大会决议通过;前提是不涉及公司营业范围的变更。这一获得股东大会同意的要求双重两个立法目的:一方面,旨在保障股东的处分自由。保障股东免于遭受因放弃管理权或者外部影响而对公司章程规定的构成公司经营活动基础资产产生的危害。[66]德国法下,股东大会的同意不仅是(物权)转让行为的有效前提,还是公司承担资产转让义务的债权行为的有效前提。[67]在缺乏有效股东大会同意决议的情况下,资产转让协议对第三方不发生效力。因而,股东大会同意的要求既是依法(by the operation of law)对管理权限的限制,又是对董事会成员代表权限的限制。不过,仍有待观察的是,德国法的立场是否与《欧盟披露指令》第 10 条的规定兼容。[68]此外,股东大会同意决议

---

[64] Cass Civ 12.9.2012, Rev Soc 2013, 16 note Viandier = Droit Sociétés 2013, 14 note Mortier. 简要的概括,也见 Mondini, Rivista delle società, 2013, p. 293 et seq。

[65] 关于对股权的宪法性保护,参见最近 BverfG NZG 2012, 826 subsection C II a-Delisting。

[66] BGHZ 82, 18,195 f. = NJW 1982, 933 - Hoesch/Hoogovens; BGHZ 83, 122, 128 = NJW 1982, 1703-Holzmüller.

[67] BGHZ 169, 221, 228 = NJW 2007, 300-Massa/Metro.

[68] Directive 2009/101/EC dated 16 September 2009, OJ dated 1 October 2009, L 258/11; see additionally Lutter/Bayer/Schmidt, EuropUR, § 19 marginal no. 68 et seq., p. 442 et seq.

能够保障股东免受不当合同条款的损害,也即这些合同没有针对公司资产的转让提供适当的对价,从而损害股东财产利益。[69]

上述股东大会同意决议的立法要求之目的并不专门针对大型公司。因此,毫无疑问,德国法也认可将《德国股份公司法》第179a条的规定类推适用于有限责任公司。关于该事项的探讨揭示了这一权限规范的普遍性特征。其类推适用问题在涉及有限责任公司"公司章程的事实变更"或者"公司营业范围的事实变更"相关规范时被文献反复讨论。[70] 就法律后果而言,存在以下共识:修改公司章程的股东决议需要绝对多数通过(参见《德国有限责任公司法》第53条第2款),同样,除非获得股东会同意,管理机构不具有缔结相应合同的权限。该同意并不要求特定的资本多数同意,但主流意见认为,应当类推适用《德国有限责任公司法》第53条第2款,需要采取公证人公证的方式。[71] 特定情形中,属于《德国股份公司法》第179a条规定范围内的合同可能等同于变更公司经营范围,具体指的是将此前经营中的公司事实上转变为清算中的公司。在这些情形中,很多观点都认为应当获得**所有股东**的同意(《德国民法典》第33条)。

三、人事权限

(一)管理机构成员的任命与罢免

小型公司中,股东会人事权的核心是任命和罢免董事。这一权限在立法中得到广泛认可[《德国有限责任公司法》第46条第5项;《奥地利有限责任公司法》第15条第1款;《瑞士债法典》第804条第2款第2项;《法国商法典》第L223-25条与第L223-

---

[69] See Stein, in: MüKoAktG, § 179 a marginal no. 7, with citations.

[70] 另外参见 Leitzen, NZG 2012, 491, 193(也涉及下面的主题)。

[71] Stellmann/Stoeckle, WM 2011, 1983, 1987; Priester/Veil, in: Scholz, GmbHG, § 53 marginal no. 176; Eickelberg/Mühlen, NJW 2011, 2476, 2480 et seq.; Marquardt, in: Priester/Mayer (ed.), Münchener Hdb. d. GesellschaftsR, Bd. 3, 3rd, 2009, § 22 marginal no. 90.

29条;《意大利民法典》第2479条第2款第2句;《欧洲有限责任公司条例(草案)》[72]第28条第1款]。将人事权赋予股东会是基于股东会与管理机构成员之间必须存在**无条件信赖**的核心要求。当然,这并不排除以公司章程特别条款的方式限制股东会人事权。例如,公司章程可以将提名权赋予股东或第三人,也可以规定特定股东提名管理机构成员的权利或者强制性代表权。甚至将权限转移给另外一个公司机构(如一个任意性的监事会)的规定在诸多情形中也是可能且合法的,因为公司章程中此类条款获得了股东的支持。除在人事权范围内作出重大决策的权利外,股东会多数情况下还享有审计和监督公司管理机构的权利(《德国有限责任公司法》第46条第6项;《奥地利有限责任公司法》第35条第1款第5项)。该规定多数情况下可以约定排除,同时,该规定也是对股东会与公司管理机构间层级关系的一种表达。

(二)豁免权

上述规则同样适用于管理机构成员的豁免权(《德国有限责任公司法》第46条第5项;《瑞士债法典》第804条第2款第7项)。豁免(Discharge, Entlastung)是一种以公司法为基础的意思表示(declaration),其由于包含股东确认或认可(endorsement)从而在一定程度上具有排除效果(preclusive effect)。基于豁免之意思表示,排除公司针对被豁免董事主张的任何可识别请求权的前提是,股东大会依据提交的财务账簿(连同所有相关文件)采用必要的商事注意标准而作出豁免。其内容是对公司管理机构以往行为的准许和未来信心的表达。[73] 将作出豁免的权限赋予股东会这一事实也是符合逻辑的,因为股东会同样拥有针对管理机构成员在公司设立及公司管理制造的相关损失主张损害赔偿的权限

---

[72] 欧洲私公司项目的匈牙利折中稿版本(Council doc. 1061/11 = 11),参见上文第一章第三节之三边码23及以下。

[73] BGHZ 94, 324 = NJW 1986, 129; Roth/Altmeppen, GmbHG, § 46 marginal no. 30.

(《德国有限责任公司法》第 46 条第 8 款;《奥地利有限责任公司法》第 35 条第 1 款第 6 项)。法国法对此事项的规定也值得关注(《法国商法典》第 L223-22 条第 4 项)。根据该条规定,公司对此种请求权的主张不得由股东会决议决定。该规定明显将损害赔偿作为债权人保护要素。理由在于,上述内容的成功主张可以弥补公司资产损失的请求权,进而提高债权人获得清偿的可能性。从程序法的角度而言,诸多情形中,股东会在管理机构成员为被告的诉讼中代表公司作为原告,以避免管理机构成员的利益冲突(《德国有限责任公司法》第 46 条第 8 项;《奥地利有限责任公司法》第 35 条第 1 款第 6 项)。

(三)如何通过劳动法限制人事权

近年来,股东会的**人事权**由于欧盟劳动法的发展受到**重大限制**,最终结果尚无法预知(并且可能并非欧盟立法者期待那般)。就此而言,具有指导性意义的判决是德国联邦最高法院(BGH)针对《德国普通平等对待法》(或称《德国普通反歧视法》,AGG)中关于公司管理机构人员任命的适用问题而作出的判决。[74] 德国法下,与董事缔结服务合同(service contract)是一项独立于任命行为的存在区别的法律行为。[75] 在填补一个空缺的董事职位时,有限责任公司的监事会决定终止一位 61 岁董事的固定期限雇佣合同,而选择了一位 41 岁同样对该职位提出申请的申请人。公司在对其选择的公开解释中将两人之间的年龄差异作为根据。德国联邦最高法院(BGH)基于《德国普通平等对待法》第 7 条第 1 款的规定认定上述公司的决定构成对 61 岁董事不合法的年龄歧视。除了其他规定,《德国普通平等对待法》对欧盟第 2000/78 号指令(《欧盟关于在雇佣劳动与自由职业中建立普通公平对待

---

[74] BGH dated 23 April 2012, II ZR 163/10, NJW 2012, 2346 - Kliniken der Stadt Köln GmbH; see also Maiß, GWR 2012, 294; Miras, GWR 2012, 335011=GWR 2012, 311; reprinted also in GmbHR 2012, 845 with comments from Brötzmann.

[75] Kindler, Grundkurs Handels - und Gesellschaftsrecht, § 14 no. 46 et seq.; K. J. Müller, The GmbH. A Guide to the German Limited Liability Company, 2009, p. 37.

框架的指令》,以下简称《欧盟公平对待指令》)进行了转化。该指令第1条禁止对公民获得就业机会和进行自由职业的年龄歧视。根据《德国普通平等对待法》第6条第1款的规定,该法所称"职工"是指(除了其他条件)处于一种依附性的雇佣关系中的人;该法的特定条款也相应地适用于管理机构成员(第6条第3款),适用范围是(正如与本案相关的)影响到职工(或劳动者)获得雇佣以及职业晋升的条件。德国联邦最高法院(BGH)认定,《德国普通平等对待法》适用于有限责任公司中董事职位的人员配备,根据该法第6条第3款的规定,其适用范围不仅包括雇佣协议,还包括管理机构中的成员资格。此种对成员资格的适用代表着**对股东会人事权的侵蚀**。[76] 按照德国联邦最高法院(BGH)的观点,上述第6条第3款保护的免受歧视的"获得雇佣的机会"只有在公司语境下同时适用于管理机构成员任命才是完整的,因为如果没有相应任命,雇佣协议无法履行。除此之外,还存在疑问的是,未持有公司股份(第三方管理者)的董事是否构成上述第6条第1款意义上的"职工"。德国联邦最高法院(BGH)并未对此问题进行回应。如果构成的话,《德国普通平等对待法》则不仅适用于第三方管理者"获得雇佣的机会"和"职业晋升"的事项,还适用于公司采取的所有措施。有趣的是,德国联邦最高法院(BGH)也援引了欧洲法院(CJEU)"Danosa 案"的判决。[77] 该案中,欧洲法院确认了《欧盟产假条例》[78]适用于一位有限责任公司的女性董事。与之相应,我们也必须假定,德国法院在对《德国普通平等对待法》进行符合欧盟法的解释时,将来

---

〔76〕 BGH NJW 2012, 2346 subsection 19.

〔77〕 Case C‑232/09, Dita Danosa/LKB Lizings SIA (2010) ECR I‑11405 = GWR 2010, 586 with comments from Bauer.

〔78〕 Council Directive 92/85/EEC of 19 October 1992 on the introduction of measures to encourage improvements in the safety and health at work of pregnant workers and workers who have recently given birth or are breastfeeding dated 19 October 1992, OJ No. 348 p. 1, Celex-No. 3 1992 L 0085; last amended by Art. 3 no. 11 Amendment 2007/30/EC dated 27 June 2007 (OJ No. L 165 p. 21).

至少会在该法第6条第1款的意义上将第三方管理人归类为"职工"。[79] 此外，德国联邦最高法院明确表示，根据上述第6条第1款享有的"获得雇佣的机会"不仅限于首次获得，而且包括固定期限雇佣协议终止时，这同样适用于一直履职或者已经退休的董事重新申请该职位的情形。按照法院的观点，任何其他申请人享有的免受歧视待遇的保障同样也应当适用于依然履职或者先前的董事。[80] 随后，该法院通过下述立场声明填补了管理机构成员保护领域中的所有法律漏洞，即基于《德国普通平等对待法》第1条的禁止事由**罢免管理机构成员**（例如，根据《德国有限责任公司法》第38条规定）是**被禁止的**[81]，法院通过这样的方式进入公司法领域。

然而，与雇佣决定相关并为法律所禁止的歧视情形中，被歧视主体对损害赔偿（《德国普通平等对待法》第15条第1款）和合理的金钱赔偿（第15条第2款）仅享有衍生请求权（a secondary claim）。德国在《欧盟公平对待指令》的转化规范中（前述第15条第6款）明确地排除了恢复原状（restitution in kind）请求权，即设立雇佣关系进而被任命为公司管理机构成员。不过，这些请求权也可能对公司产生剧烈的影响，甚至连这些请求权潜在主张的

---

〔79〕 以往的德国判例法认定，有限责任公司的董事不是职工，无论其是否持有公司股权，或者持股多少（BAG NZA 2009, 669）。得出此结论的决定性因素是，公司管理机构作为公司的法定代表行使管理功能，并能够同时代表雇主和职工。相反，在欧洲法院根据《反歧视指令》（2000/43/EC 和 2000）作出的判决中，该法院采取了一种功能性的方式来对职工进行界定，构成要素包括对指示的依赖、控制程度以及其他公司机关对其进行罢免的能力（CJEU ibid. -Danosa）。现在的结果是，第三方（即非股东）管理机构成员必须被认定为《德国普通平等对待法》（AGG）第6条第1款意义上的"职工"，理由是其对指示的依赖、广泛的会计义务（duty to render account）和随时被罢免的可能性。相应地，在非股东董事的情况下，禁止歧视的义务并不适用于聘用和晋升，而是适用于《德国普通平等对待法》第2条第1款的规定。股份有限责任公司的董事，其作为职工以及不持有公司任何股份或者股份数量不大的，也不能被归类为《德国普通平等对待法》第6条第1款意义上的"职工"，理由在于，《德国股份公司法》第76条第1款所保障的独立性和第84条第3款所规定的有限罢免理由；不同的路径，参见 Fischer, NJW 2011, 2329, 2331。

〔80〕 BGH NJW 2012, 2346 subsection 21.

〔81〕 BGH NJW 2012, 2346 subsection 23.

可能性也会影响**股东会的决策**。

(四)不适格董事的股东责任

最后,第三方保护根据法律规定暗含于股东会人事权的行使中;在股东会委任了不得作为管理机构成员的人员时,法律规定了股东的个人责任(personal liability)。这些针对任命的障碍可见于所有的公司立法中(诸如,《德国有限责任公司法》第 6 条第 2 款;《奥地利有限责任公司法》第 15 条第 1 款;《瑞士债法典》第 809 条第 2 款、第 814 条第 3 款;《法国商法典》第 L223-18 条;[82]《意大利民法典》第 2382 条[83])。这些障碍可能涉及自然人或法人的地位、权利能力、公民或者非公民的地位及其住所以及不存在的特定排除性标准(诸如缺乏权利能力、从业或经营禁止、刑事犯罪)。根据《德国有限责任公司法》第 6 条第 5 款的规定,股东因故意或者重大过失将公司的经营委任给一个不得作为管理机构成员的人员时,应当对公司承担连带赔偿责任;该种责任包括以下事实导致的损害赔偿,即该不适格主体违反其对公司的义务。这一规定背后的理念是,股东有必要承担确保"他们"公司得到妥善管理的责任。[84] 这一责任成立的唯一条件是股东将经营交给一个不适格主体。相应的,股东单纯的过错性任命行为并不导致这一责任。如果一个不适格的人事实上(无论任命行为无效,还是事后变得没有意义)管理公司经营但股东并没有干预(事实董事;de facto director),则股东构成对股东义务的违反。[85] 这也包括以下情形:一个法律上不适格的人在没有被任命的情况下事实上代表公司行事。尽管这一规定以有限责任公司内部责任

---

[82] See Karst, in: Süß/Wachter, Hdb. des internationalen GmbH-Rechts, Country report on France, p. 899 et seq. marginal no. 121.

[83] 这一针对股份公司(spa)的规定也类比适用于有限责任公司(srl):Dolmetta/Preti/Bianchini, S. r. l. -Commentario dedicato a Giuseppe B. Portale, 2011, Art. 2475 CC comment A et seq. (p. 529 et seq.).

[84] Goette, in: MüKoGmbHG, § 6 marginal no. 49 et seq.; Roth/Altmeppen, GmbHG, § 6 marginal no. 27 et seq.

[85] Roth/Altmeppen, GmbHG, § 6 marginal no. 27.

条款形式呈现,但其**保护第三人利益的倾向**是非常明显的。这一责任多数情况下在破产程序中加以主张,因此,该赔偿责任可用于清偿全体公司债权人的债权。公司债权人如果不能从公司获得清偿,其有充分的理由享有提起独立诉讼的权利。[86]

(五)理论分析

总体而言,人事权规则在以下意义呈现较高程度的一致性,即股东会发挥着异常突出的作用。一些情形中,这一作用甚至通过强制性规定予以确认(瑞士法中《瑞士债法典》第804条第2款)。另外一些情形则会遇到一些令人意外的规则:诸如,法国法规定,针对损害赔偿请求权的主张,公司章程可以规定不需要相应的股东会决议(《法国商法典》第L223-22条第4款)。公司对外承担合同责任的风险威胁股东的决策自由。特定情形下,将管理机构成员归类为职工甚至可以(不合法的终止合同抑或罢免的情形中)正当化地建立以雇佣关系为基础的请求权。[87] 与此同时,变得清晰的是,人事权必须在考虑第三方特定方面利益的前提下行使。这一点在股东因不适格董事承担责任的情形中得到充分的阐释(《德国有限责任公司法》第6条第2款第5项)。

四、财务结构

小型公司中,股东会的一项重大核心财务权限是批准公司的年度财务报告(或称"年度决算";《德国有限责任公司法》第46条第1项;《奥地利有限责任公司法》第35条第1款第1项;《瑞士债法典》第804条第2款第5项;《法国商法典》第L223-26条;《意大利民法典》第2364条第1项、第2479条第2款第1项)。这包括资产负债表、损益表及其附件(《欧盟会计指令》第2条第1款)。与此同时,小型公司的管理机构总是负责资产负债表的起草;这总是先于年度财务报告的批准(《德国商法典》第264条第

---

[86] Lutter/Hommelhoff/Kleindieck, GmbHG, § 6 marginal no. 59.
[87] 《德国普通平等对待法》(AGG)第6条第3款;See BGH GmbHR 2012, 845.

1款第2句;《奥地利商法典》第222条第1款)。[88] 这一情形中,股东优于管理机构的地位清晰体现在股东会可以对管理机构起草的资产负债表予以修改。修改时,股东仅仅受会计法原则和公司章程强制性条款的约束。**公司盈余使用的决定**必须在法律上与年度财务报告的批准程序进行区分,即便实践中这两项决定通常联系在一起。在本书研究的法律体系中,公司盈余的使用权限也属于股东会(《德国有限责任公司法》第46条第1项;《德国股份公司法》第174条第1款第1句;《奥地利有限责任公司法》第35条第1款第1项;《瑞士债法典》第804条第2款第5项;《法国商法典》第L232-22条;《意大利民法典》第2479条第2款第1项)。该决策涉及公司净收益的本年度使用情况,即选择分配盈余,还是选择进行投资的经营策略。在小型公司中,该决策由股东作出。

五、大型公司组织机构的典型特征

(一)组织机构的多样性

大型公司的组织机构更为复杂,因为管理机构的监督被分配给一个特殊的机构或主体。这一职能或由管理机构的特定成员履行(一元制结构),或由单独设立的监事会履行(二元制结构)。[89] 德国股份公司法是二元制模式的典型代表,规定了股份公司应具备三个机构:作为管理机构的董事会、监事会以及股东大会。一定程度上,本书所研究的多个法律体系为股东提供了可供选择的不同组织机构模式,正如《欧洲股份公司条例》第38条第b款规定的选择权。就此而言,**意大利法**在2004年公司法重大改革后成为这种"组合模式"的典型代表:

---

[88] 在大型公司中,批准年度财务报告的权限可以由监事会享有,但其必须维护股东的利益,《德国股份公司法》第172条、第173条;《奥地利股份公司法》第125条第2款;在二元制结构的意大利政体下,规定在《意大利民法典》第2409之3条第b项。

[89] 前文第一节边码74。

"Vietti 改革"*[90]以 2001 年 10 月 3 日颁布的第 366 号法令[91]为基础,旨在推动并提升意大利公司的设立、成长以及竞争力,并创造进入资本市场的新方式。2003 年 1 月 17 日颁布法令[92]的一个核心焦点是引入公司组织机构的多重选择,这对本研究而言也十分值得关注。

1. 传统模式[93]

自 2004 年改革以来,意大利股份公司(società per azioni)的股东可以在不同组织形式之间进行选择。[94] 在常规的"传统模式"(根据意大利民法典这依然是标准模式)中,股东大会(as-

---

* Michele Vietti 于 2001 年到 2005 年曾担任意大利司法部国务卿,并任公司法改革部长委员会主席和破产法改革部长委员会主席。——译者注

[90] 以 Michele Vietti 命名,时任公司法改革部长委员会主席和破产法改革部长委员会主席;关于下述主题,参见 Kindler, ZeuP 2012, 72 et seq.

[91] See Fusi/Mazzone, La riforma del diritto societario. Cmnnento sistematico alla legge delega 3 ottobre 2001, n. 366, 2001; Buse, RIW 2002, 676 et seq.; a comprehensive documentation of the reform (with material, comments from industry and science) may be found in Rivista delle società (Riv. soc.) 2002, 1345 et seq.

[92] D. lgs. 17 gennaio 2003, n. 6. -Riforma organica della disciplina delle società di capitali e società cooperative, in attuazione della legge 3 ottobre 2001, n. 366; see Angelici, La riforma delle società di capitali; Galgano, Il nuovo diritto societario; Santosuosso, La riforma del diritto societario; Abbadessa/Portale (eds.), Le nuove società di capitali, 3 Bde.; Abriani et al., Diritto delle società, 3. ed., 2006; in the German literature Bader, Aktuelle Entwicklungen im italienischen Kapitalgesellschaftsrecht, Jahrbuch für italienisches Recht (JbItalR) 19 (2006), 37 et seq.; see also, e. g. Hartl, NZG 2003, 667 et seq.; Steinhauer, EuZW 2004, 364 et seq.; Tombari, in: FS Erik Jayme, Bd. 2, 2004, p. 1589 et seq.; in English see Ferrarini/Giudici/Stella Richter, RabelsZ 69 (2005), 658 et seq.; Hilpold/Brunner, ZVglRW 2006, 105, 519 et seq.; 附有广泛引注的概括性介绍,参见 Kindler, Einführung in das italienische Recht, § 18 marginal no. 12 et seq.; Magrini, Italienisches Gesellschaftsrecht; for a comparison of the old and new articles in the Codice civile sec II Foro italiano (Foro it.) 2003, Riforma del diritto soctartario, Decreto legislativo 17 gennaio 2003, n. 6 (Testo a fronte a cura della redazione), Inserto publicitario。

[93] Also referred to as the "sistema latino", cf. Santosuosso, La riforma del diritto societario, p. 149 et seq.

[94] 关于本主题的引导性介绍,参见 Atlante, I tre modelli di gestione della s. p. a.: la prospettiva del notaio, Rivista del notariato (Riv. not.) 2003, 531 et seq.; Buonocore, Le nuove forme di amministrazione nelle società di capitali non quotate, Giurisprudenza commerciale (Giur. comm.) 2003, I, 389 et seq.; Rordorf, Le società per azioni dopo la riforma: il sistema dei controlli, Foro it. 2003, V, 184, 186 et seq.; 针对既有多种选项的比较分析,参见 Hirte, in: FS Thomas Raiser, 2005, p. 839 et seq。

semblea dei soci)[95]任命公司的管理机构(amministratori),决定其报酬及(必要情况下的)罢免,通过特殊决议(增资与减资、法律形式变更、合并与分立以及解散等)以及批准年度财务报告(《意大利民法典》第 2380-2409 之 7 条)。传统模式的典型特征是"**强股东会**"和"**弱管理机构**",尤其是**监事会**。[96] 例如,公司章程可以规定,公司管理机构采取的特定措施必须征得股东会的同意(《意大利民法典》第 2364 条第 1 款第 5 项"股东会的管理权限")。[97]

在任命两个或者多个董事的情况下,他们构成一个董事会,并作为集体行动机构(consiglio di amministrazione,简称"c. d. a.");否则,董事(amministratore unico)[98]单独对公司管理负责。根据《意大利民法典》第 2381 条第 2 款规定,董事会可以基于公司行动能力的考量,将部分职责转移给由一个或者多个董事组成的执行委员会(comitato esecutivo)。此类职权的转移需要公司章程中的授权规定或股东会决议的简单多数通过。股东通过司法程序请求确认董事会决议无效的权利(在上述改革中)作为一种新的特色引入《意大利民法典》(第 2388 条第 4 款)中。[99]

监督委员会(collegio sindacale)对管理机构遵守法律和公司章程的情况进行监督(《意大利民法典》第 2397 条及以下)。监督委员会的职权在前述改革过程中被重新界定。自此之后,《意大利民法典》第 2403 条规定,监督委员会原则上应当对(管理机构)遵守法律和章程的情况以及遵循"适当经营管理基本原则"

---

[95] 《意大利民法典》第 2364 条规定了其权限。
[96] 关于 Vietti 改革之前法律状况的深入分析与比较,参见 Abbadessa/Mirone, Le competenze dell'assemblea nelle s. p. a., Riv. soc. 201 0, 269 et seg。
[97] 详细的分析,参见 Abbadessa/Mirone, Le competenze dell'assemblea nelle s. p. a., Riv. soc. 2010, 318 et seq.; Santosuosso, La riforma del diritto societario, p. 101 et seq. ; see additionally Portale, Lezioni di diritto privato comparato, 2nd ed., 2007, p. 191 et seq.
[98] 《意大利民法典》第 2386 条第 5 款。
[99] 正确的批评性意见,参见 Hirte(in: FS Thomas Raiser, 2005, p. 839 et seq.),理由在于,股东多数情况下并不知晓董事会(consiglio di amministrazione)通过的决议(《意大利模式》第 2422 条第 1 款所规定的股份公司股东的知情权非常弱)。

(principles of proper business management)的情况进行监督。就此而言,监督委员会构成股东会的辅助性机构,并进而间接地构成少数股东的辅助性机构。[100] 年度审计则适用一种不同的规则。根据《意大利民法典》第 2409 条第 2 款的规定,这属于审计师或者审计事务所的责任。在不属于强制性合并的情况下[101],公司章程可以规定监督委员会承担年度审计的职责,并且在此情形下只有注册审计师可作为该监督委员会的成员。[102]

2. 二元制体系

作为一元制体系的替代,股东可以选择二元制的法律体系。该模式以德国法为样本(《意大利民法典》第 2409 之 8 条到第 2409 之 15 条)[103],典型特征是"**弱股东会**"(《意大利民法典》第 2364 之 2 条)和"**强管理机构**",尤其是监事会。[104] 这种情况下,公司管理机构由包含至少两名成员的董事会(consiglio di gestione)[105]和监事会(consiglio di sorveglianza)构成。正如德国股份公司法的规定(第 84 条),股东会并没有直接任命和罢免董事会成员的权利。股东会仅任命监事会成员,由监事会任命和罢免董事会成员(《意大利民法典》第 2409 之 13 条第 a 项)。[106] 此外,由监事会而不是股东会负责批准公司的年度财务报告(《意大利民法典》

---

[100] Galgano, Il nuovo diritto societario, p. 296; Hirte, in: FS Thomas Raiser, 2005, p. 851.

[101] 关于合并的义务,参见 Art. 25 et seq. D. lgs. 9 aprile 1991, n. 127;此外还参见 Kindler, Italienisches Handel‑und Wirtschaftsrecht, § 2 marginal no. 74 et seq.; ders., ZGR 1995, 225 et seq.。

[102] 关于纳入所谓公共利益实体(Ente di interesse pubblico)范围的公司,参见 Kindler, ZEuP 2012, 72, 75。

[103] 参见《欧洲股份公司条例》第 39 条及以下诸条。

[104] Abbadessa/Mirone, Le competenze dell'assemblea nelle s. p. a., Riv. soc. 2010, 339;"Il modello di amministrazione di tipo dualistico ... comporta una significativa riduzione delle competenze spettanti all'assemblea ordinaria dei soci, che vengono trasferite all'organo di controllo, e cioe al consiglio di sorveglianza.";类似的还有 Santosuosso, La riforma del diritto societario, p. 160。

[105] 在二元制体系中,管理机构也可以设立一个委员会规定在《意大利民法典》第 2409 之 9 条结合第 2381 条。

[106] 关于股东大会的权限,参见《意大利民法典》第 2361 之 2 条。

第 2409 之 13 条第 b 项)。再者,监事会还必须监督公司是否遵守法律、公司章程以及"审慎管理基本原则",类似传统模式下监督委员会的职责。除此之外,监事会原则上负责决定董事会成员的薪酬以及批准公司年度财务会计报告。

3. 一元制体系

基于英美法传统的一元制模式下,公司仅有一个管理机构(《意大利民法典》第 2409 之 16 条至第 2409 之 19 条)[107],这被作为第三种选项。与传统模式的公司组织机构一样[108],该管理机构称为"董事会"(简称"c. d. a")。受到美国法的强烈影响,董事会中必须至少三分之一的成员为独立董事(amministratori indipendenti)。[109] 特定公司内部关系的欠缺并非此类目标的唯一标准。此外,独立董事之间不得存在家庭关系。[110] 正如在传统模式中,核心权限由股东会享有(人事权、财务报告批准权;《意大利民法典》第 2364 条)。

公司董事会设置"控制委员会"(comitato per il controllo sulla gestione),监督公司组织机构的适宜性(suitability)、公司管理和财务系统的妥当性(appropriateness)与适宜性。控制委员会至少有一名成员是注册审计师(revisore contabile)。控制委员会不得承担任何公司管理职责,成员在控制委员会履职期间不得同时作为执行委员会成员(comitato esecutivo;《意大利民法典》第 2409 之 19 条结合第 2381 条第 2 款)。董事会确定控制委员会的成员人数并对其任命。

---

[107] 《欧洲股份公司条例》第 43 条及以下。

[108] 见上文(一)内容。

[109] Hirte, in: FS Thomas Raiser, 2005, p. 855; see also Ferrarini/Giudici/Stelia Richter, RabelsZ 69 (2005), 658, 677 (2005); Angelici, La riforma delle società di capitali, p. 119.

[110] 《意大利民法典》第 2409 之 9 条针对传统体系中控制机构成员不适格的相应理由(该法第 2399 条)。其背景是欧盟委员会 2005 年 2 月 15 日发布的关于上市公司非执行董事或监事以及(监事会)委员会职责的建议第 13.1 条,OJ 2005 L 52/51。

(二) 二元制体系

其他法律体系选择了仅在一定程度上允许在不同组织机构**之间进行选择的方案**。例如,**法国**正是这样的立法模式。法国股份公司原则上具有一种层级化的组织机构,通过法律分配给每个公司机关强制性的职责和权利。[111] 但法国法在一定程度上允许组织自由,即股东可以为股份公司(SA)在两种不同的组织机构中进行选择。其中,传统的一元制模式公司具有一个董事会(conseil d'administration)和一个首席执行官(《法国商法典》第L225-17条及以下)。而现代二元制体系下的公司具有一个董事会(directoire)和一个监事会(conseil de surveillance)(《法国商法典》第L225-57条及以下)。后一种模式遵循了德国法的监事会模式,实践中极少被采用。[112]

在此范围内,法国的公司实践与意大利非常类似;实践中,意大利公司大多数保留了传统模式,尽管如上文所述,自2004年以来意大利法允许股东在不同组织机构选项之间进行选择。这可能归因于以下事实,即股东没有必要放弃现有施加影响力的机会,也就是说用传统模式下拥有的广泛权限(《意大利民法典》第2364条)交换二元制体系列举的有限职权(《意大利民法典》第2364之2条)。然而,传统的意大利模式(见上文(一)之1边码89及以下)也可以在一定程度上归类为**广义的二元制模式**,因为管理机构之外还设立一个负责监督的机构,即监督委员会。

瑞士法的情形也类似。瑞士股份公司拥有三个机构:股东大会(《瑞士债法典》第698条及以下)、董事会(第707条及以下)以及审计委员会(第727条及以下)。这一体系下,主要的决策权属于股东大会的职权,诸如通过、修改公司章程以及批准公司盈余使用。董事会具有一定程度的复合性特征,因为它同时负

---

[111] Fundamental here the "arrêt Motte", JCP 1947, II, 3518; see Großrichter, in: Sonnenberger/Classen (eds.), Einführung in das französisches Recht, No. 157.

[112] 见上脚注。

有经营管理义务和监督义务(《瑞士债法典》第 716 条第 2 款)。此外,审计委员会针对财务和年度决算以及使用可支配收益的请求承担重要的监督义务(《瑞士债法典》第 728 条及以下)。

相比之下,**奥地利法**以德国法为样本采取了典型的二元制体系。这是基于奥地利法 1938 年对《1937 年股份公司法》的引入。[113]

从比较法的角度而言,与小型公司组织机构二元制体系的核心差异在于,大型公司**股东的代表机构("股东大会")较之管理机构并不具有优越的地位**。主要的决策权限在于管理机构(董事会),特定重大决策也分配给股东。[114] 相应地,大型公司中,每一个机构原则上独立履行义务、行使职权。不同组织机构之间不存在等级差异。在二元制组织机构中,大型公司的主要经营管理权限属于公司管理机构,并且不受股东大会发布指示的约束;这与小型公司情形不同(《德国股份公司法》第 76 条第 1 款;《奥地利股份公司法》第 70 条第 1 款;《瑞士债法典》第 716a 条第 1 项;《法国商法典》第 L225-35 条;《意大利民法典》第 2380 之 2 条第 1 款;《欧盟有限责任公司条例(草案)》第 39 条第 1 款)。管理机构在管理和主导公司经营活动过程中(按照前述委任理论,第三节边码 77 及以下),必须妥当地考虑股东利益。正如小型公司的管理机构享有充分的商业判断自由(参见《德国股份公司法》第 93 条第 1 款第 2 句)。[115]

监事会发挥对董事会的监督和提出建议功能(《德国股份公司法》第 111 条;《奥地利股份公司法》第 95 条;《法国商法典》第 L225-68 条),履行人事职权,负责董事会成员的遴选、任命和罢

---

[113] Kalss/Burger/Eckert, Die Entwicklung des österreichischen Aktienrechts, p. 328 et seq.

[114] 关于本事项,参见下列规范:《德国股份公司法》第 119 条第 1 款;《奥地利股份公司法》第 103 条第 1 款;《瑞士债法典》第 698 条;《意大利民法典》第 2364 条。

[115] 关于意大利法中的商业判断规则,参见 Kindler, ZEuP 2012, 72, 92 et seq.;奥地利公司法中相同的主题,参见 Nowotny, in: Doralt/Nowotny/Kalss, öAktG, § 84 marginal no. 8; Kalss, in: MüKoAktG, § 93 (D) marginal no. 302.

免(《德国股份公司法》第 84 条;《奥地利股份公司法》第 75 条;《法国商法典》第 L225-59 条第 1 款;《意大利民法典》第 2409 之 13 条第 1 款第 a 项)。在真正的二元制体系中(德国、奥地利等二元制体系的欧洲股份公司),股东大会在以下范围内决定监事会成员的人选:职工共同决策相关规则没有要求监事会应当存在职工代表,或者单一股东不享有任命监事会成员的权利(《德国股份公司法》第 101 条;《奥地利股份公司法》第 87、88 条、《欧洲股份公司条例》第 40 条第 2 款)。无论是股东大会(《德国股份公司法》第 119 条第 2 款),还是监事会(《德国股份公司法》第 111 条第 4 款;《奥地利股份公司法》第 95 条第 5 款)在公司管理事务上均不享有决策权。公司经营管理与监督机构的组织分离构成了与国际更加通行的一元制体系的典型差异,后者的突出特征是仅具有单一的管理机构(董事会)(例如,《欧洲股份公司条例》第 43 条)。[116] 二元制体系中,股东同样不得更改公司的组织机构。因此,股东不能通过修改公司章程免掉监事会,或者用一个基于国外立法例的董事会取而代之。在德国和奥地利法中,这一要求源自常说的"**章程严格**原则"(除非相关法律明确允许公司章程作出与法律不同的约定,均不得更改法律的规定;《德国股份公司法》第 23 条第 5 款;《奥地利股份公司法》第 16 条、第 17 条)。[117] 在二元制结构的法律体系中,避免采用该模式的唯一选择是股东自始便选择小型公司,或者(正如在意大利或者《欧洲股份公司条例》下可能的)自始适用一元制模式。

(三)公司治理(corporate governance)

"公司治理"这一术语涵盖了调整企业管理(业务领导)、监督机构及其内容安排的规范整体。[118] 欧盟委员会同样也致力于

---

[116] 额外的信息,参见 Hellgardt/Hoger, ZGR 2011, 38 et seq.

[117] 尽管《奥地利股份公司法》并未规定与《德国股份公司法》第 23 条第 5 款相对应的条款,但在奥地利,公司法原则上被视为强制性的。

[118] Drygala/Staake/Szalai, Kapitalgesellschaftsrecht, § 21 marginal no. 8.

倡导该主题的规范,新近的例子是2011年4月5日发布的《欧盟公司治理框架》绿皮书。[119] 根据该绿皮书,公司治理被定义为一种公司"领导(directed)"和"控制(controlled)"的体系,以及一套公司的管理者、董事会、股东和其他利益相关者之间的法律关系。[120] 公司治理的相关事项对本书的讨论也具有意义,关系到监事会作为监督机构的**职业化与强化**的公司治理范围。过去的数年间,至少德国的学术讨论和法律发展出现了重心的转移,即监事会的义务不再视为仅对董事会行为的事后监督。通过一系列法律修订,德国立法者已经强化并扩张了监事会监督功能相关的职权和责任。如今,监事会已经成为一个"企业经营伙伴"(entrepreneurial partner),而不再是单纯的监督机构。[121] 多数国家以自律规则形式颁布公司机构成员行为规则(《公司治理准则》),辅助法律规定,规范公司管理。[122]

(四)大型公司股东大会的法律地位与职能

股东大会这一术语既指大型公司的机构,也指股东们事实上(物理上)的会议;后者正是作为机构的股东大会的设立目的。正如上文(三)探讨过的,二元制的组织机构中**股东大会对管理机构并不享有至上的地位**(no primacy)。但股东大会享有一定程度的优先权,仅有它(非董事会,也非监事会)可以决定公司目的、公司经营范围并对这些重大事项进行修改。这一范围内,公司董事会和监事会受股东制定的指导方针约束。在本研究涉及的法律体系中,股东大会作为公司机构,其特殊职责很大程度上以同样方式规定(分别参见《德国股份公司法》第119条;《瑞士债法典》第698条;《意大利民法典》第2364-2364之2条)。[123] 根据这些法

---

[119] COM(2011) 164/3;参见上文第一章第三节之三,边码21及以下。
[120] See the Green Paper ibid. p. 2.
[121] 基础性原理,参见 Lutter, ZHR 159, 287 (1995);另外参见 Drygala/Staake/Szalai, Kapitalgesellschaftsrecht, § 21 marginal no. 10 et seq。
[122] 广泛的国际文件参见 www.ecgi.org。
[123] 关于奥地利股份公司法中权限的列举,参见 Kalss, in: MüKoAktG, § 119 marginal no. 172。

律规定,股东大会可以对系列**重大事项**进行决议,诸如,修改公司章程(包括资本措施)、转移公司所有资产或者解散公司。就人事权而言,股东大会负责任命监事会成员、豁免董事会和监事会成、罢免监事会成员。在公司**财务结构**中,股东大会除了其他事项之外,还负责决策可支配盈余的使用以及审计师的任命。

最为重要的是,公司管理的日常事务并不属于股东大会的职责范围。将公司管理权限完全分配给管理机构层面的立法目的在于增强决策的专业性。[124] 然而,相反的趋势同时存在:过去的数年间(至少在德国),一系列不成文的股东大会权限得以确立,并最终在宪法性财产权保障中正当化(《德国基本法》第14条)。以此为基础,"股份所有权"(Aktieneigentum)包含公司内部享有的最低程度的决策权。[125] 结果在严重侵害股东权利和利益的情形中,公司董事会例外负责引导(induce)股东大会决策。[126] 如果一项措施对股东成员权利和股份所有权的财产利益侵害相当大,以至于董事会不能合理认定并自行作出决策,这将构成一种例外情形。这一原理重要的适用情形之一是在经济意义上将公司的重大业务部门转移给子公司。

六、理论分析

小型公司中,股东会与管理机构之间职责分配规则的整体评估可以揭示一种清晰的等级结构。股东是"公司的主人"。这一等级结构基于经典的委任理论。立法针对与委任理论相联系的债权人和第三人保护欠缺问题做出了回应,即构建一系列管理机构成员的义务规则;这些义务规则即便是股东会也不得干预。总体而言,这代表了权利分配的平衡体系。当然,有必要进一步讨论,牺牲与欧盟法反歧视规则扩张联系在一起的股东人事权是

---

[124] Drygala/Staake/Szalai, Kapitalgesellschaftsrecht, § 21 marginal no. 197.
[125] 新近的判决诸如,BVerfG NZG 2012, 826, subsection C I 1 a -Delisting。
[126] 基础性判决,参见 BGHZ 83, 122 -Holzmüller。

否真的有必要。"反馈小组"[127]也没有考虑此类公司法与劳动法的冲突问题。

在二元制结构的大型公司(《德国股份公司法》第76条第1款;《奥地利股份公司法》第84条;《法国商法典》第L225-58条;《意大利民法典》第2380之2条第1款;《欧洲股份公司条例》第39条第1款)中,为了保障决策专业性已经实现法典化的管理机构的首要职权看起来也很健全,平衡了规模较大的股东大会经常出现的专业性欠缺问题。然而,这些法律体系仅为大型公司规定了二元制组织机构(德国、奥地利),其应当效仿意大利和法国的立法例,考虑引入任意性的一元制组织机构体系。如果仅大型公司可以上市交易,在意大利法或者法国法的背景下,股东可以将进入资本市场的需求与公司组织机构相结合,并且在该组织机构中,股东享有优先地位(primacy),而非管理机构。目前,德国或者奥地利的大型公司只能通过选择一元制的欧洲股份公司(SE)间接实现这一目标。《2003年行动纲要》[128]遵循高水平小组(High Level Group)的相应建议[129],在以下范围展开了一种新模式,即至少就所有上市公司而言,引入可选择的公司管理一元制与二元制体系是可取的[130];对于意大利、法国以及《欧洲股份公司条例》第38条第b款规定的欧洲股份公司均是如此。在《2012年行动纲要》关于优先事项意见征求的过程中,只有约38%的市场参与主体表示支持这样一种选择模式,持反对意见的比例也大体一致,此后该提案已被暂时搁置。[131]这一理念应当坚持,没有哪一个体系在结构上是优于另

---

[127] 参见上文边码72,脚注5。
[128] KOM(2003),284;reprinted also in NZG 2003, Sonderbeilage zu Heft 13;关于行动计划,参见上文第一章第三节之二边码20及以下。
[129] 由Jaap Winter担任主席的公司法专家高水平小组于2002年11月4日发布了其最终报告,聚焦于欧盟范围内的公司治理以及欧盟公司法的现代化。
[130] Action Plan (fn. 128), 3.1.3 (p. 18 et eq.) and Annex 1 (p. 29).
[131] Lutter/Bayer/Schmidt, EuropUR, § 18 marginal no. 68.

外一个的(对此行动纲要也明确认可)[132],组织机构的选择总是取决于相关公司的特别利益;而且,应坚持选择模式的理由还在于诸多欧盟成员国法律体系[133]和欧洲股份公司从这种选择机制中取得的积极经验。正如 2008 年第 67 届德国法学家大会(DJT)[134]对是否引入这一选择机制所进行的讨论清晰地表明,反对意见似乎占据上风,至少目前为止亦是如此。长远来看,欧盟和德国立法者几乎难以避免来自部分成员国样本立法例以及欧洲股份公司的压力,从而引入选择性的法律形式或者组织机构,正如学界[135]和欧洲议会[136]所呼吁的那样。[137] 2011 年 4 月,"反馈小组"(Reflection Group)也表达了对引入公司组织机构选择模式的支持,至少就非上市公司如此。[138]

[132] COM(2012) 740/2 v. 12. 12. 2012, p. 13 (at 4. 4):"在欧洲存在不同类型的管理层结构。……欧盟委员会也认可这些不同管理层结构的共存,这些通常根植于该国整体的经济治理体系,欧盟委员会无意于挑战或者修正上述安排。"Cf. Baums, Bericht der Regierungskommission "Corporate Governance", BT-Drs. 14/751 5, marginal no. 18; Fleischer, AcP 201 (2004), 502, 527; Jungmann, ECFR 2006, 426, 473; Leyens, RabelsZ 67 (2003), 57, 96; Schiessl, ZHR 167 (2003), 235, 250; Lutter/Bayer/Schmidt, EuropUR, § 18 marginal no. 68; C. Teichmann, ZGR 2001, 645, 675。

[133] 如上文已经阐明的,在法国(一元制体系:《法国商法典》第 L225-16 条及以下;二元制体系:L225-57 及以下)和意大利可以进行选择;然而,英国法也允许通过起草章程时设立一种一元制或者二元制的管理结构。Cf. Leyens, in: FS Hopt 2012, p. 3135, 3140 et seq. ; J. Schmidt, "Deutsche" vs. "britische" Societas Europaea (SE), 2006, p. 477 et seq. with further citations; 比较法的分析,参见 Fleischer, AcP 204 (2004), 502, 528 et seq.。

[134] 具体参见 J. Schmidt (2008) 9 EBOR 637, 646 et seq. , with additional citations。

[135] 关于欧盟法,例如 Habersack, ZIP 2006, 445, 450; Hopt, in: FS Westermann, 2008, p. 1039, 1051 f.; van Hulle/Maul, ZGR 2004, 484, 494; Wiesner, ZIP 2003, 977, 979; 针对德国,例如 Barer, Gutachten E zum 67. Deutschen Juristentag, 2008, E 113; Eidenmüller/Engert/Hornuf, AG 2009, 845, 854; Fleischer, AcP 204 (2004), 502, 528; Group of German Experts on Corporate Law, ZIP 2003, 863, 869; Handelsrechtsausschuss des DAV, ZIP 2003, 1909, 1911; Hopt, in: Hommelhoff et al. (eds.), Handbuch Corporate Governance, p. 27, 45 et seq.; Lieder, (2010) 11 GIJ 115, 157; Schiessl, ZHR 167 (2003), 235, 256; J. Schmidt, (2008) 9 EBOR 637, 647 f.; Lutter/Bayer/Schmidt, EuropUR, § 18 marginal no. 68。

[136] Cf. Resolution of the European Parliament on the newest developments and perspectives of company law dated 4 July 2006; OJ dated 13 December 2006, C 303 E/114, no. 26.

[137] Cf. for Germany: Bayer, Gutachten E zum 67. Deutschen Juristentag, 2008, E 113; J. Schmidt, EBOR 9 (2008), 637, 648; Lutter/Bayer/Schmidt, EuropUR, § 18 marginal no. 68。

[138] Cf. Report of the Reflection Group (fn. 5), p. 55.

针对公司组织机构这一主题,"反馈小组"于 2011 年 4 月 5 日发布的报告[139]包含了以下评估结论,即立法上**对于大型公司与小型公司的区分**(例如对于股份公司与有限责任公司的区分)已经**过时**了,因为事实上存在仅拥有少数股东的股份公司,反之,也存在拥有大量股东的有限责任公司。[140] 立法如果区分上市公司与非上市公司会更加符合时代潮流。[141] 但我们在公司的组织机构问题上不认同这一观点。实践中,多数小型公司依然呈现人合性结构和较低的资本水平。成员国国内法甚至在一些情形中规定了股东人数上限。[142] 区分大型公司和小型公司规制是基于现实情况的必要且正当的法定分类。在此方面,"反馈小组"支持的强化大型公司的"合同自由"(灵活性)[143],即融合两种企业形式,**并不值得赞同**:股东对公司管理的影响力越强,对第三方的保护就越弱。[144] 从上文的讨论中已经可以清楚地看到,小型公司中,股东之间内部关系的灵活性得到了充分的保障。[145] 事实上,小型公司的股东可以自愿设立"强"或"弱"的管理机构。这基于管理机构成员作为受托人(mandataries)的法律地位(见上文第三节边码 77 及以下)。然而,结构性决策的自由不能影响管理机构承担的旨在保护第三方利益的义务和职权(例如,信息披露义务;代表公司的权限范围;资本保护以及在公司危机中保护

---

[139] See fn. 5 above, with additional citations.
[140] Reflection Group (fn. 5), p. 8 et seq.
[141] Reflection Group (fn. 5), p. 9.
[142] The case in France (Art. L223-3 CCom): 100.
[143] Reflection Group (fn. 5), p. 12:"欧盟的融合应当尊重成员国国内的公司治理机制,应当致力于强化公司法律形式和公司内部权力分配的灵活性和自由度这一趋势。"
[144] 针对这一关系,参见 Fischer-Zernin, Der Rechtsangleichungserfolg der Ersten gesellschaftsrechtlichen Richtlinie der EWG, p. 14 with fn. 11; missed by Bachmann et al., Rechtsregeln für die geschlossene Kapitalgesellschaft, p. 13-16。作者认为,合同自由将会是小型公司立法的指导原则,第三方利益保护(《欧盟运作方式条约》第 50 条第 2 款第 g 项)在这种立法环境下居于次要地位。
[145] 其他评价,参见 Hopt, EuZW 2012, 481, 482(要求在所有非上市公司的制度设计上均拥有更大的自由):"分水岭是对资本市场的诉求,这种情况下必须确保投资者和债权人的保护。与之相反,在涉及中小企业(SME)的情况下,合同自由、灵活性、动议和操作空间必须享有优先性。"

公司资产的义务）。这被完整地规定在成员国公司法中,并应当继续存续。就此而言,"反馈小组"在其报告中的观点是不清晰的。该报告仅表示,与公司组织机构相关的合同自由应当在所有企业形式中扩张。[146] 欧盟委员会《2012年行动纲要》强调了中小企业组织机构"合同自由"扩张的重要性。[147]

同样,欧盟委员会于2011年4月5日发布了一份内容广泛的"绿皮书",标题是《欧盟公司治理框架》[148];发布该绿皮书的目的在于吸取金融危机的教训,提高公司治理水平,这不仅针对金融机构,还包括欧洲所有的商业组织。[149]

第五节 董事会成员的义务与责任

一、利益多样性与义务冲突

公司管理机构成员受制于双重的、冲突的利益和义务。[150]

---

[146] Reflection Group (fn. 5), p. 12: "因此,有理由期待,伴随着成员国引入和调试在其他成员国已经具备的选项的背景下,未来成员国公司的治理结构将更加多元化,选项更多和更加灵活。"

[147] COM(2012) 740/2, 12.12.2012, p. 13 (at 4.4): "特别是针对公司法,欧盟委员会相信,中小企业需要更加简便和负担更小的条件在欧盟范围内开展经营,针对此方面采取具体的措施,依然是欧盟委员会明确的优先事项。"

[148] Green Paper The EU Corporate Governance Framework, COM (2011) 164/3; accessible at ec. europa. eu/internal_market/company/docs/modern/com2011-164_de. pdf;概括性介绍,参见 Lutter/Bayer/Schmidt, EuropUR, § 18 marginal no. 76 et seq. , p. 396 et seq.; Bayer/J. Schmidt, BB 2012, 3, 9。

[149] 另参见 Bachmann, WM 2011, 1301 et seq.; Hennrichs, GmbHR 2011, R 257 et seq. ; Hopt, EuZW 2011, 609 et seq.; identical, Hommelhoff, in: Liber amicorum M. Winter, 2011, p. 255 et seq.; Institut für Gesellschaftsrecht der Universität zu Koln, NZG 2011, 975 et seq. ; Jahn, AG 20ll, 454 et seq.; Jung, BB 2011, 1987 et seq.; Peltzer, NZG 2011, 961 et seq.; Scheffler, AG 20ll, R262 et seq.; Tomasic, (2011) 8 ECL 152 et seq.;另外参见德国联邦参议员的声明:BR-Drs. 189/11 (B);德国联邦议会的声明:BT-Drs. 17/6506 (enacted: BT-PlPr. 17/13936); statement BDI/BDA, 21. 7. 2011, BDI D 0451; Handelsrechtsausschuss des DAV, NZG 2011, 936 et seq.; statement Regierungskommission DCGK (accessible at: http://www. corporate-governance-code. de/ger/download/Stellungnahme_Gruenbuch. pdf)。

[150] 对此强调 Drygala/Staake/Szalai, Kapitalgesellschaftsrecht, § 11 marginal no. 60。

作为股东的受托人(上文第三节边码77及以下),一方面,管理机构成员有义务尽最大能力开展经营、预防或克服危机,为公司利益识别并充分利用商业机会,他们应当作为成功的企业家行事。另一方面,管理机构成员也有义务确保公司遵守相关法律体系中所有的法律法规(合法原则;principle of legality),并且确保履行作为管理机构组成部分的个人义务,来保障每个股东、职工、公司债权人和公众的利益。[151] 公司的组织机构必须考虑利益的多样化(见第一节边码71及以下)。在违反该义务的情况下,管理机构成员须面对三种类型的私法上的债权人:公司本身、股东及公司法下的债权人。[152] 除此之外,还存在针对税务机关与社保机构的公法义务、由于违反与不正当竞争行为相关的注意义务(Störerhaftung)以及侵犯知识产权产生的责任。[153]

二、对公司的一般注意义务

(一)董事的义务

根据莱赛尔(Raiser)与法伊尔(Veil)的梳理,[154] 公司管理机构成员的**义务**可以划分为**部分重叠的五种类型**:

第一种,管理机构成员必须遵守法律规定的要求和禁止性规定(明确规定于《法国商法典》第L223-22条第1款;《意大利民法典》第2476条第1款)。例如,包括在公司设立时和增资程序中提供正确的信息(《德国有限责任公司法》第9a条、第57条第4款;《奥地利有限责任公司法》第10条第3款);根据《德国有限责任公司法》第30条及以下条文维持公司资本的义务(《奥地利有

---

[151] 关于众多以保护第三人利益为目的的管理机构成员法律义务,参见 Bachmann et al. (eds.), Rechtsregeln für die geschlossene Kapitalgesellschaft, 2012, p.90 et seq.。

[152] MoMiG之后关于公司董事的责任,参见 K. Schmidt, GmbHR 2008, 449 et seq.; Kleindiek, in: FS K. Schmidt, 2009, p.893 et seq; 针对当前司法判例中的趋势,参见 Kindler, in: FS Goette, 2011, p.146 et seq.; for a monograph in English see Gubitz et al., Manager Liability in Germany. 2012。

[153] 关于后者参见 BGH NJW 2012, 3439 marginal no. 25。

[154] Raiser/Veil, Recht der Kapitalgesellschaften, § 32 marginal no. 79 et seq.

限责任公司法》第 74 条、第 82 条第 1 款);《德国有限责任公司法》第 33d 条禁止股权回购的义务(《奥地利有限责任公司法》第 81 条);遵从股东指示的义务(《德国有限责任公司法》第 37 条第 1 款;《奥地利有限责任公司法》第 20 条第 1 款);《德国有限责任公司法》第 41 条及以下条文规定的将特定事实登记在商事登记簿的义务,簿记和编制资产负债表的义务(《奥地利有限责任公司法》第 22 条);《德国有限责任公司法》第 43a 条禁止向公司代表人提供贷款、启动破产程序的义务(《德国破产条例》第 15a 条)以及(在公司不能给付到期债务或者资不抵债情况下)禁止消耗公司资产的义务(《德国有限责任公司法》第 64 条第 1 句;《奥地利有限责任公司法》第 25 条第 3 款第 2 项;《意大利民法典》第 2634 条)。

根据制定法规定(例如,《德国有限责任公司法》第 43 条第 1 款的明确规定;《奥地利有限责任公司法》第 25 条第 1 款;类似还有《瑞士债法典》第 812 条第 1 款),管理机构的成员必须在公司事务处理中尽到**审慎商人的注意标准**(care of a diligent businessman)。如果管理机构成员因为过错违反了应尽的法律义务,则应当就其导致的损害对公司承担赔偿责任(基于以下规定:《德国有限责任公司法》第 43 条第 2 款;《奥地利有限责任公司法》第 25 条第 2 款;《瑞士债法典》第 827 条结合第 754 条;《法国商法典》第 223-22 条第 1 款;《意大利民法典》第 2476 条第 1 款)。管理机构成员因违反注意义务对公司承担的责任间接地有助于**债权人保护**,因此,德国法下,该责任可以在公司章程中予以限制,例如一般过失。[155] 再者,管理机构成员还负有尊重公司不同机构(股东会、公司管理机构及特定情形中的监事会)权限分配的一般性义务。例如,将公司经营活动限制在股东确定的公司经营范围内(《德国有限责任公司法》第 3 条第 1 款第 2 项;《法国商法典》

---

[155] BGH NJW 2002, 3777(针对《德国有限责任公司法》第 43 条第 4 款限制期间的缩减)。另见 Roth/Altmeppen, GmbHG, § 43 marginal no. 82。

第 L223-18 条)。此外,对管理机构成员权限的限制,例如,针对由股东表决的保留事项,无论是章程规定,还是股东会通过的程序性规则或者雇佣协议中的条款规定,均对管理机构成员具有拘束力。

　　作为法律实体,公司自身承担一系列**来自不同法律领域的义务**,例如,缴纳税款和社保费用的义务,遵守刑法、劳动法、商法、环境保护法、反垄断法等。管理机构成员对公司负有确保这些法律义务得到遵守的义务(合法原则[156]),并且如果公司因此遭受任何损失,成员应对公司承担损害赔偿责任。例如,如果一个有限责任公司管理机构成员以公司名义与其竞争者达成一项违反竞争法的固定价格协议(《欧盟运作方式条约》第 101 条),导致公司被处以罚款,则该管理机构成员对公司负有损害赔偿责任:在涉及不当行为的情形中,责任豁免规则不适用,该成员必须向公司支付上述数额的损害赔偿金。

　　管理机构的每一个成员必须确保通过提供报告及信息的方式与其他成员、其他公司机构(股东会及特定情形中的监事会)进行**合作**。与之相应,重要的信息不得对股东或者其他管理机构成员隐瞒。

　　管理机构成员负有**审慎经营的义务**(duty of prudent management)。尤其包括[157]:

　　-在对外交易中确保公司行为合法(合法原则)[158];
　　-提出公司经营政策的规划并对股东提供建议;
　　-实施经股东确立的公司决策;
　　-作出不归属于股东的所有经营决策;
　　-根据法律和公司章程对公司内部组织机构作出安排。

---

[156] BGH NJW 2012, 3439 marginal no. 22; comprehensive treatment in: Rieger, Die aktienrechtliche Legalitätspflicht des Vorstands, 2012.

[157] Cf. Scholz/U. H. Schneider, GmbHG § 43 marginal no. 42.

[158] BGH ZIP 2012, 1552=BeckRS 2012, 16295, marginal no. 22; see Rieger, Die aktienrechtliche legalitätspflicht des Vorstands, 2012.

有限责任公司管理机构成员的上述义务内容可以从多个国家的上市公司管理机构成员行为准则中获得额外的指引,如《德国上市公司治理法典》(DCGK),参照范围仅限其设定的行为规则而并不专门针对上市公司的特殊情形。[159]

管理机构成员的**信义**(fiduciary)**或者忠实**(loyalty)**义务**(明确参照股东忠实义务得以法典化,例如《瑞士债法典》第812条第2款)要求,管理机构成员必须确保其私人利益服从于企业利益,不得利用管理职位为自己谋利。这包括对公司信息和秘密进行保密的义务(参见《德国有限责任公司法》第85条、《德国反不正当竞争法》第17条及以下)。尤其是,忠实义务还包括竞业禁止,内容上与《德国商法典》第112条、《德国股份公司法》第88条以及《奥地利有限责任公司法》第24条相对应。基于这些竞业禁止性规定,在其任期之内,特定情形也包括任期结束后的期间内,管理机构成员不得以自己名义或为第三人利益参与或者进入任何与公司经营活动相同领域的贸易或者交易活动中。[160]再者,有限责任公司的管理机构成员将应当由公司享有的商业机会进行个人利用(公司商业机会理论),也构成忠实义务的违反。示例[161]:董事将一家有限责任公司本可以转租获利的营业场所,通过租赁协议的方式转让给第三方公司,该董事同时担任第三方公司的全权商业代表(Prokurist)。对于该有限责任公司而言,这份租赁协议并没有约定有关对价,且这位不忠实的董事在交易中代表了公司。

(二)注意标准与过错

管理机构成员应当对违反法定(《德国有限责任公司法》第

---

[159] Cf. www.corporate-governance-code.de (German website); www.ecgi.org. (international website); see Konnertz-Häußler, GmbHR 2012, 68, 70 et. seq. regarding additional Corporate Governance Codices for non-listed companies.

[160] BGHZ 49, 30, 31 = NJW 1968, 396; BGH NJW-RR 1989, 1255, 1256.

[161] Following KG NZG 2001, 129; sec additionally KG GmbHR 2010, 869 = EWiR 2011, 151, with brief commentary from Schodder.

43条第1款;《德国有限责任公司法》第93条第1款;《奥地利有限责任公司法》第25条第1款;《奥地利股份公司法》第84条第1款)注意义务标准的行为承担责任。这些条款中"审慎的"商人或者管理人标准自身是以管理第三方财产的标准为指引,也就是对第三人财产利益的独立忠实保障。[162] 在公司因管理机构成员职责范围内行为遭受损失的情况下,可推定管理机构成员构成义务违反并存在过失,但这一推定可以被推翻。[163] 当然,管理机构成员也享有一定程度的经营自由裁量权,正因如此,不是每一项错误的决定或者每一项失误都被视为违反注意义务标准(商业判断规则;《德国股份公司法》第93条第1款第2句)。[164] 然而,管理机构成员在商业判断范围内的责任豁免是以对决策基础的认真调查并作出相关决策为前提。这(调查义务)要求穷尽所有与特定决策相关的可获得的事实或法律信息,并基于这些信息针对多种可能的选项认真平衡各自优点和不足,而且将所有可识别的风险考虑在内。[165] 从结果上看,在商业判断的范围内,只有明显不合理的决定才会导致责任的产生。示例[166]:向国外供货签订合同但却没有收取相应的合同价款担保。在这些情形中,管理机构成员在收货方违约的情形下应当对公司承担责任。

(三)共同责任

对于管理机构成员的共同责任,目前还没有统一的规则。在德国法、奥地利法和意大利法中(《德国有限责任公司法》第43条

---

[162] Bayer, in: Lutter/Hommelhoff, § 43 marginal no. 21.
[163] BGHZ 152, 280 = NJW 2003, 358 citing § 93 (2) AktG, § 34 (2) GenG.
[164] BGHZ 135, 244 = NJW 1997, 1926 – ARAG (关于股份有限公司); see Kindler, ZHR 162 (1998), 101 et seq.; 关于意大利和奥地利参见脚注10;另见 Enriques/Hansmann/Kraakman, in: Kraakman et al., The Anatomy of Corporate Law, p.79 et seq.; 针对法国法,参见 Redenius/Hoevermann, La responsabilité des dirigeants dans les sociétés anonymes en droit français et droit allemand, 2010, no. 112 et seq.; 总结性,参见 See Bachmann et al. (eds.), Rechtsregeln für die geschlossene Kapitalgesellschaft, p. 88。
[165] BGH NJW 2008, 3361 marginal no. 11; NZG 2009, 117; 另见 Kindler, in: FS Goette, 2011, p. 231 et seq.; Fleischer, NZG 2011, 521 et seq。
[166] 根据以下判决 OLG Jena NZG 2001, 86。

第 2 款;《奥地利有限责任公司法》第 25 条第 2 款;《法国商法典》第 223-22 条第 1 款);《意大利民法典》第 2476 条第 1 款),管理机构成员对公司承担无限连带责任。这些规定假设每一个管理机构成员均满足责任要件[管理机构成员资格、(客观)义务违反、违反注意标准、对损失负责(因果关系)]。在所有成员均共同采取特定行为或者应当采取但未能采取特定行为的情况下,其责任认定并不复杂。然而,实践中管理机构成员之间普遍进行职责分工,例如通过公司章程或者程序性规则来确定分工。因此,一定程度上"不负责"的管理机构成员并非自己存在不当行为;其之所以承担责任,例如在德国法框架下,是因为违反了监督其他成员的义务。[167] 法国法的规定在此方面更加精细。根据《法国商法典》第 223-22 条第 1 款和第 2 款,管理机构成员承担单独还是连带责任需依据特定的情形:多个成员共同实施同一行为时,法院判决每个人的责任大小。瑞士法对此无明确规定(《瑞士债法典》第 827 条结合第 754 条)。

(四)责任排除

管理机构成员基于其他公司机构具有约束力**指示**行事的情况下,不应当要求其承担责任。[168] 在股东指示并不违反保护第三方法律规定(例如资本保护相关的规定)的范围内,管理机构成员负有必须服从指示的义务,因此,并不承担由此导致的损害赔偿责任。在公司仅有一位股东和一个执行董事的情况下更是如此。[169]

股东的责任豁免决议可以免除管理机构成员所有可识别的或对股东私下已知的责任(《德国有限责任公司法》第 46 条第 5 项(Entlastung der Geschäftsführer);《瑞士债法典》第 804 条第 2 款第 7 项)。[170]

---

[167] BGHZ 133, 370, 377 et seq. =NJW 1997, 130; BGH NJW 2001, 969, 971.

[168] BGHZ 122, 333, 336=NJW 1993, 1922.

[169] BGH NJW 2010, 64 subsection 10 et seq. = NZG 2009, 1385 =EWiR 2010, 151 附 Schodder 的简短评论=DStR 2010, 63, 附 Goette 的建设性评论。

[170] BGH NJW 1986, 2250; NJW-RR 2003, 895.

(五)实施

根据《德国有限责任公司法》第46条第8项或《奥地利有限责任公司法》第35条第1款第6项,对管理机构成员主张损害赔偿请求权需要股东会决议。尽管在没有相应股东会决议的情况下提起损害赔偿之诉在程序法上也是被允许的(permissible,zulässig),但该请求因缺乏法律根据而不能获得支持(unfounded, unbegründet)。[171] 这一规则根源于股东会决策权限的立法目的。进行股东会决议的目的并非仅在于保障股东和管理机构免于主张没有根据的请求权,也旨在保护公司免于将其内部事务在协商和诉讼过程中进行外部讨论。[172] 法国法对这一事项采取了坚决反对的立场,**在管理机构成员责任方面强调债权人保护的视角**。根据《法国商法典》第223-22条第4款,股东会对此无法定权限,并且公司章程中相应的(要求事前告知或者征得股东会授权,或者事前放弃的)条款也是无效的。[173]

三、基于公司法特别规则和侵权法规则对有限责任公司的责任

(一)违反禁止返还规定

一些法律体系中(《德国有限责任公司法》第43条第3款第1句;《奥地利有限责任公司法》第83条第2款;《意大利民法典》第2626、2627条结合《意大利刑法典》第185条),管理机构成员对违反资本保护规定(《德国有限责任公司法》第30条第1款;《奥地利有限责任公司法》第25条第3款第1项、第82条;《意大利民法典》第2626条、第2627条)从注册资本中**向股东履行的给付**承担赔偿责任。[174] 除管理机构成员承担责任之外,相关支付的接

---

[171] BGHZ 28, 355, 359 = NJW 1959, 194.
[172] Zöllner/Noack, in: Baumbach/Hueck, § 46 marginal no. 61.
[173] "Est réputé non écrite toute clause des statuts ayant pour effet de subordonner l'exercice de l'action sociale à l'avis préalable ou à l'autorisation de l'assemblée, ou qui comporterait par avance renonciation à l'exercice de cette action." see above, p. 84.
[174] 与此同时,管理机构成员可以基于侵占以及信赖滥用而遭受刑事处罚(§266 StGD), Mahler, GmbHR 2012, 504 et seq。

收者也应当承担(返还支付的)责任(针对这一点,参见《德国有限责任公司法》第 31 条第 1 款;《奥地利有限责任公司法》第 83 条第 1 款)。在管理机构成员非法转移超出注册资本的公司资产的情形下(《德国民法典》第 826 条),管理机构成员至少可能基于共同侵权理论承担责任(《德国民法典》第 830 条)。自 2008 年以来,《德国有限责任公司法》第 64 条第 3 句填补了这一法律漏洞,规定了**导致破产责任**。这一规定涵盖了(改革前)已禁止的返还支付行为(包括向股东履行的支付),以及将会导致公司破产的支付行为;即便这些支付并未触及用于维持公司注册资本所必要的资产。[175] 这一规定不仅针对破产前夕的资产转移行为(公司的葬礼;Firmenbestattung),同时也针对投资人的滥用行为,即通过侵占或者为支付(并购中)收购款而过度负债(杠杆融资;leveraged finance),从而导致公司破产。[176]

(二)股权回购

正如涉及小型公司的成员国国内法,欧盟法(《欧盟资本指令》第 18 条)对股权回购规定了宽泛的禁令,考量之一是资本保护的需求(例如《德国有限责任公司法》第 33 条、《奥地利有限责任公司法》第 81 条;《意大利民法典》第 2628 条)。违反这些规定将导致管理机构成员对公司负有责任(《德国有限责任公司法》第 43 条第 3 款第 1 句;《奥地利有限责任公司法》第 25 条第 3 款第 1 项;《意大利民法典》第 2628 条结合《意大利刑法典》第 185 条)。

(三)资产侵蚀

在一系列法律体系的规定中(《德国有限责任公司法》第 64 条第 1、2 句;《德国股份公司法》第 92 条第 2 款;《奥地利有限责任公司法》第 25 条第 3 款第 2 项;《意大利民法典》第 2634

---

[175] BegrRegE vom 23.7.2007, BT-Drs. 16/6140, p. ,16 et seq.; see also Kindler, NJW 2008, 3249, 3255; 另参见 Casper, in: Goette/Habersack (eds.), Das MoMiG in Wissenschaft und Praxis, p. 185, 208 et seq.

[176] Kleindiek, GWR 2010, 75, 76 f., 也关于董事(有限的)开脱可能性。

条),管理机构成员有义务在公司已经破产或被确定资不抵债后支付应付款项。这一规则的目的在于保障公司所有债权人受到破产法所要求的**平等对待**(par condicio creditorium)。该规则要求管理机构成员在公司实际破产时维持公司资产,保障其不被侵蚀,避免对公司债权人进行不平等清偿。应当只由清算人决定向谁支付。[177]

(四)涉及公司设立或者增资的虚假信息

在提供与公司设立相关虚假信息的情况下(欺诈设立),除股东外,管理机构成员还应对未缴纳出资以及任何其他额外损害承担责任。公司成立过程中向登记法院提供的所有虚假信息均构成了这一责任的基础(《德国有限责任公司法》第9a条、《奥地利有限责任公司法》第10条第4款;《法国商法典》第L223-10条;《意大利民法典》第2621条)。在提供涉及公司增资虚假信息的情况下,法律规定了类似的责任条款(《德国有限责任公司法》第57条第4款;《奥地利有限责任公司法》第52条第6款"增资欺诈")。

(五)对公司的侵权责任

任何情况下,德国法中规范公司管理机构成员责任的规则并不排斥其对公司的侵权责任(《德国民法典》第823条及以下)。[178] 具有实践意义的关注点在于《德国民法典》第823条结合刑法规范规定的损害赔偿责任;这些规范属于第三人保护法(protective law/Schutzgesetz),例如,《德国刑法典》第266条侵占和信赖滥用或者第263条关于欺诈的规定。[179] 在涉及故意、不道德行为的情况下,公司可以依照《德国民法典》第826条(故意违背善良风俗之损害)享有损害赔偿请求权。这主要涉及以下情

---

[177] BGH NJW 2003, 2316; Goette, DStR 2003, 887, 893; hereinafter BGH NZG 2009, 346 subsection 10.

[178] 德国侵权法的引论,参见 Markesinis/Unberath, Germany Law of Torts, 2002。

[179] Cf. BGHZ 149, 10 NJW 2001, 3622-Bremer Vulkan(关于股东责任);BGH NZG 2005, 755。

形:管理机构成员滥用职权,追求个人利益,背弃了最基本的忠实义务和公司利益。[180] 这些案件中,侵权法上的责任与管理机构成员的责任共同产生。示例[181]:一家有限责任公司从事住宅建设经营。该公司计划购买一块土地用于公司经营。公司董事的下列行为是不道德的(即故意违背善良风俗):该董事未对以优惠价格购买一块土地的机会加以利用,而是让另外一家有其个人收益的公司购买该土地,并且通过操作计划让其管理的公司以不合理的高价从该公司处购买该土地。

四、对个体股东的责任

在部分遵循委任理论(上文第三节第 77 页及以下)的传统法律体系中,尤其是在封闭性公司中,管理机构成员对个体股东的责任得到了广泛的拓展;其他法律体系则将适用限制在特定的狭窄界定情形中。就此而言,瑞士法提供了广泛责任模式的样本示例。《瑞士债法典》第 754 条规定,董事会成员及其他所有参与公司管理或者清算的人员不仅对公司,还对个体股东以及公司债权人承担因故意或者过失违反义务导致的损害赔偿责任。《法国商法典》第 L223-22 条第 3 款以及《意大利民法典》第 2476 条第 6 款也包含了类似宽泛的规定。

与之相反,德国法更加具有限制性,仅将特定情形予以法典化:小型公司中,在管理机构成员**违反资本维持规则**的情况下(《德国有限责任公司法》第 30 条第 1 款),其余股东根据该法第 31 条第 3 款规定对已分配之给付对公司承担返还责任,如同相关给付的接受者和管理机构成员承担的责任一样(瑕疵责任)。[182] 然而,依据《德国有限责任公司法》第 31 条第 6 款的规定,管理机构成员对此类股东承担完全责任。该条款也是德国法唯一明确

---

[180] BGH NJW-RR 1989, 1255.
[181] According to BGH ibid.
[182] 《瑞士债法典》第 827 条也适用于有限责任公司。

规定的管理机构成员对个体股东承担责任的情形。

一种可能是,德国公司法在管理机构成员对个体股东责任方面的限制性态度,使其成为以**侵权法**形式扩张对股东的保护,避免其利益受到管理机构成员侵害的原因。成员资格,也就是说作为股东的所有权利,不仅相对于公司,而且相对于其他股东权利,已经被认为属于《德国民法典》第 823 条第 1 款意义上的"绝对性权利"。这一绝对性权利在下列情况受到侵害,例如,更改公司结构、改变公司实际经营范围、漠视平等对待所有股东的义务、侵蚀股东会权限或者发动不正当的小股东排挤程序(squeeze-out procedure)。[183] 原则上,在《德国民法典》第 823 条框架下,如果公司管理机构成员自己实施侵权行为,鼓动或者协助此类行为并对作为社团成员的股东的成员权造成侵害时,应当在此范围内承担责任。[184] 这补充了公司对其代表人行为承担的责任(《德国民法典》第 31 条;《瑞士债法典》第 817 条)。[185]

五、一般私法下管理机构对公司债权人承担责任的情形

由管理机构对债权人承担责任的一般私法原则只能概括性地以德国法为例进行探讨。在已认可管理机构成员"全方位责任"(all-around liability)的法律体系中(《法国商法典》第 L223-22 条第 1 款;《瑞士债法典》第 754 条,也结合第 827 条;《意大利民法典》第 2392 至 2395 条),包括对债权人的责任,管理机构成员基于一般私法原则承担责任的机制并未发挥极大的功能。总体上,在这些情形中所适用的规则是,管理机构成员不得主张商

---

[183] 相关示例,参见 Marsch-Barner/Diekmann, in: Priester/Mayer (eds.), Münchener Handbuch des Gesellschaftsrechts, Bd. 3, GmbH, 2nd ed., 2003, § 46 marginal no. 59; Habersack, Die Mitgliedschaft -subjektives und "sonstiges" Recht, p. 209。

[184] BGHZ 110, 323, 334 et seq. = NJW 1990, 2877-Schärenkreuzer; 支持性意见 Habersack, Die Mitgliedschaft -subjektives und "sonstiges" Recht, p. 202 et seq. and p. 209; 另见 Zöllner/Noack, in: Baumbach/Hueck, § 43 marginal no. 65。

[185] Cf. BGHZ 99, 298 = NJW 1987, 1193; BGH NJW 2005, 2450, 2451 et seq. (股份有限公司)。

业判断规则的保护,这与对公司负责的情形不同。这是因为,管理机构成员被赋予享有商业判断空间仅是基于公司的社团利益及其成员的利益,而且也仅此二者从管理机构成员的商业判断行为中受益。[186]

(一)基于禁反言原则的个人责任

德国法下,管理机构成员基于禁反言原则对公司债权人承担责任,如果该成员①被认为创造了作为或代表个体经营者行事或者代表一个合伙行事的表象,并且②使人相信至少有一个自然人作为无限责任主体。[187] 该管理机构成员不得基于以下事实抗辩,即从商事登记簿(《欧盟披露指令》第 3 条第 6 款;《德国商法典》第 15 条第 2 款第 1 句)来看,该商事主体是有限责任公司。理由在于,商事登记簿披露法律形式的(《欧盟披露指令》第 5 条;《德国有限责任公司法》第 35a 条)目的在于为期待利益提供一种特殊的保障。示例[188]:G 是"Heinrich F. Carpentry 有限责任公司"的董事。他在接受一张汇票时,在上面加盖了"Heinrich F. Carpentry"的印章并签署自己的名字,但是并未包含"有限责任公司"(GmbH)这一法律形式的标志。该董事通过这样的行为造成了一种外观,即一个自然人而非公司对接收汇票承担责任,即"Heinrich F. Carpenty 有限责任公司"的单独所有人。相应地,该董事基于禁反言原则对接收汇票承担个人责任。

(二)先合同责任(缔约过失责任;culpa in contrahendo)

德国制定法已经在《德国民法典》第 241 条第 2 款、第 311 条第 2、3 款将缔约过失责任法典化。考察适用这些规定的判例可

---

[186] 不同的观点,参见 Bachmann et al. (eds.), Rechtsregeln for die geschlossene Kapitalgesellschaft, p.93。根据该观点,在将第三人保护纳入董事注意义务的同时,也坚持董事享有广泛的自由裁量权,不应当认为是相互矛盾的(即以第三人保护为面向的注意义务将仅在明显地提高导致损害风险的情形中适用——译者注)。

[187] BGH NJW 1996, 2645; NZG 2007, 426 = NJW 2007, 1529 with a comment by Kindler, 1785 et seq.; Kindler, Grundkurs Handels-und Gesellschaftsrecht, § 4 marginal no. 52.

[188] 根据 BGHZ 64, 11, 17 et seq. =NJW 1975, 1166;广泛地探讨参见 Canaris, Handelsrecht, § 6 marginal no. 36 et seq。

以发现,缔约过失责任原则上仅影响已经开展合同协商的当事人;作为一项规则,代表人和谈判人员仅能够根据侵权法承担责任。[189] 然而,基于判例法规则,代表人在以下两种特殊情形中应当基于缔约过失原则承担个人责任:①如果其利用商业伙伴超出协商中通常水平的个人信赖,或者②其对于相关协议的缔结具有直接的经济利益。[190] 缔约过失原理的第三方责任也在《德国民法典》第 311 条第 3 款第 1 句中得到体现:《德国民法典》第 241 条第 2 款意义上的债务关系(债之关系依其内容可以使得一方负有考虑另一方权利、法益和利益的义务)也可以在不想成为合同当事人的主体间产生。缔约过失原则产生的第三方责任的第一种类型(第三人享有极高程度的信赖)单独规定在《德国民法典》第 311 条第 3 款第 2 句。基于前述内容,有限责任公司的董事如果对第三人形成这样一种外观,即不用考虑公司的情况下,董事将确保相关交易妥当实施,并且第三人对该外观的信赖具有决定意义,那么,该董事利用了对其个人极高程度的信赖。司法实践中,法官并不愿意假设这些要求已经得到满足。[191]

上述第二种类型案例中的责任(董事对交易享有个人利益)并没有被《德国民法典》第 311 条第 3 款第 2 句排除在外;该条款仅包括了该法第 311 条第 3 款第 1 句的一般性规定的特殊情形。针对公司代表基于**个人利益**承担个人责任的假设,德国法院的态度同样非常审慎。实际上,这一责任基础得到了普遍认可,因为公司代表可以说是代表自己采取行动(自己事务代理人;procurator in rem suam)[192],也就是说,在合同缔结时,管理机构成

---

[189] Ellenberger, in: Palandt, BGB § 311 marginal no. 52.
[190] BGHZ 126, 181, 183 = NJW 1994, 2220; BGHZ 129, 136, 170 = NJW 1995, 1739; BGH NJW 2002, 208, 212.
[191] BGHZ 126, 181 = NJW 1994, 2220; 另见 Kindler, Grundkurs Handels- und Gesellschaftsrecht, § 16 marginal no. 77 et seq.
[192] Roth/Altmeppen, GmbHG, § 43 marginal no. 36.

员已经不再基于公司利益的考虑,而是因个人利益缔结合同。[193]否则,管理机构成员的直接个人利益不能仅依据以下事实来推定,即该成员对(作为交易对象的)有限责任公司具有重大的个人利益,或者是该有限责任公司唯一的股东。这一情形的非相关性衍生于有限责任特权,即便此类股东也享有《德国有限责任公司法》第13条第2款[194]和欧盟法中《欧盟一人有限责任公司指令》第2条规定的有限责任特权。

(三)侵害侵权法保障的权利和法益

公司管理机构成员对于因其过失侵权行为对外部第三人造成的损害承担责任。如同其他主体,该成员也受到一般侵权法原则的约束。这一责任伴随着公司对其代表机构的责任(《德国民法典》第31条;《瑞士债法典》第817条;《瑞士民法典》(ZGB)第55条第2款)。按照法院的裁判解释,管理机构成员在以下情形中构成侵权,即推动甚至领导公司将他人财产进行出售。如果所有权人由于善意取得的适用丧失了所有权,管理机构成员根据《德国民法典》第823条第1款构成对他人财产权益的侵害,且该管理机构成员应当承担个人责任。[195] 新近德国联邦最高法院(BGH)对这一认定规则进行了更正:根据该法院于2012年7月10日作出的一项判决,公司管理机构成员遵守法律的义务应仅针对公司,而不针对第三方。这一规则与其他国家的法律体系存在重大差异,后者在涉及违反任何法律或者章程条款的情况下,基于公司法事实认定管理机构成员对第三方的责任(法国、意大利、瑞士)。与之相反,在德国联邦最高法院(BGH)看来,与公司管理

---

[193] BGHZ 126, 181, 184 et seq. =NJW 1994, 2220;也得到以下判决的遵守,诸如 BGH NJW 2002, 208, 212.

[194] BGH NJW 1986, 586, 587 (与有限责任公司责任规范存在价值冲突);1989, 292; Roth/Altmeppen, GmbHG, § 43 marginal no. 37。

[195] BGHZ 109, 297, 303 et seq. =NJW 1990, 976-"Baustoff"-Fall (建筑材料案);也在以下案件中得到遵守:BGH NJW 1996, 1535, 1536-Lamborghini;从侵权法的角度,参见 Wagner, in: MüKoBGB, § 823 marginal no. 414 et seq.

机构相关的内部责任(《德国有限责任公司法》第 43 条第 1 款;《德国股份公司法》第 93 条第 1 款第 1 句;《奥地利有限责任公司法》第 25 条第 1 款;《奥地利股份公司法》第 84 条第 1 款)仅调整管理机构成员基于任命在公司关系中产生的义务。换言之,这些规范的根源在于管理机构与公司间法律关系的"委任属性"(见上文第三节边码 77 及以下)。德国联邦最高法院(BGH)也认为,管理机构成员对公司的内部责任旨在为公司债权人提供免于受到违反注意义务之管理行为所造成间接损害的保障。正如可以从公司法规定的责任原则中得出的结论,违反审慎管理义务仅仅导致公司享有损害赔偿请求权,而非公司的债权人。[196]

另外,法院认定,管理机构成员针对第三方的**外部责任**也不应当通过侵权法证成。相应地,管理机构成员的义务同样不构成侵权法上的保障义务,例如,《德国民法典》第 823 条第 2 款。基于这一原因,德国法非常明确地在公司利益与外部第三方利益之间进行了区分。管理机构成员对第三方的责任仅在有限范围内基于例外事由才有可能。例如,管理机构成员个人的侵权行为导致损害发生,则其应当承担个人责任。将宽泛的个人侵权责任施加在有限责任公司的董事会会导致公司注意义务的翻倍——将相同的义务适用于公司和董事,这一事实自然成为反对施加该责任的理由。再者,根据《德国民法典》第 823 条第 1 款,并结合公司承担的保护性义务,有限责任公司的董事承担侵权上的个人责任与公司法管理机构责任条款的基本原理不兼容:这些条款并非旨在保护第三方利益(公司法的特征)(《德国民法典》第 823 条第 2 款)。[197]

(四)违反保护性法律

公司管理机构成员的个人侵权责任可以基于《德国民法典》

---

[196] BGH NJW 2012, 3439 marginal no. 23 et seq.
[197] Lutter/Hommelhoff, GmbHG, § 43 marginal no. 46 et seq.

第 823 条第 2 款并结合保护性法律(Schutzgesetz)产生。[198] 这些案件中,除了管理机构成员,公司也须承担责任(《德国民法典》第 31 条下"社团对其机关的责任";《瑞士债法典》第 817 条;《瑞士民法典》第 55 条第 2 款)。[199] 从实践的角度,最主要的关联犯罪是欺诈、侵占犯罪或者滥用信赖犯罪。例如,管理机构成员欺骗商业伙伴有关公司的财务状况,故意使得商业伙伴面临遭受损失的风险(违约),那么管理机构成员应根据《德国民法典》第 823 条第 2 款结合《德国刑法典》第 263 条基于欺诈性诱因的原则承担责任。额外的保护性法律还包括诸如从事银行业务之禁令、未经许可提供金融服务[《德国金融机构法》(KWG)第 32 条],或者《德国刑法典》第 256b 条所规定之犯罪行为(信贷欺诈)。

违反提交破产申请义务构成管理机构成员因违反保护性法律承担责任的重要情形。根据《德国破产条例》第 15a 条的规定,公司管理机构成员应当自公司支付不能之日起不迟延地,提起启动破产程序的申请至迟不超过三个星期;同样的规则适用于公司资不抵债的情形。这一规定的目的在于将仅有有限偿债资产的企业(从交易秩序中)排除,这种方式可以预防对第三方利益的威胁或者造成的损害,否则第三方将资金或者资产借贷给一个破产的有限责任公司将会面临威胁或者损害;相应地,《德国破产条例》第 15a 条属于《德国民法典》第 823 条第 2 款意义上的"保护性法律"。提交破产申请义务作为债权人保护方式的理由基于以下事实,即债权人在破产程序延迟或者完全没有申请启动的多数情况下会受到损害。[200] 奥地利法也认可未能及时申请破产的

---

[198] 《意大利刑法典》第 185 条的规定与《德国民法典》第 823 条第 2 款的内容相对应。
[199] On section 31 BGB, sec above § 10 marginal no. 85 et seq.
[200] 基本原理,参见 BGHZ 29, 100, 102 et seq. = NJW 1959, 623,援引以下事实,即这一债权人保护在有限责任公司中是更加适宜的,因为股东并不对公司的债务承担个人责任(《德国有限责任公司法》第 13 条第 2 款)。该判决被下述判决遵循,例如 BGHZ 126, 181, 190 = NJW 1994, 2220; BGH ZIP 2001, 1496, 1497 = DStR 2001, 1671; BGHZ 164, 50 = NJW 2005, 31 37; BGHZ ZIP 2012, 723(公司管理机构成员违反会计账簿管理义务情形中,停止支付证据的简化);比较法的分析,另见 Stöber, ZHR 176 (2012), 326。

侵权法责任,即《奥地利破产条例》第159条和第69条。在《奥地利民法典》第1311条的框架下,这些规范被视为债权人利益的保护性法律;除了对以往债权人(即债权形成于破产前)承担的比例责任,奥地利法也认可对新债权人(即债权形成于破产后)的完全责任;德国法也是如此。[201] 其他国家将此种责任作为其商法的部分内容继续规制。法国法中,《法国商法典》规定了一种附条件责任,权利人通过提起一种责任填补诉讼来追责(an action en comblement de passif)(《法国商法典》第L225-255条、第L651-3条);实践表明,限制性路径占据主导地位。[202] 意大利法中,公司责任以管理机构成员的一般性条款为基础(《意大利民法典》第2392条)。[203]

(五)故意以违背善良风俗的方式侵害他人利益

在《德国民法典》第826条框架下,故意以违背善良风俗的方式加害他人的,应当对给他人造成的损害承担赔偿责任。除了有限责任公司外(《德国民法典》第31条;对社团机构的责任),管理机构成员在欺诈情形外需依据上述第826条规定承担责任,**即董事会成员以违背善良风俗的方式不当利用了对公司经济状况的信息优势**(以及另外一方合同当事人对其个人的信赖),导致他人遭受损害。[204] 另外一个重要案型涉及以下情形,即管理机构成员与欠缺经验的消费者缔结合同,且并未履行相应的告知义务。例如[205],投资者基于美国交易所交易的期权远期合约而遭受的损失起诉有限责任公司的董事。该投资者仅具有有限的商业经验,与该有限责任公司缔结了期权经纪和管理合同,但并未被告

---

〔201〕 OGH ÖBA 1998, 488; Kalss/Adensamer/Oelkers, Director's Duties in the Vicinity of Insolvency, in: Lutter (ed.), Legal Capital in Europe, 2006, p. 112, 116 et seq.; 关于未能及时申请破产的损害赔偿责任范围,参见 BGH ZIP 2012, 1455。

〔202〕 Kalss/Adensamer/Oelkers, Director's Duties in the Vicinity of Insolvency, in: Lutter (ed.), Legal Capital in Europe, 2006, p. 112, 125 et seq.; Kindler, Internationales Handels-und Gesellschaftsrecht, in: MöKoBGB, vol. II, marginal no. 674 et seq.

〔203〕 Cass., 27 febbraio 2002, n. 2906, Foro Italiano 2002, I, 3156; Kindler, Internationales Handels-und Gesellschaftsrecht, in: MüKoBGB, vol. II, marginal no. 677 et seq.

〔204〕 BGH NJW-RR 1991, 1312, 1314 et seq.; 1992, 1061, 1062.

〔205〕 Following BGH NJW 2002, 2777; similar BGII NJW-RR 2005, 558.

知相关的风险。整体上,该期权合同导致投资者产生巨大的损失。本案中,有限责任公司的董事作为金融投资的经纪商,必须确保相关风险得到准确阐释。在没有提供相应充分信息的情况下,缔结经纪合同、促成合同缔结,或者故意不阻止此类合同缔结的董事构成《德国民法典》第826条规定的故意以违背善良风俗的方式致他人受损。[206]

六、理论分析

我们通过对公司管理机构成员责任的考察可以清晰地发现,原则上,**董事的义务**构成债权人保护整个体系的一部分[207];就细节而言,我们的考察提供了一幅不一致的图景。除了认可董事商业判断的情形(商业判断规则)之外,欧洲法律体系之间距离达成共识还相去甚远。这一点并不仅仅是因为欧盟法层面相关规则的缺失才变得显而易见。根据《欧洲股份公司条例》第51条规定,(二元制结构的)董事会和监事会成员或者(一元制结构的)董事会成员仅根据其注册地所在成员国适用的股份公司法律承担责任。计划起草的《欧洲有限责任公司条例(草案)》甚至没有相关管理责任的规定。[208] 在本研究考察的法律体系中,责任标准在拉丁法系国家中最为宽泛,即规定公司管理机构成员违反义务时的全方位责任(all around liability)。例如,法国法中,有限责任公司(s.a.r.l.)的董事就任何违反法律、公司章程以及构成侵权的行为("过错";faute)向公司、第三方以及个体股东承担责任(《法国商法典》第L223-22条第1款,Art. 223-22 (1),3 CCom)。意大利法中管理机构成员的责任(《意大利民法典》第2392至2395条)以及瑞士法中(一元制)董事的责任(《瑞士债法

---

[206] BGH ibid., 另见 BGH ZIP 2003, 1782, 1784。

[207] 同样的结论,基于比较法的分析,参见 Drygala, Directors' Liability in the Member States of the EU, in: Lutter (ed.), Legal Capital in Europe, 2006, p.232, 235 et seq.

[208] Cf. the Hungarian proposal dated 20 June 2011 (Council Doc. 11786/11); cf. Bayer/). Schmidt, BB 2012, 3.

典》第754条,结合第827条)也同样宽泛。根据意大利法,对于小型公司,只有在公司和股东具有产生责任的事由时,法律才会稍作变通(《意大利民法典》第2476条第1、6款)。初步印象里,德国和奥地利公司法对管理机构成员的责任较为谨慎。原则上,这种责任仅适用于公司自身(《德国有限责任公司法》第43条第2款;《德国股份公司法》第93条第2款;《奥地利有限责任公司法》第25条第2款;《奥地利股份公司法》第84条第2款)。董事对个体股东的责任仅在例外情形中存在(例如,《德国有限责任公司法》第31条第6款规定的违反资本维持义务情形),对此,存在辅助性基础也可能导致侵权责任。[209] 德国和奥地利的制定法并没有规定,公司管理机构针对第三方的一般性责任,尤其是针对公司的债权人。就此方面,德国判例法已经发展出广泛的基于一般私法原则(禁反言原则、缔约过失责任、侵权)产生责任的行为类型。总体来看,不同国家法律差异并非特别大,不需要在欧洲范围内实现管理机构成员责任的法律融合。[210] 然而,欧盟委员会力图在管理机构成员义务中实现认可集团利益的努力必须予以审慎看待[211]:这些改革努力不应当(利用公司商业机会或者公司融资,例如资金池情形)使管理机构成员能够将集团利益置于公司利益之上,进而最终损害其所管理公司的债权人利益。[212]

---

[209] BGHZ 110, 323, 334 et seq. =NJW 1990, 2877-Schärenkreuzer.

[210] See also e. g. Habersack/Verse, ZHR 168 (2004), 174 et seq. 关于未能及时申请破产而导致的责任议题,参见 Kalss/Adensamer/Oelkers, Director's Duties in the Vicinity of Insolvency, in: Lutter (ed.), Legal Capital in Europe, 2006, p. 112, 143;"难以欢迎在欧盟层面进行统一的尝试。"

[211] COM (2012) 740/2 v. 12.12.2012, p. 15 (at 4.6):欧盟委员会准备于2014年发起完善关于集团可支配信息和对"集团利益"予以认可的立法动议(斜线强调系作者所添加);See also Bremer, NZG 2012, 817。

[212] 这是"Rozenblum"原则之后法国法发展的趋势,据此,在特定情形下,集团的主要利益应当被认可,从而允许以违背子公司利益的方式来追求集团利益;Cass Crim V 4. 2. 1985, JCP/E 1985, II, 14614=Rev Soc 1985, 648, 650 et seq.;关于"Rozenblum"原则,参见 Hopt, ZHR 171 (2007), 199, 222 et seq.; Hopt, ZGR 2013, 165, 210 et seq.; Maul, NZG 1998, 965, 966; Lutter, in: FS Kellermann, 1991, p. 257 et seq.; Falcke, Konzernrecht in Frankreich, p. 41 et seq. 附额外引注;总结性介绍,参见 Sonnenberger/Dammann, Französisches Handels-und Wirtschaftsrecht, p. 152 et seq.

第四章 少数股东权益保护

第一节 基本原则

一、一致原则与多数决原则

作为企业在经济上的所有者,股东原则上是公司的主导者;他们的利益(单独地或者主要地)构成公司的利益。除了针对股份公司法律形式的一些法律限制,股东独立界定自身利益并且相应决定公司的经营活动(第三章)。正如私法中普遍实施私法自治那样,股东通过法律行为表达意愿。公司法基于这一目的规定的行为是**股东决议**。鉴于股东人数众多,这是一种适当的方式。[1] 股东投票进行决策,从法律角度而言是股东意愿的表达。对股东而言,投票权是其成员权的实质性组成要素(无投票权股份以及特定情形下投票权的排除是例外)。

只要所有股东能够达成协议,或者唯一的股东持有所有股份,那么以这种方式行使股东的控制权(诸如,对公司形成具有拘束力的意思)便不成问题。但如果股东在特定情形下追求不同的

---

〔1〕 See Roth/Weller, Handels-und Gesellschaftsrecht, marginal no. 278 et seq.; Roth/Altmeppen, GmbHG, § 47 marginal no. 2 et seq.

目标,**一致性意见**则很难达成,取而代之的就是多数意见;多数意见可能是超过所有投票权 50%的绝对多数或者是相对多数。这可能会与少数股东的一个或者多个竞争性的观点发生冲突。出于这些目的,每一个体股东的投票权可以通过多种方式来确定,主要是依据人数(每人;per capita)或者股权。尤其是在仅有两个持相同股权股东的情形中,可能会导致无法形成多数意见的僵局。

私法自治的一贯表达应当规定,在多个主体范围内,每一项决策都应该获得每一个私法主体成员的支持。正如双务合同要求的那样,多方主体的合同缔结需要每一方的同意,公司章程(协议)的采纳则是典型的例子。逻辑上,这同样应当适用于公司章程(协议)的日后修改以及股东作出的其他决策。然而,这与成功公司管理要求的(**快速**)反应和(**高**)效率不兼容。不仅管理层面所需,股东决策领域也同样需要。基于此,具有典型特征且令人惊讶的是,直到 1884 年德国股份公司法改革之前,该法很大程度上一直是贯彻一致决原则(principle of unanimity)。[2]

如果基于上述原因摒弃一致同意的要求,那么可以将其以私人协议的方式纳入章程,或者立法者自始通过强制性条款或者选择性法律条款的形式加以规定。就欧洲大陆公司而言,立法已经规定了须多数决的事项,并且一些情况下将是否采取多数决交由股东自由裁量。

"多数决"第一眼看上去似乎应当指**所有股东的多数**。单纯就股权分散的公司而言,较大数量的股东没有意愿或者不能够积极参与企业运营,经验告诉我们,部分股东不参与特定决策或者会对特定决策弃权。如果在这些情形中,所要求的多数是**所有投票表决权**的简单多数,那么基于实践目的,所有股东中的少数股东就可能决定了对公司具有约束力的事项。诸如,在一个股东持

---

[2] See Hofmann, Minderheitsschutz im Gesellschaftsrecht, p. 1 and fn. 1.

股极为分散的股份公司中,股东大会由60%股东参与,31%的投票权便足够满足所要求的多数决条件。[3] 当然,可以通过要求绝对多数票或高于60%的法定人数的方式来避免这种情况。不过,这又引发了这样的问题:无法迅速地或者根本不可能找到符合条件的多数票。

针对这一事项,法国有限责任公司法采取了一种折中的路径,即原则上符合一项股东决议要求的所有股份多数才能通过;作为替代方式,二次投票中需获得所有票数的多数票(《法国商法典》第L223-39条)。公司增资时,必须至少获得所有表决权的二分之一(《法国商法典》第L223-30条第6款),公司章程的修改要求所有表决权的四分之一,二次投票则要求所有表决权的五分之一以及所有行使表决权的三分之二多数(《法国商法典》第L223-30条第3款)。

然而,对于持股人而言,似乎更加有用的是设置合适的投票方法来简化投票行为本身,使得基于充分信息的决策成为可能。这些类型的规则也将会为少数股东提供一种保护,该问题将在下文简要分析。

此外,用于决定"多数"的标准需要在援引多数股东的情形中具体规定。公司的性质决定了投票权应当以股东权益为基础,这不同于合伙占主导地位的以人为基础的考量。投票权也可以在公司中进行不同的设置,主要是基于法律的任意性条款进行的协议性约定[4],具体而言,不仅基于人数,而且基于已经缴纳出资的额度。这些情形中,立法可能会要求双重多数,具体而言,在表决权多数的基础上外加资本的多数来确定(例如,《德国股份公司法》第179条第2款第1句)。[5]

---

[3] See previously Roth, in: FS Paulick, 1973, p.81.

[4] Zöllner, Schranken mitgliedschaftlicher Stimmrechtsmacht, p.120; Roth/Altmeppen, GmbHG, §§ 13 marginal no.61, 47 marginal no.24.

[5] See Hüffer, AktG, § 179 marginal no.14; BGH NJW 1975, 212.

最后,投票权可以进一步与股东权益份额脱离,即特定的股份被赋予额外的投票权(具有**多重投票权的股份**,德国和奥地利两国的《股份公司法》分别于第 12 条第 2 款和第 12 条第 3 款明确禁止了多重投票权: Mehrstimmrechte sind unzulässig)以及其他股份缺乏投票权(优先股,即因欠缺投票权通过优先的盈余分派获得补偿的股份;《德国股份公司法》第 12 条第 1 款第 2 句与第 139 条相结合),或者对个体股东累积的投票权设置最大数量或者规模来进行"封顶"(《德国股份公司法》第 134 条第 1 款"投票权的上限")。所有这些方式都可能增加股东权益比例较低的小股东的相对投票权,降低股东权益比例较大股东的相对投票权,在这一意义上形成了被视为具有小股东利益保障功能的机制。[6]另外,这一机制仅是股东之间权利的"偏移",并未解决小股东因被否决(outvoted)导致的问题。

二、多数决规则与少数股东保护

(一)多数决的正当性及其限制

前文阐述的基于实践需要而放弃股东一致决原则无疑是可以令人信服的理由。但是,从私法自治的角度为了使其正当化,这一放弃行为应当与每一股东个体的自由意愿相结合。如果股东基于章程赋予的自由裁量权(诸如《德国商法典》第 119 条第 2 款)自行规定了基于契约的向多数决规则的转换条件,那么,他们的共同意愿可以非常容易地准确记载在这样的协议上,原因在于,上述合同仅能够在一致同意的基础上才能够缔结。然而,在采用一般性和非具体条款的情况下,赋予多数决实质性权限范围便成为问题。德国和奥地利合伙企业法通过客观确定性原则(principle of objective certainty)来应对,反过来,其保护、警告效果

---

[6] 支持意见,参见 Enriques/Hansmann/Kraakman in: Kraakman et al. (eds.), The Anatomy of Corporate Law, p. 91.

也是存疑的。[7]

法律已经规定了公司的多数决规则,对特定主题事项采取不同梯度;上文提到的考量因素仅在法律允许通过约定扩张多数决范围的前提下才能够发挥作用。例如《德国股份公司法》第 179 条第 2 款降低绝对多数要求的规定(修改公司经营范围只能提高多数比例要求)。[8] 不然的话,可以将公司设立时对特定法律实体的青睐视为获得所有参与主体对特定多数决规则的选择意愿。不过,其有效性并不依赖于当事人是否意识到多数决规则,整体而言,作为基础的立法决策是其正当性的充分表现形式。

如果能够从所有当事人的原始合意中推导出多数决规则,引发的问题是,既定的个案中,事前每一个体股东的同意放弃具有多大程度的意义。这一疑问频繁地被置于不可撤销性权利、强制性权利和不可转让权利这三种关联的概念中(conceputal triad);基于同意多数决策的目的,强制性权利具有决定性意义。[9] 涉及公司时,多数情况下立法规制保证了一些**核心领域**免受多数决规则的影响,具体而言,诸如,股东出资增加需要所有受到影响的股东同意(《德国有限责任公司法》第 53 条第 3 款;《德国股份公司法》第 180 条第 1 款;《奥地利股份公司法》第 147 条;《法国商法典》第 L223-30 条第 5 款;《瑞士债法典》第 797 条)。根据《奥地利有限责任公司法》第 50 条第 4 款和《西班牙资合公司法》第 292 条的规定,减少个体股东的特殊权利也同样如此。德国法也对此予以认可。[10] 股东平等这一普遍接受的原则同样也是一个影响因素(《欧盟资本指令》第 42 条、《法国商法典》第 L225-204 条第 1 款第 2 句、《奥地利股份公司法》第 49a 条、《德国股份公司法》第 53a 条):针对任何股东采取相较于其他股东的歧视性措施

---

〔7〕 Roth, JBl 2005, 80.
〔8〕 Hüffer, AktG, § 179 marginal no. 18.
〔9〕 Roth, in: FS Kramer, 2004, p.973.
〔10〕 Roth/Altmeppen, GmbHG, § 53 marginal no. 33.

必须征得该股东的同意,反过来,赋予任何个体股东优先权也应当获得所有其他股东的同意(例如《瑞士债法典》第807条第2款)。[11] 最后,一个社团的共同目的取决于成员的一致意愿,具体如公司营业范围的变更(尤其是营利活动的变更)。[12] 法国法也将针对公司适用法律的变更,例如,将公司住所迁至海外,规定必须征得所有股东的一致批准(《法国商法典》第L223-30条第1款)。

另外,似乎有充分的理由禁止公司章程针对特定事项规定一致决条款或者不成比例的多数决条款,以防止小股东采取阻断决议项下的技巧和手段(例如,《西班牙资合公司法》第200.1条、第223.2条以及第238条)。[13]

另一个会导致疑难问题的情形是,力量相等的股东或者股东集团之间形成僵局,诸如仅有两名股东的有限责任公司,即便在以人合为基础的有限责任公司中这种情形也很常见,但这里不对该情形进一步探讨。[14]

(二)小股东保护与股权转让

小股东在多大程度上可能或者必然被否决以获得保护,取决于其在公司相关事项中发挥着多大程度的积极作用。或者作为一种替代性方式,小股东仅追求消极投资策略,更加倾向于基于相关收益前景而重新布局投资,并且在法律和经济的现实基础上也有机会这样做。这样的区分一定程度上与公司的特定类型相对应:上市的股份公司面向广泛的投资公众,反过来,众多小投资者以当前股价和预期收益为基础作出投资决策,并且更加愿意通过出售股份来表达对公司经营的不满,而非积极参与公司人事和

---

[11] 关于西班牙有限责任公司不同匿名性的要求,参见Löber/Lozano/Steinmetz, in: Süß/Wachter, Hdb. des internationalen GmbH-Rechts, country report Spain, marginal no. 182。

[12] Roth/Altmeppen, GmbHG, § 53 marginal no. 42; Kort, NZG 2011, 929.

[13] See Fleischer, in: Bachmann et al. (eds.), Rechtsregeln für die geschlossene Kapitalgesellschaft, p. 62, 从滥用法律的视角对救济措施进行的比较法分析。

[14] See Fleischer, in: Bachmann et al. (eds.), Rechtsregeln für die geschlossene Kapitalgesellschaft, p. 68.

实质内容的决策。[15] 资本市场也为这些投资者提供了快速便利地处分其投资的机会,最理想的情况下,投资者能够及时地在遭受损失前对即将到来的危机作出反应。这是小股东保护与资本市场法之间的事实联系。反过来讲,欠发达的资本市场法阻碍了自由流通范围的扩大,可能导致企业保留在家族所有权中。[16]

在公司类型谱系的另一端,如果法律规定了当事人享有解散(企业)的强制性权利,即便投资价值评估及实现面临更大的难题,合伙人也能够撤回投资。在没有规定此类撤回投资权的公司中,即便股东可以自由处分所有者权益,由于缺乏针对性的流动市场,股东会发现自己处于中间状态。这尤其适用于有限责任公司,不过也同样适用于多数没有在规范市场中交易的股份公司。[17] 相应地,附带合理赔偿的退出权(right of withdrawal) 本应该成为一种重要的小股东保障措施,至少在股东间严重不融洽时应当如此。然而,并非所有法律体系都有此类规定,该规定也受到一定限制。

(三) 对小股东利益给予"合比例"的考量

多数股东与少数股东的冲突本可以通过以下方式解决,即两方立场以符合比例的形式反映在股东决策的实质内容中;在涉及数字的决策中,不难想象可以通过数学实现这一方案。例如,在决定赔偿时,如果三分之一的表决权支持 100 这一数字,而三分之二的表决权支持 130 这一数字,那么,最终决定可以设定为 120。可以发现,这样的妥协形式没有被规定在任何法律中。

然而,在人事选举(第三章边码 83 及以下)方面可能有给予少数股东意愿以符合比例的考虑。在上文提到的示例中,如果需要选举三名董事或者监事会成员,那么,投票权占三分之一的少

---

[15] See previously Roth, Treuhandmodell des Investmentrechts, pp. 178, 185.
[16] Schäfer/Ott, Lehrbuch der ökonomischen Analyse des Zivilrechts, p. 646.
[17] Wiedemann, Gesellschaftsrecht, Vol. 1, §8 I 1; Fleicher, in: Bachmann, et al. (eds.), Rechtsregeln für die geschlossene Kapitalgesellschaft, pp. 25, 29 et seq.

数股东可以被授权选举其中一名成员。比例代表制这一机制展现了这一目的路径,并在英美法系中以"累积投票制"的概念得以实现。[18] 在欧洲大陆法中,这并非可选择的机制,不过,《奥地利股份公司法》第 87 条第 4 款同样要求选举监事会成员应体现少数股东的代表性,前提是选举三名以上的监事,并且少数股东表决权达到所有行使表决权的三分之一以上。法国和意大利的公司法也有类似规定。

就德国股份公司而言,以多数决为基础的选举不仅在法律上而且在实践中都是被默许的,无论针对个体的渐次选举,还是以名单形式的一揽子选举。这两种情形中,尽管法律允许,但并未为少数股东提供代表。[19] 原则上,这同样适用于德国的有限责任公司。不过,公司章程也可以规定,针对一个空缺职位,可以对多个候选人同时投票并且规定相对多数。公司章程还可以允许多个职位依此方式选举,从而使得(少数股东获得)比例代表。[20] 根据主流观点,股份公司章程也可以规定合比例的代表制。[21]

正如法国法立法例[22],奥地利公司法明确将比例代表制(Verhältniswahl)规定为一种法定选项(《奥地利股份公司法》第 87 条第 5 款)。比例选举可以通过名单投票的方式渐次对每一份名单进行投票,或者采取"累积投票的方式",即一股对应与待选举职位同等数量的表决权,这些表决权可以累积投给同一个候选人。[23] 如果公司章程没有规定累积投票制,那就采用多数决投

118

---

[18] See Enriques/Hansmann/Kraakman, in: Kraakman et al. (eds.), The Anatomy of Corporate Law, p. 90.

[19] Hüffer, AktG, § 101 marginal no. 6.

[20] Hüffer, in: Ulmer, GmbHG, § 47 marginal no. 23; Zöllner, in: Baumbach/Hueck, GmbHG, § 47 marginal no. 24; Roth/Altmeppen, GmbHG, § 47 marginal no. 9; OLG Stuttgart NZG 2000, 159.

[21] Hüffer, in: Ulmer, GmbHG, § 133 marginal no. 33 citing section 133 marginal no. 33 AktG.

[22] 这一规定尚未被利用,参见 See Enriques/Hansmann/Kraakman, in: Kraakman et al. (eds.), The Anatomy of Corporate Law, p. 91。

[23] Kalss, in: Doralt/Nowotny/Kalss, AktG, § 87 marginal no. 34.

票制。不过,这些情形中,前述条文第 4 款依然要求存在少数股东代表(minority representation)[24]。当然,这种少数股东代表的门槛很高,因为少数股东的候选人必须能够累积到所有表决权的三分之一,而不在乎少数股东的具体人数。在股东大会每次选取人数少于三人的情况下,监事会成员的任期并不需要同步更新,这导致少数股东权的要求有可能无法得到满足。

最终效果上看,如果监事会中少数股东的代表仅具有有限的实践意义,无论少数股东代表人数多少,那么,监事会或监事会特定成员的独立性是少数股东利益保护的重要保障工具。[25] 此种独立性是德国学术界和政策领域长期探讨的话题,而德国又是这一监督机构(制度)的母国。[26] 该问题可以从两方面分析,即独立于**管理层**(management body)[27]和独立于享有控制地位的**大股东或者多数股东**。作为监事会独立性讨论的起点,一方面是监事会对管理层的监控义务,另一方面是两个机构成员间的密切人际关系情况;长期以来,监事会独立性的讨论关注焦点是监事会相较于管理层的独立性,而监事会相较大股东或多数股东的独立性则受到基于(股东)所有者权益以及企业集团权利关切的反对者的质疑[28],直到最近,监事会之于大股东的独立性才在德国获得支持。[29] 基于这一原因,英美学界主张,较欧陆监事会而言[30],少数股东利益在美国董事会的独立董事手中能够得到更

---

[24] 依据第 5 条的规定在章程中纳入这样的条款,会对第 4 条关于少数股东的保护产生影响;Kalss, in: Doralt/Nowotny/Kalss, AktG, § 87 marginal no. 35。

[25] 类似观点,Enriques/Hansmann/Kraakman, in: Kraakman et al. (eds.), The Anatomy of Corporate Law, p. 94。

[26] German Corporate Governance Code no. 5.4.2; recommendation of the EU Commission 2005/162/EC; Spindler, ZIP 2005, 2033; Vetter, BB 2005, 1689; Hüffer, ZIP 2006, 637; identical AktG § 100 marginal no. 2a.

[27] See Roth/Wörle, ZGR 2004, 565.

[28] Hüffer, AktG, § 101 marginal no. 6.

[29] German Corporate Governance Codex amendment of 2012; cf. Florstedt, ZIP 2013, 337.

[30] Enriques/Hansmann/Kraakman, in: Kraakman et al. (eds.), The Anatomy of Corporate Law, p. 94.

好的保护;这同样适用于早期的、如今已经过时的荷兰模式,即公共利益代表模式[31]。

欧盟委员会在《2012年行动纲要》中支持监事会及管理层(administrative board)组成上实现更大范围的"多元化"。[32]这是否意味着为少数股东提供了更好的代表性,仍有待观察。

(四)绝对多数决

在做重大事项或者公司组织机构相关的事项决议时,将多数决要求提高至所有表决权的三分之二或四分之三也是一种保护少数股东的方法。与上述情况类似,此种法律保障也以特定的、较高的少数投票权比例为前提。如果少数股东表决权比例达到法定门槛,那么即可以阻断多数股东的意愿,这就是所谓的"拥有否决权的少数股东"(blocking minority),例如,在公司章程修改等情形下是25%,或者更准确地说是25%加一项表决权。

(五)小股东保护和个体权利

少数股东与大股东的对比讨论隐含着被纳入股东大小的量化因素。少数股东通过量化投票权比例界定,但该比例无论如何都不超过50%。基于特定的保护目的,相关门槛可以设定得非常低,不过总由立法特别规定。在少数股东权利针对提请股东会决议的情况下,所需确定比例的计算并非以行使的表决权为基数,而是以全部表决权抑或股份数为基数。

这应当区别于无论股东持股多少均享有的权利,即并不是指首要的成员权——投票权、获取盈余分派的权利以及公司解散时的财产索取权(credit balances in the case of dissolution),而是指股东作为意思表示成立(formation of intent)的组成部分被授予的个体性权利。当然,这一区别也具有灵活性。也就是说,知情权(信息获取权)与意思表示成立相关联;与此同时,作为一种成员权要素,这一事实也说明股东事务会对个体股东产生影响。然而,在

---

[31] Roth, AWD BD 1974, 312.
[32] COM (2012) 740/2 dated 12.12.2012.

此讨论范围内,对于保护少数股东而言更加重要的是,基于特定投票权比例的权利和个体权利共同发挥作用。这一点在参与权中得到了充分体现。基于这一原因,从功能角度来讲,二者的严格区分并未产生多大效果。

(六)少数股东参与权

少数股东的建议尽管可能被否决,但不应被忽视。因此,应当为少数股东能够获得妥当的股东会议邀请、出席会议以及在讨论通过决议的股东会议中发表意见提供程序性保障;此外,基于少数股东的持股比例,上述程序性保障机制还涵盖了股东作出股东会议程建议以及召集会议的权利。

(七)超过特定比例的少数股东控制权

例如,《奥地利股份公司法》第 130 条第 2 款、第 134 条第 1 款第 2 句和第 3 句特别审计以及损害赔偿请求权之主张的规定。

(八)个体股东的知情权

《德国有限责任公司法》第 51a-51b 条和第 51d 条规定了有限责任公司股东的知情权(信息获取权)以及公司股东在股东大会上的知情权(信息权)。

(九)投票排除对多数决规则的实质性限制

《德国有限责任公司法》第 47 条第 4 款规定了利益冲突对股东投票权的法定限制。若股东通过股东决议被豁免或被免除一项债务,则不得行使投票权,也不得代理他人行使投票权。这同样适用于与股东缔结法律行为、启动或者终止针对该股东诉讼的决议程序。

(十)个体股东的股东会决议撤销请求权

依此方式,少数股东可以在程序和实体上挑战大股东批准通过的股东会决议。少数股东可能以此方式使得有瑕疵的股东会决议无效,并潜在地提高股东会决议内容的正确性。

对多数股东利益的制衡表现在基于多数股东权利滥用而请求决议无效之诉上。

(十一)股东会决议内容的实质性审查

在涉及公司组织结构的特定情形中,法律对股东会决议规定了实质性标准;股东会决议内容并非仅由多数股东任意决定,相反,少数股东可以通过发起股东会决议无效请求来驱动审查股东会决议内容。这一方面最典型的例子是《德国股份公司法》第186条第4款规定的新股优先认购权排除规则。对少数股东进行实质性保障的核心是,是否对股东决策进行实质性控制以及如何扩张。可能的发起理由包括:一方面,股东的忠实义务可作为限制投票权的方式。忠实义务禁止多数股东以牺牲少数股东利益为代价无限制地追求自身利益。其他途径包括,特定情形下的平等对待(《奥地利股份公司法》第47a条)[33]以及在股东会决议中实现不同股东利益的实质性平衡,效果上,这会审慎扩张股东新股优先认购权排除规则。

(十二)退出权及免于被排除的保障

将少数股东排除出公司可能是对其成员权最为严重的侵犯,对此,少数股东需要获得保护。另一方面,为了终结已经变得难以忍受的商业关系,退出权是少数股东最后的救济途径。在此意义上,退出是一种股权转让的极端形式[见上文(二)]。然而,由于这种极端属性,对少数股东而言,退出总是一种非最佳的选项。

基于这一原因,少数股东保护的有效性应当最终通过对股东决策程序的实质性控制来证明。不过,少数股东的程序性保护多数情况下并未受到重视(见下文)。[34]

第二节 程序性少数股东保护

这里要讨论的是,在少数股东反对的情形下,多数股东决定获

---

[33] See Enriques/Hansmann/Kraakman, in: Kraakman et al. (eds.), The Anatomy of Corporate Law, p. 96.

[34] Hofmann, Minderheitsschutz im Gesellschaftsrecht, p. 7.

得批准的程序性要求及其框架(也称为结构性少数股东保护)。[35]

一、绝对多数决

(一)立法目的

让人费解的是,少数股东的保护在此意义上是否可以如此量化,使得持股比例较多的少数股东较之持股较少的少数股东应获得更多的保障。在股东成员权利受侵害的情况下,股东获得法律保护的必要性原则上应当独立于股东权益的比例,相应地,此类侵害需要获得受影响股东的同意这一规则自身便是一种解决方案(见上文第一节边码115)。另外也存在挤出规则(squeeze-out rules)。该规则适用的门槛是多数股东达到持股95%这一门槛,从而允许以金钱赔偿为对价将少数股东排除在外,也就是说少数股东在这些措施面前没有任何防御能力(《德国股份公司法》第327a条)。

然而,公司法其他领域要求绝对多数(多数情况下为四分之三或者三分之二)的情形通常涉及**重大决定**,典型的是公司结构的决策;这些情形通常情况下并不构成上文提及的对少数股东利益的侵害,有观点可能会认为,持股比例较高的少数股东,诸如享有超四分之一或者超三分之一表决权的股东应当获得比其他少数股东更大的抵御违背其意愿的权利(即拥有否决权的少数股东)。传统上,正确性假设被推向前台作为论点,正如私人自由选择中适用的正确性假设一样,当事人之间的合意构成内容正确性的(主观)最高表征要素[36];同样地,相比于持股比例较低的股东,持股比例较大的、占据绝对多数的股东意愿(will)具有的正确性假设程度要更高。[37] 历史上,这一正确性假设已被适用于多

---

[35] Arzt-Mergemeier, Der gesellschaftsrechtliche Minderheitenschutz, p. 86.

[36] Schmidt-Rimpler, AcP 147 (1941), 130, 149 et seq.; identical in: FS Raiser, 1974, p. 3.

[37] 批评性观点,参见 Hofmann, Minderheitsschutz im Gesellschaftsrecht, p. 11。

数股东是少数股东两倍的情形,即大股东持有三分之二的表决权。[38]

(二)实施措施

一些国家选择遵循三分之二多数的历史先例,正如 2005 年后设立的法国有限责任公司,将所有出席会议股东所持表决权的三分之二作为股东会决议通过的多数(《法国商法典》第 L223-30 条第 3 款)。就意大利而言,特定股东会决议要求所有投票权的三分之二多数通过[39],西班牙针对下列事项的股东会决议也规定了同样的要求,即重组或者其他组织结构变化、优先认购权的排除、将公司住所变更至国外及类似的事项(《西班牙资合公司法》第 198f 条)。其他情况下,意大利和西班牙两国法律仅要求简单多数便可通过修改公司章程的决议;不过,这个简单多数被分别确定为所有表决权或者股东权益的绝对多数[40],只有在股份公司中,上述标准才被确定为出席会议股东所持表决权的 50%的简单多数(《西班牙资合公司法》第 194 条结合 201 条作出进一步区分)。三分之二多数的替代选项是基于《欧盟资本指令》(第 40 条)的规定,关于三分之二多数的规定同样以该指令为基础。

在上述多数要求的基础上,法国法还规定法定人数占所有股份的四分之一以及在二次投票中要求所有股份的五分之一(《法国商法典》第 223-30 条第 3 款)同意。法国的股份公司适用同一规则(《法国商法典》第 L225-96 条)。针对章程特定条款的修改,瑞士法要求出席股东大会股东所持表决权的三分之二多数通过,在涉及股份公司时,必须同时达到出席股东所持股份名义价

---

[38] Arzt-Mergemeier, Der gesellschaftsrechtliche Minderheitenschutz, p. 52.

[39] According to Fasciani, in: Süß/Wachter, Hdb. des internationalen GmbH-Rechts, country report Italy marginal no. 127.

[40] 关于意大利法,参见 Fasciani, in: Süß/Wachter, Hdb. des internationalen GmbH-Rechts, marginal no. 126; 关于西班牙法,参见 Löber/Lozano/Steinmetz, in: Süß/Wachter, Hdb. des internationalen GmbH-Rechts, country report Spain marginal no. 180。

值的绝对多数;对于有限责任公司,出席会议的股东所持表决权应达到绝对多数(《瑞士债法典》第 704 条、第 808b 条)。最后,根据《欧盟资本指令》第 40 条,三分之二的绝对多数还构成股份公司增资以及其他资本措施的最低门槛,即以通过股东决议时出席会议的股东所持表决权为计算基础。

针对改革前设立的公司,法国曾经依然要求适用四分之三绝对多数,甚至以所有表决权为计算基础(《法国商法典》第 L223-30 条第 2 款)。但自 2005 年以来,法国已经降低了绝对多数的要求。四分之三多数是德国及奥地利股份公司和有限责任公司采用的普遍标准,不过它们以出席股东所持表决权为基数(参见《德国股份公司法》第 179 条、《德国有限责任公司法》第 53 条、《奥地利股份公司法》第 146 条、《奥地利有限责任公司法》第 50 条)。如果进行细节研究就会发现,股份公司的法律规则要更加复杂,需要考虑到投票权不一定与股权份额相对应这一事实。因此,法律规定由出席股东表决权的简单多数与上面提到的所有股权的四分之三多数构成双重多数要求。

绝对多数要求均适用于公司章程的修改,也即一切影响公司资本金的措施、对股东优先认购权的排除(这只能作为增资决议批准程序的一部分;《德国股份公司法》第 186 条第 3 款)以及一切结构性的变更,包括解散公司的股东会决议(《德国股份公司法》第 262 条)。

原则上,绝对多数的要求可以在章程起草中**交由股东自由裁量**,然而,该自由裁量权又受到诸多限制。例如,德国法与奥地利公司法规定的四分之三多数决在(提高或降低)两个方向上都是任意的,例外的是,公司章程规定的公司营业范围只能通过规定更高的股权多数变更(《德国股份公司法》第 179 条第 2 款第 2 句;《奥地利股份公司法》第 146 条第 1 款第 2 句;类似规则也适用于发行无表决权的优先权股份,见《德国股份公司法》第 182 条第 1 款)。对有限责任公司而言,法定的多数要求是具有强制性的最低标准(《德国有限责任公司法》第 53 条第 2 款第 2 句规定,章程仅可以规定额外的要求;《奥地利有限责任公司法》第 50 条第 1 款第 2 句)。相反的是,一些法律有时会对多数要求设定最高限度,即法律禁止提高,例如法国 2005 年改革前的有限责任公司,根据《法国商法典》第 L223-30 条第 2 款第 2 句规定的法定多数标准已经非常高。西班牙在涉及对管理层采取措施的股东会决议中也设定了类似的限制,这意味着不应更多阻碍这些措施的实施。[41]

二、确保参与权

(一)立法目的

少数股东可能被否决,意味着其意愿服从于多数股东的意愿。然而,少数股东不能被排除在决策程序之外。从实践的角度讲,个体股东参与决策程序的权利使得个体股东有机会表达自己的观点(获得倾听的权利),采取说服的方式希冀从其他股东处获得支持。此外,参与决策程序使个体股东能够与其他股东组织起来,制衡其他多数股东,拆解个体股东的表决权,组成自己的多数或者具有否决权的少数。为了使股东能够在公司中表达自己的意愿,股东的参与权应当辅之提案权(a right of initiative)。

然而,如果股东力量分布状况稳定,提前已经达成协议或者已完成利益协调,那么前述情形对少数股东而言收效甚微。在这些情形中,个体股东依然可以获得下列优势,即参与权能够要求公司向其提供更全面的信息,并不限于多数股东的动机以及多数股东内部相互关系的信息。最终,参与权的基本价值可能在于以下事实:该权利确保个体股东个人及其成员获得关注和尊重;个体股东可以基于平等对待的要求主张其权益。

---

[41] According to Löber/Lozano/Steinmetz, in: Süß/Wachter, Hdb. des internationalen GmbH-Rechts, country report Spain marginal no. 181.

（二）实施措施

对于公司,第一个步骤是以特定形式通过股东会决议,具体而言,要么在股东大会上表决通过,要么以规定的书面程序确认。此外,应当确保每一个股东都能够事前对这一程序进行准备,以便基于已知的信息来形成自己的意见,潜在地协调与其他股东之间的行动。

1. 股东会邀请和议程通告

所有股东都应当及时可靠地获得召开股东大会的通告。基于该目的,法律规定了特定的形式和日期,例如,有限责任公司在会议开始前一周通过挂号信通知股东(《德国有限责任公司》第51条第1款;《奥地利有限责任公司法》第38条第1款;意大利的规则也与之类似)[42]。西班牙与法国都规定了15日的通知期限(《法国商法典》第R223-20条第1款;《西班牙资合公司法》第176条)。针对股份公司,通知期限原则上要更长(《德国股份公司法》第123条第1款规定了30日;《奥地利股份公司法》第107条规定了28日或者21日;《欧盟股东权利指令》规定了21日的通知期限),不过,通知的形式针对股份公司大范围和波动性的股东群体适应性地进行了简化。多数情况下,以适当形式进行公告即满足条件(《德国股份公司法》第121条;《奥地利股份公司法》第107条)。多数法律体系中,股东大会议事日程与参会邀请一并发送。《德国有限责任公司法》第51条第4款规定的通告期间更短,在股东会召开的前3日。

股东会议举行的**时间和地点**对股东实际参加会议具有重要影响。它们的设定应当尽可能地考虑公司利益以及股东利益。一些情形要求在公司登记的住所地进行。多数情况中,至少针对有限责任公司,这一点由公司章程自由裁量确定,就像邀请股东

---

[42] 针对意大利,参见 Fasciani, in: Süß/Wachter, Hdb. des internationalen GmbH-Rechts, country report Italy marginal no. 121.

参会的程序一样。[43]

未能以适当方式事前通告的股东会决议事项不能获得批准,这样能够确保关于股东会议程通告的法律规定获得遵守。相反,在所有股东均对股东决议表示同意的情况下则无须满足上述要求(《德国有限责任公司法》第51条第3、4款)。不过,这里指的"所有"股东,并非仅是出席股东会议的股东。因为在有些股东会议议程事项似乎不需要股东出席的情况下,股东可能决定不参加股东会议。该规则同样适用于任何事由下召集股东会议出现错误的情形。在所有股东均出席"全员大会"(plenary meeting)且准备作出决策的情况下,上述股东会议召集瑕疵则是无关紧要的,因为其对股东决策程序不构成因果影响要素(a causal factor;《法国商法典》第L223-27条第7款;《西班牙资合公司法》第178条、《德国有限责任公司法》第51条第3款、《奥地利有限责任公司法》第38条第4款)。[44] 根据《德国股份公司法》第121条第6款以及《奥地利股份公司法》第105条第5款,股份公司的股东大会也适用同样的规则。

这里讨论的法律规则旨在保障个体股东的参与权,它们一定程度上非常重要,以至于不被遵守会导致"通过"的决议**无效**。[45] 这一效果无论如何在以下情形是必要的,即一个股东由于召集瑕疵无法知晓该股东决议的存在,相应地也无法行使自己的权利。在其他并不严重的情形中,基于该目的设立的程序挑战,相关股

---

[43] 西班牙同样如此,参见 Löber/Lozano/Steinmetz, in: Süß/Wachter, Hdb. des internationalen GmbH-Rechts, country report Spain Marginal no. 170 et seq.; 针对意大利,参见 Fasciani, in: Süß/Wachter, Hdb. des internationalen GmbH-Rechts, country report Italy marginal no. 121, regarding the location of the general meeting of a public limited company, see section 121 (5) dAktG, for the private limited company, Art. 2479-bis Codice Civile。

[44] 依然一定程度上较为严格,针对意大利有限责任公司法,参见 Fasciani, in: Süß/Wachter, Hdb. des internationalen GmbH-Rechts, country report Italy marginal no. 126。

[45] Roth/Altmeppen, GmbHG, § 47 marginal no. 102; 针对西班牙有限责任公司的进一步讨论,参见 Löber/Lozano/Steinmetz, in: Süß/Wachter, Hdb. des internationalen GmbH-Rechts, country report Spain marginal no. 173。

东决议的有效性可能已经足够保障该股东权益;并且,这时仅需要满足的条件是,该程序性瑕疵已经或者可能对决议结果产生影响,或涉及到该股东的参与利益。[46]

另一个问题是**少数股东的会议召集权**。股东会议通常情况下是由管理层依职权召集的,这可以是履行法定的要求或者是遵循多数股东的意愿。确定股东会议日程也是同样的方式。然而,法律赋予特定的少数股东要求召集会议的权利,或者将其选择的事项置于会议日程中。就股份公司而言,2007年的《欧盟股东权利指令》[47]针对股东会议召集权以及下面将要探讨的情形规定了最低的少数股东保护门槛。

在法国,这一比例曾被设定得较高,即股东人数及股权的四分之一。如今,满足股东人数十分之一及股权十分之一的双重比率,少数股东便有权召集股东会议,否则需要满足股份50%的比例要求(《法国商法典》第L223-27条第4款)。德国与奥地利的有限责任公司法则规定(共同)占股权比例十分之一以上的少数股东有权召集股东会议(《德国有限责任公司法》第50条;《奥地利有限责任公司法》第37条、第38条第2款)。就股份公司而言,持股占比二十分之一的股东有权召集股东大会(《德国股份公司法》第122条;《奥地利股份公司法》第105条第3款)。德国股份公司中,出资额达五十万欧元的股东才有权对股东大会的议事日程事项进行增添。上述所有规则均属于强制性规范,旨在设定最低门槛。以前述内容为基础,少数股东可以迫使股东大会处理其担忧的事项,不过也仅限于少数股东表达其立场并提交请求的限度内。这意味着,多数股东能够获得充分的代表权,从而能够否决少数股东。但是,少数股东不能够避免这种情形的发生,类

---

[46] Roth/Altmeppen, GmbHG, § 47 marginal no. 125 f;一种简化的观点,参见 Arzt-Mergemeier, Der gesellschaftsrechtliche Minderheitenschutz, p. 137。

[47] 2007/36/EC; see Müller-Graff/Teichmann, Europäisches Gesellschaftsrecht auf neuen Wegen, p. 169。

似地,也不能强迫股东会进行实质性的讨论。

2. 参加股东会以及发言的权利

上述讨论的所有法律规定的目标均旨在确保股东能够积极参与到决策机构中,表达自己的观点,代表自己的利益。因此,整个规则体系的核心是保障股东参加会议并且进行发言的权利。股东参与权原则上也包括派遣代表的权利以及相应通过代理人进行代理投票的权利(《德国有限责任公司法》第47条第3款)。例外情形中,可以要求股东亲自出席股东会议,反之亦然,也可以在特定利益冲突情形中要求派遣代表出席。这些暂且不谈,即便是股东表决权一般性地或者在特定情形中被排除,股东仍然享有参加股东会的权利。[48]

实践中,股东参与权的形式表现为,进入股东会现场可能需要满足相关的程序。尤其是存在大规模且匿名股东群体的情况下,正如股份公司中的情况。股东必须能够以特定的方式佐证其权利(document his right)。基于以上目的,展示股权证书的程序被更为简便的手段代替。就小股东而言,投票选出代理人(proxy)行使表决权在实践中发挥着更大的作用;原因在于小股东出于各种原因一般不会亲自参加股东会议[49];法律致力于确保这些代表作为股东参与并尽可能地发挥作用,尽管是间接的,股东也必须遵守一套复杂的规则。存在众多小股东的情形可能导致难题(下文将会有关于此话题的更多论述),针对这些问题,西班牙法律一定程度上做出了妥协,即允许股份公司持股0.1%或者更少股权的股东参与股东大会(《西班牙资合公司法》第179条第2款)。

股东在股东会议上的发言权是有条件的,即必须融入到股东会议**有序的流程**框架中,而且必须同时考虑其他参与人同等重要的权利。这包括能够保障股东会议在合理的时间范围内结束。

---

[48] Roth/Altmeppen, GmbHG, § 48 marginal no. 4.
[49] Roth, Treuhandmodell, p. 1/5 et seqq. and in: FS Paulick, 1973, p. 81.

基于这一原因,法律允许限制股东发言时间,即便是通过股东会议主席采取的临时措施(ad hoc measure)方式。同样被法律允许的是,在股东不合比例地行使发言权时剥夺其发言机会。不过,这不影响该股东行使表决权;这同样适用于股东的问询权,或提交特定事项纳入会议日程的请求,或针对会议日程事项提出替代建议。然而,如果股东采取一种非法的或者阻碍性方式行使这些权利,那么在例外情形下可能被取消权利。

公司可以在章程或者程序规则中制定更加详细的规则,包括股东会议的管理或领导。[50]

3. 股东决议通过的书面形式

实践中,公司存在大量地域分布广泛的股东群体,在他们不积极参与公司事务的情况下,举行股东会议会使股东行使投票权具有明显的缺陷。这些情形中,远程且时间设定更为自由的方式能够让股东更便捷地行使投票权。这可以提高股东参与比例,甚至吸引全部股东参与。书面程序正是旨在实现这一目的。但这种替代方案也同样具有明显的缺陷,即股东们并未针对股东决议事项"在同一张桌子上"进行讨论,不能够更好地获得信息,也不能尝试说服其他人,以及在理想情况下,在合作的氛围中形成一致意见或者达成妥协。基于这一原因,很多法律体系规定了书面形式这一替代形式,但并非所有法律体系,也并非针对所有企业类型都规定了这种形式,而且这一形式在一定程度上也受到重要限制。另外,替代性解决方案可以通过以书面公证和书面训导为基础的(潜在组织的)代理投票方式来实现。在美国式投票代理制度的基础上,这一方式的重要性日益提高。

本质上,书面投票可以通过循环交替的方式进行,即书面建议按顺序派送给每位股东,要求其登记同意或者拒绝;或者通过向股东派送建议要求其在既定时间向确认的主体提交许可或者

---

[50] 针对有限责任公司,参见 Eickhoff, Die Praxis der Gesellsch-afterversammlung,针对股份公司,参见 Schaaf, Praxis der Hauptversammlung.

拒绝的意思表示。不过,一定程度上这一程序是股东决议的例外,因此必须征询股东对该程序的同意,并且在事前或同时并行设立该程序。

就有限责任公司而言,允许书面投票程序是普遍做法。这既可以通过章程规定的形式来实现,也可以在所有股东均同意的情况下进行(《法国商法典》第 L223-27 条第 1 款;[51]《德国有限责任公司法》第 48 条第 2 款)。[52] 股东对表决事项的同意可能等同于对表决程序特殊性的同意。相反,《瑞士债法典》第 805 条第 4 款规定,只要股东不反对,就允许使用书面决策程序。通过这种方式,法律调换了默示条款与例外条款之间的关系,不过该方式本身也属于每个股东自由裁量的范围。

对于股份有限责任公司,如果公司拥有大规模分布广泛的股东群体,那么股东不需要亲自参加会议但参与公司决策过程极为重要。这些情形中,立法的任务一方面是尽可能将股东大会的合意建立在广泛的基础上,另一方面又必须考虑实质意义地召开由数以千计的股东参加股东会议的不可能性。基于上述理由,令人意外的是,立法并未自始规定书面投票程序。可能的解释是,鉴于决策权限的划分,普通股东会议一年召开一次足以实现股东合意达成的目的;同时,欧陆股份公司中,持股较多的股东占据主导地位是普遍现象,出席股东会行使投票权的股东能够超过 50%的比例。

实践中,多数股东允许其股份由银行通过托管账户(custodial accounts)进行管理,据此,实践中发展出了银行投票权机制,即**银行以书面授权的形式行使投票权**。《德国股份公司法》第 135 条试图将其扩大为书面投票形式,允许银行在个案中为股东获取信

---

[51] 意大利也类似,参见 Fasciani, in: Süß/Wachter, Hdb. des internationalen GmbH-Rechts, country report Italy marginal no. 119。

[52] 公司章程修改的例外在德国存在争议,参见 Roth/Altmeppen, GmbHG, § 53 marginal no. 17。

息，并遵循股东关于行使表决权的指示。这一方式也许可以解决美国式投票代理机制的主要问题，即公司董事会自身被委托（投票）。不过，银行也频繁陷入利益冲突之中，因此，下一步应当是寻找其他投票代表形式，例如股东协会（《德国股份公司法》第 135 条第 8 款结合该条第 1 款第 5 句）。2007 年，《欧盟股东权利指令》的颁布实现了重大进展（欧盟委员会第 2007/36 号指令）：首先，该指令规定了股东可以通过在线端口（双向直接连接，《欧盟股东权利指令》第 8 条）的虚拟方式参与股东大会。其次，指令规定了为股东提供以信件或者电子通信方式进行投票的可能性要求（《欧盟股东权利指令》第 12 条）。[53] 然而，根据《德国股份公司法》第 118 条第 1 款的规定，这两项规定仅仅是可以纳入公司章程的选择性条款。[54] 相反，《法国商法典》第 L225-107 条将两项规定均作为强制性规范。[55]

欧盟委员会在《2012 年行动纲要》中勾勒了额外的步骤用以支持小股东的群体诉讼。[56] 例如，畅通股东之间的沟通和交流，透明化机构投资者的表决行为，将股东的决策权限范围扩张至敏感领域（诸如董事赔偿责任）。也许这些措施一定程度上能提高股东积极参与的兴趣。

三、少数股东控制权

（一）立法目的

一般来讲，特定关键程序中由外部专业人士（**会计师和审计师**）实施外部控制在公司法中发挥着很大作用，例如，公司设立过程中，对非货币出资的价值评估（《德国股份公司法》第 33 条；《德国有限责任公司法》第 6a 条第 4 款），在以公司资金进行增资时

---

〔53〕 更多细节内容，参见 Lutter/Bayer/Schmidt, EuropUR, § 31。
〔54〕 Hüffer, AktG, § 118 marginal no. 8 a, e.
〔55〕 在有限责任公司中也存在类似的参与形式，参见 Art. L223-27 (3) CCom。
〔56〕 COM (2012) 740/2 dated 12. 12. 2012.

对账户的审计(《德国有限责任公司法》第 57e 条、第 57f 条),尤其是对年度财务报告的定期审计。后者被欧盟公司法第四、第七以及第八指令规定为标准方式(参见第五章边码 151 及以下)。法国和意大利甚至走得更远,分别规定了审计师(commissaires aux comptes)或者工会组织代表(consiglio sindacale)对公司管理或者至少对财务会计事项进行持续性监督(《法国商法典》第 L225-218 条、第 L225-228 条以及《法国民法典》第 2397f 条;有限责任公司也适用《法国民法典》第 2477 条规定)。

这一控制机制能支持立法追求的法律保障目标全面实现,从保护债权人到保障股东利益免受管理层侵害,以及保障公众的利益。由于透明度的提高,这些控制机制一方面也具有"纪律性约束效果";另一方面在发现违规的情况下会产生惩罚结果。例如,主管设立登记的法院在发现存在与设立登记相关的瑕疵时将拒绝登记。任命审计人员原则上是股东的义务和责任,不过,一定程度上也在法院的职权范围内[《德国股份公司法》第 33 条第 3 款第 2 句规定的"设立审查(Gründungsprüfung)"]。

在特定情形中,这一控制机制也提供给少数股东,力图使其能够在面对多数股东时保护自身利益。本质上,这一点需要区分两种选择:第一,少数股东可以主张自身利益,通过任命一个适当的且(最主要是)独立的审计人员来完成应进行的审计活动;第二,在特定情形中,少数股东可以提议进行特别审计,并且在此过程中若发现违规,可以主张相应的请求权。例如,这些请求权可以针对公司的管理层,甚至违背多数股东的意愿。

(二)实施措施

对于任命审计人员,少数股东如果有正当理由反对由多数股东遴选出的审计人员,可以请求法院指派另外一个审计人员。针对这一目的,奥地利法要求相关少数股东必须持有 5% 的名义资本,或者享有三十五万欧元的股东权益(《奥地利商法典》第 270 条第 3 款)。原《法国商法典》第 L225-230 条也将持股 5% 作为行使此项少数股东权利的条件。[57]

少数股东可以在股东会议中要求针对公司设立、资本获取或者公司管理程序的一般性问题进行特别审计。股东会议可以通过多数表决批准少数股东的请求并且任命特别审计人员。即便在没有此类股东决议的情况下,少数股东也可以基于特定重大事由请求法院任命一名特别审计人员,尤其是有理由怀疑存在违反忠实义务或者重大违法的行为。根据德国股份公司法的规定,持股比例达到1%或者持有股东权益达到十万欧元的股东享有此项权利(《德国股份公司法》第142条)。《奥地利股份公司法》第130条则对此要求持股比例达到10%,与之相适应,《奥地利有限责任公司法》第45条针对有限责任公司也规定了同样的比例。在涉及瑞士股份公司(AG)的情况下,《瑞士债法典》第697b条第10款规定了10%的持股比例或者二百万法郎的股东权益。类似地,法国法规定,股份公司持股比例达5%的股东或者有限责任公司持股比例达10%的股东可以请求法院任命一名管理专家(expert de gestion)进行特别审计。相反,德国有限责任公司法并没有规定类似的少数股东权利,尽管1980年德国有限责任公司法在改革中曾经将特别审计权作为一项个体权利加以规定。[58]

依照同样的方式,少数股东可以针对由股东大会任命的审计人员提出异议,并且向法院申请任命另外一名审计人员。

针对特别审计(Sonderprüfung),《德国股份公司法》第258条规定了一种特殊的情形,并且与该法第142条规定的少数股权相联系。根据这一条款的规定,年度财务报告的特定瑕疵会产生审计义务。具体而言,一方面,(重大)财产价值低估导致营利减少;另一方面,年度财务报告附件(解释性说明)未包含或未完整包含

---

[57] Arzt-Mergemeier, Der gesellschaftsrechtliche Minderheitenschutz, p. 152.

[58] Roth/Altmeppen, GmbHG, § 51 a marginal no. 1. 支持观点,也见 Fleischer, in: Bachmann et al. (eds.), Rechtsregeln für die geschlossene Kapitalgesellschaft, p. 62 and in GmbHR 2001, 45.

法定信息(即存在应当披露而未披露的信息)。

如果特别审计或者其他方式有迹象表明公司享有针对管理层成员或者其他人员的请求权,公司股东大会或者其他有权限的机关却不愿主张这些请求权,同一少数股东可以代表公司利益以自己的名义向法院提起诉讼,以此实现这些请求权(《德国股份公司法》第148条)。在股东大会为诉讼指派一名法律代表的情况下,少数股东(尽管持股比例较大)可以对这一代表人提出反对意见并且向法院申请指派其他代表人。

所有这些案件中,少数股东以公司利益受托人(fiduciary)的身份采取行动。基于这一原因,公司承担所有相关的费用和成本,除非少数股东作为原告基于重大过失而引起合理质疑。

法国法也有类似规定,少数持股达到上述特别审计提及比例的股东,有权针对公司经理以及普通董事(general director)提起诉讼;不过对于股份有限公司,相关的持股比例要求可以从法定的5%降至1%,与之相应的公司资本金水平也提高到一千五百万欧元,并且须额外满足其他要求(《法国商法典》第L223-22条第3款、第L225-120条与L225-252条相结合)。

(三)附记:个体股东诉权

如果每位个体股东已经享有了提起诉讼的权利,那么,少数股东以自己名义行使公司的损害赔偿请求权的权利便没有那么重要。因为这种情况下,是否由公司承担相应的费用是二者唯一的区别。这样一种诉讼权利是美国法律体系中的固有成分,位于派生诉讼(derivative suit)的概念之下。[59] 在德国的法律传统中,这一问题主要在股东代表诉讼(actio pro socio)的概念下进行讨论。[60]

---

[59] 关于英国法中的派生诉讼,参见 Arzt-Mergemeier, Der gesellschaftsrechtliche Minderheitenschutz, p. 234. Comparative law analysis in Fleischer, in: Bachmann et al. (eds.), Rechtsregeln für die geschlossene Kapitalgesellschaft, p. 58。

[60] Hadding, Actio pro socio; Grunewald, Die Gesellschafterklage; Banerjea, Die Gesellschafterklage im GmbH-und Aktienrecht.

事实上，一些情形中个体股东可能主张这些类型的请求权，并且德国股份公司法明确规定适用的情形，即《德国股份公司法》第 117 条第 1 款第 2 句。这是遭受损害之股东享有的损害赔偿请求权，即股东遭受的直接损害，而不是基于公司损害而间接遭受的损失。然而，正如该立法条文的明确表示，这些损害赔偿请求权是股东针对其个人所受损害享有的请求权。具体而言，这些损害赔偿请求权，无论是基于什么法律基础，逻辑上来讲都是属于个体股东关心的事。[61] 法国法也作出了类似的规定，即《法国商法典》第 L223-22 条第 3 以及第 L225-120 条。针对有限责任公司，《西班牙资合公司法》第 241 条也作出了类似的规定。然而，股东**代表公司**行使请求权的权利则有些不同。

后一种个体股东提起诉讼的权利原则上并非德国法律传统的组成部分[62]，但是，他们确实属于罗马法系法律传统的组成部分。例如，《法国商法典》赋予个体股东在同样范围内如同少数股东那样提起诉讼的权利（第 L223-22 条第 3 款、第 L225-120 条）。另外，每一个股东可以请求法院罢免董事的职务（《法国商法典》第 L223-25 条第 2 款）。《西班牙资合公司法》在满足一套较为严格条件的前提下赋予股东提起诉讼的权利[63]；如今，同样的规则也适用于意大利的有限责任公司。[64] 甚至在瑞士，个体股东也可以代表公司提起诉讼，要求返还以违法方式用公司财产进行的支付（《瑞士债法典》第 678 条第 3 款）。有限责任公司的个体股东也可以提起诉讼要求免除公司董事的管理权和代表权限（《瑞士债法典》第 815 条第 2 款）。

然而，实践中这些个体股东的诉讼权利似乎作用不大。学界

---

[61] Cf. BGH NJW 1969, 1712.

[62] Roth/Altmeppen, GmbHG, § 46 marginal no. 66.

[63] Löber/Lozano/Steinmetz, in: Süß/Wachter, Hdb. des internationalen GmbH-Rechts, country report Spain marginal no. 227.

[64] Fasciani, in: Süß/Wachter, Hdb. des internationalen GmbH-Rechts, country report Italy marginal no. 152 et seq. 该作者提到，在 2004 年改革之前持股 10% 的少数股东享有诉求（a right of action）。

讨论中，有观点认为这是由于原告必须完全承担**诉讼成本的风险**。[65]

另一方面，德国有限责任公司法并没有强调少数股东的类似权利，最明显的处理方式是在股东代表诉讼（actio pro socio）的适用情形中讨论这些诉讼。然而，细节会掩盖差异[66]，个体股东提起诉讼的权利普遍被法律认可的主要目的是保护股东成员权，或者在是股东成员权被侵害的情况下，保障个体股东知情权的实现以及挑战股东会决议（参见下文第三节之二边码135）。

四、个体股东知情权

（一）立法目的

股东每时每刻获得公司事务完整信息的权利首先是对以下事实的持续性认可，即股东是公司的共同所有人，公司是其"所有的"；其次，从实践的角度而言，股东知情权是一个重要的控制工具，即股东对实际管理公司经营的人员进行控制，包括执行董事以及积极参与公司事务的多数股东。知情权能够在两方面发挥控制工具的作用。一方面，股东可以基于相关信息揭示的不当管理、不良发展或者不当行为来采取应对或者处罚措施；另一方面，股东可以因此获得监督能力，从而发挥预防性效果。与最终预防效果相关联的是，知情权本身（如产生效果的可能性）、信息披露义务以及基于其他法律透明性的要求。这要求对特定情形进行持续性的、定期的或者事件触发性的披露。后一种情形披露义务并非仅针对个体股东，而且针对所有股东或者普通公众。在以公开性为关注点进行的披露中，从披露公司的年度会计报告开始，针对参与资本市场的股份公司相关的**信息披露义务**达到最高

---

[65] Ulmer, ZHR 163（1999），290, 300; Arzt-Mergemeier, Der gesellschaftsrechtliche Minderheitenschutz, p. 245.

[66] Roth/Altmeppen, GmbHG, § 13 marginal no. 15 ff; 针对在股份公司中的适用，参见 Hüffer, AktG, § 53 a marginal no. 19。

峰,公司股东获得信息的利益已经不再是关注的焦点,重点在于债权人利益、投资者利益、职工利益以及公共利益的保护。

最后,对股东而言,在股东会议决议之前,信息作为决议前的决策依据又获得了额外的重要意义。[67] 一定意义上获得信息的权利部分正是该情形的表现;从而,特定事项能够以之为基础进行决策(诸如,董事的豁免或者罢免)。这些事项体现了对一经发现的违规行为的惩罚方式。特定文档资料诸如年度会计报告,必须在决策之前进行及时披露,这应当是显而易见的(《德国有限责任公司法》第 42a 条)。法律仅在有些时候规定额外的文件资料归档要求(《法国商法典》第 L223-26 条第 2 款;第 L225-108 条第 2 款)。

然而,尽管股东知情权根植于成员权或者共同所有权,但是,个体的知情权必须受到相对利益(countervailing interest)的限制,具体而言,一方面,不得不当加重公司管理职能在实践中的运行负担,另一方面,个体知情权也受到(公司)**保密利益**的限制。这在面临即将到来的利益冲突情形时更是如此,也就是说,个体股东的利益与公司利益或者整体股东利益之间的协调一致此时已经不能被保障。[68] 基于这一原因,股东知情权的获得并非没有限制,而且较之于有限责任公司,这些限制在股份公司中更加突出;这也与股东群体的典型特征相适应。

(二)实施措施

个体股东的知情权作为成员权的核心这一事实在《西班牙资合公司法》第 93 条中得到了很好的表达,该条将之列举为关键成员权的第四项。当然,这一条款并未说明其任何特征以及限制。就此而言,最主要的区别涉及知情权的实质内容及其行使的时间点抑或场合。内容上,该权利与信息、**查阅**(inspection)相关。该

---

[67] The central aspect for Hofmann, Minderheitsschutz im Gesellschaftsrecht, p. 345 et seq.
[68] Cf. K. Schmidt, Informationsrechte in Gesellschaften und Verbänden; Roth, in: Ruppe (ed.), Geheimnisschutz im Wirtschaftsleben, p. 69.

权利可以依据股东意愿和需要在任何时间行使,或者仅在特定的场合中(诸如,仅在股东大会上)才能行使。最广泛的查阅公司会计账簿和记录或者查阅其他特定文件(库存清单(inventories)、会议备忘录、报告、股东名册以及董事名录)的权利位于针对有限责任公司的规则中。这些规则对于股份公司而言却更可能是例外情形。例如,《德国有限责任公司法》第51a条赋予股东查阅公司账簿和记录的一般性权利;但在瑞士法中,这一权利受到《瑞士债法典》第802条第2款的限制,法国法中则受到《法国商法典》第L223-26条第4款的限制。与之相反,法国法赋予股份公司股东查阅权可以在任何时间行使,不过仅限于法律特别列举的记录类型(《法国商法典》第L225-208条第1款、第L225-117条)。

就有限责任公司而言,《德国有限责任公司法》第51a条、《瑞士债法典》第802条(如今第1款)类似规定了一般性的获取**信息**的权利(知情权)。基于这一权利,任何一名股东均有权向公司管理层要求获取关于公司事务的信息。法国法中,有限责任公司与股份公司中的股东知情权起点上是一样的。这些权利可以由个体股东在股东大会召开前行使,并且应当在股东大会中得到回应(《法国商法典》第L223-26条第3款、第L225-108条第3款)。另外,还存在一项独立于股东大会的知情权,该权利须满足特别的限制条件:仅能够在一个会计年度内行使两次并且只能在威胁企业未来的情况中行使。在此情形下,企业形式的不同导致权利行使的差异:有限责任公司中,每一个股东均享有此项权利(《法国商法典》第L225-232条);股份公司中,这一知情权限于持股比例5%以上(第L225-232条),并且与企业集团相关的事项(第225-231条第1款)。

在德国、奥地利以及瑞士公司法中,股东知情权一开始就限于股东会议的范围,也就是说该权利必须在股东会议上行使(《德国股份公司法》第131条、《奥地利股份公司法》第118条以及《瑞士债法典》第697条第1款)并且实质内容必须与股东会议议程所列事项相关(《瑞士债法典》第697条第2款关于股东权利形式的规定)。结果上,旨在保障股东会议有序进行的限制性规定也适用于股东质询权(《德国股份公司法》第131条第2款第2句、《奥地利股份公司法》第118条第4款)。

上文提到的三个法律体系(德国、奥地利、瑞士)均明确规定了有悖于公司利益时拒绝向股东提供信息的情形:股份公司见《德国股份公司法》第131条第3款、《奥地利股份公司法》第118条第3款以及《瑞士债法典》第697条第2款第2句;有限责任公司的类似规定见《德国有限责任公司法》第51a条第2款、《瑞士债法典》第802条第3款。用最一般性的表述,这些限制性规定涉及的信息一经披露,将会或者可能会对公司利益造成重大(有时候并非不重大)损害。多数情况下,这特指一种状态,即必须有合理的理由怀疑,股东旨在将信息用于非公司目的(non-company purposes)。最后,《德国股份公司法》具体规定了一系列可以拒绝向股东提供信息的事由(第131条第3款);这些拒绝事由超越了一般的损害公司利益条款,并包含特定评估方式、方法以及税务信息。根据《西班牙资合公司法》的规定,在持股比例四分之一的股东要求管理层提供公司信息的情况下,公司管理层不得拒绝提供(第196条第3款、第197条第4款)。

法院可以(应股东申请)针对公司管理层拒绝向股东提供信息之理由的正当性提出意见(《德国股份公司法》第132条、《德国有限责任公司法》第51b条、《瑞士债法典》第697条第4款、第802条第4款)。这一规定并不影响股东对已通过的股东会决议提出质疑的权利,即使公司拒绝提供的信息与该股东决议具有关联性。

五、理论分析

作为少数股东程序性保护问题的起点,即多数决原则的本质,少数股东的主张会被(多数股东)否决。那么,任务就是如何尽可能地减弱对少数股东的不利后果,或者使其可以承受。实现这一目标的最有效路径是将法律要求的多数门槛增加至50%以上,因为这样能够增加少数股东凭借自身股份的投票权或者联合其他股东预防违背自己利益决定的可能性。这一路径存在的问题是,多数决原则旨在实现的优势此时被打了折扣,即简化并加快股东决策的程序从而提高公司采取行动和应对措施的能力减弱。

基于这一原因,所有法律体系均要求,重大决策(serious decisions)必须获得绝对多数股东的支持,而且这些法律体系对决策所包括事项的范围也存在普遍共识。具体而言,包括对公司合同和公司章程(contract and articles of association)所有形式的修订。然而,以下列问题为起点,即绝对多数的要求应当多高(主要有三分之二多数或者四分之三多数,或者表决权多数与资本金绝对多数相结合),各国立法者选择的路径开始出现分野,正如这些提高的多数门槛属于强制性规定还是可以由当事人自由裁量一样。在法律允许更改的范围内,少数股东保护与公司行动能力保障之间的妥协点设置原则交由股东们决定;对于追求理性决策的立法者而言,不存在单一的令人信服的选项。

旨在保障股东**参与利益**的法律规则类似地以特定少数比例为基础。该比例此处可以设定在较低水平,如10%;例外情形中,甚至可以设置为5%甚至更低的绝对持股数额。作为股东积极参与的一种特殊形式,提议启动控制和惩戒程序也可以适用相同规则。作为个体权利,股东其他参与权,诸如,出席会议并发言的权利可以或必须保留,无论持股比例多少。知情权适用同样的规则。为了公司利益提起损害赔偿诉讼的权利是否应当归类为个体股东的权利在欧洲是一个争论已久的问题;这一诉讼形式是以美国派生诉讼模式为基础的。这一点上,笔者只想强调:诉讼成本的规制和承担诉讼成本主体的问题无法与对事实问题的回应分割。[69]

上述参与权以及知情权的意义首先在于赋予少数股东根据自身利益影响股东会决策的能力或者机会。当然,在多数股东非常稳固的情况下,这仅是理论问题。基于此,我们认为,这些股东参与权以及知情权更深层次的意义在于,实现少数股东与多数股东决策的协调(reconciling)。因为决策过程也对少数股东开放,应当能够说服少数股东相信多数决策的正确性、理性或者严肃性,至少相信相关决策的合法性。这更多的是在心理层面上起到作用。不过,也不应低估这方面的效果,因为这在最终意义上彰显了对少数股东成员资格的认可或者尊重,这一点非常关键。

第三节 实质性少数股东保护

一、表决权的排除

(一)立法目的

只要股东追求平行的利益,股东观点的差异仅在于如何以最佳方式来追求共同的利益,将少数股东的意愿置于多数股东意愿之下可以相对容易地获得正当性,即股东之间的分歧将通过人数数量优势或者承担的风险大小来决定。然而,在多数股东以牺牲小股东利益的方式追求自身利益的情形下,股东之间分歧的解决变得非常棘手。这些情形中,少数股东保护方案是将相反的特定利益排除在外,也就是说,从决策过程中排除出去。就股东决议目的而言,追求上述利益的股东表决权被暂停,无论该股东拥有多大的表决权或者其是与大股东还是小股东立场一致。

必然的是,股东表决权的排除与对股东表达意愿和追求利益的实体性评价是联系在一起的。

---

[69] 同样准确的观点,参见 Enriques/Hertig/Kanda, in: Kraakamn et al. (eds.), The Anatomy of Corporate Law, p. 175。

(二)实施措施

多数法律体系认可在**利益冲突**的情形中排除表决权并且明确规定在法律中,但在特定化程度或者范围上存在差异。德国法和奥地利法以不同组合和不同完整程度对授予利益或者免除义务情形进行了强调,包括公司解除。与股东缔结法律交易、发起或终结与股东的法律纠纷(《德国股份公司法》第 136 条第 1 款、《德国有限责任公司法》第 47 条第 4 款、《奥地利股份公司法》第 125 条、《奥地利有限责任公司法》第 39 条第 4 款)。对这些限制进行扩张或其一般化的限度存在争议。[70] 在否定可以一般化的范围内,单纯的利益冲突并不排除表决权抑或使表决权无效,此时应当对以此为基础作出的决策内容是否违反忠实义务[71]进行审查。如此一来,表决权排除和忠实义务这两种少数股东利益保护工具间的关联便表述清楚了。

《意大利商法典》第 2479 条对表决权的排除进行了更加一般性的规定。《瑞士债法典》第 806a 条针对有限责任公司表决权排除的表述更加狭窄,仅限于解除董事职务、公司从股东处回购股权、免除竞业禁止义务或者其他信义义务。针对有限责任公司,西班牙法从一开始便将单纯的股东与担任管理层职务的股东进行区分,只对后者施加了有关解除竞业禁止协议、与公司缔结服务或工作协议的限制(《西班牙资合公司法》第 190 条)。提供利益(grant of benefits)和免除义务的限制(包括股权的移转需要获得股东决议批准)则适用于未担任管理职务的普通股东。[72]

这充分体现了在评估不可受理的利益冲突时存在的根本难题。一些情形中,冲突涉及的利益是股东在公司持股的因素或者目标所允许追求的利益,例如,成为董事或者监事会成员以及基

---

[70] Roth/Altmeppen, GmbHG, § 47 marginal no. 55.

[71] 比较法的分析,参见 Fleischer, in: Bachmann et al. (eds.), Rechtsregeln für die geschlossene Kapitalgesellschaft, p. 56。

[72] Löber/Lozano/Steinmetz, in: Süß/Wachter, Hdb. des internationalen GmbH - Rechts, country report Spain marginal no. 178.

于这一目的行使投票权(《奥地利有限责任公司法》第 39 条第 5 款明确进行了豁免)。较之于既得利益(vested interests),这些代表了与**成员权相关的利益**,追求这些利益应当允许股东个人行使表决权。然而,对众多情形进行类型化很困难,前述西班牙法列举了少量情形。例如,根据德国的主流观点,表决权的排除不适用于股东对自己股权移转的同意,笔者也认为这个观点是正确的;类似地,与担任管理层职务的股东缔结雇佣协议也不适用表决权排除,笔者对此持否定意见。[73]

排除表决权的法律后果是,受到影响的股东应当回避投票;如果他没有这样做,那么其投票不计入决定表决结果的票数。在存在争议的情况下,每一位股东都可以将不正确的计票或者未能够计入表决权**作为决议的瑕疵**并进行质疑(如提起决议瑕疵之诉),只要其对于决议结果产生影响[74],抑或计票结果相同,股东可以信赖决策程序的结果。基于这一目的,立法规定了下面将要探讨的法律救济措施。此外,被排除的表决权也不得用于计算表决权的总数和以此为基础的表决权多数。

二、多数股东决议的撤销

(一)立法目的

显而易见的是,表决权被错误划分和归类,计入无效的表决权会导致通过的股东决议无效,前提是这对是否达到表决权多数的计算发挥作用。类似地,因此遭受不公平对待的股东可以发起"决议无效"的诉讼挑战,或者可以请求确认正确的表决结果。然而,这同样适用于所有旨在保护少数股东或者个体股东的规则。至少以下情形如此,即违反规则的行为对作出决策产生影响,或

---

[73] 关于这两种情形,参见 Roth/Altmeppen, GmbHG, § 47 marginal no. 65 et seq. with further citations. 。

[74] 针对意大利,参见 Fasciani, in: Süß/Wachter, Hbd. Des internationalen GmbH-Rechts, country report Italy marginal no. 128.

者在特定情形中因其他原因具有重要意义。

然而,观察细节就会发现决议的不同类别在不同法律体系中存在重大差异。股东决议瑕疵本身可能会导致决议的无效,或者构成特定程序和严格条件前提下通过诉讼挑战其有效性的理由。立法对法律后果及其类型区分进行一般性规定(例如,法国法中对无效(nullité)的规定)[75]以及部分通过诉讼针对特定企业主体进行规定。这些情形中,相关法律规则包含了复杂的申诉机制(complain mechanism),其他情形则仅零碎性地进行规定。可以观察到的是,法律均规定了以确认股东决议无效或者股东决议的正确性为目的而**进行诉讼的权利**,这一权利在结构上属于股东的个体权利。

如果说,股东会决议瑕疵的规范以上述方式展现了不同类型的少数股东利益保护规制工具的决定性和必要性保障功能,那么,一个根本的问题是,被投票否决的少数股东是否也可能成功提起诉讼以质疑股东会表决通过的决议,并通过这种方式对多数决规则设置实质性的限制。事实恰恰是这种情况,即便仅是部分和零碎的限制。

(二) 实施措施

德国和奥地利公司法已经发展出由**无效**(invalidity)和**可撤销**(contestability)两个支柱构成的特殊法律保护机制。特定严重的瑕疵,包括诸如与提供会议通知规则相关的瑕疵(《德国股份公司法》第241条、《奥地利股份公司法》第199条)会导致股东决议的无效。其他瑕疵包括了多数的违法行为(包括侵犯股东个人的权利)可能构成股东决议可撤销的基础。但仅能够由受到影响的个体股东在较短期间内通过提起诉讼的方式来主张(《德国股份公司法》第243条、《奥地利股份公司法》第195条)。然而,法律和公司章程的实质性违反也可以构成法律上挑战(可撤销)股东

---

[75] See Arzt-Mergemeier, Der gesellschaftsrechtliche Minderheitenschutz, pp. 180, 241.

决议的理由。这一制度在德国有限责任公司法中发展得并不完善，并没有规定特别的规则，相反，奥地利有限责任公司法中在"无效声明"（declaration of invalidity）的概念下认可了这一制度（《奥地利有限责任公司法》第41条）。不过，得到广泛认可的观点是，在德国和奥地利法中，股份公司法针对公众公司制定的复杂规则也相应地适用于有限责任公司。[76]

基于上述规定可知，为保护少数股东的利益，德、奥两国立法对后果进行了区分：严重侵害**股东参与权保障**（participation guarantees）的决议无效，其他非严重侵害情形下至少构成股东会决议的瑕疵。与之相反，**程序性瑕疵**仅提供了可质疑股东会决议的理由并且必须确定与决议结果之间的关联（nexus）。这种关联性或者理解为因果关系，或者如新近的一项主题研究中那样，将关联性理解为一种相关性（relevance）。[77] 在事实上实体性违法的情况下，相关性要件总是成立。这种情况下，基于股东会决议实质性审查的视角，下一个问题为，是否将多数股东与少数股东之间冲突利益的实质性评估也额外地纳入考量。

针对决议瑕疵，瑞士有限责任公司法援引了股份公司的相关规则。《瑞士债法典》第706条第1款进行了一般性规定，即违反法律或者公司章程构成撤销股东会决议的理由。紧接着该条第2款规定了股东决议可撤销的对股东权利造成实质性侵害（剥夺或限制）的行为，包括非基于公司经营目的实施的歧视行为或者不公平对待行为、以不正当的方式（in unsachlicher Weise）侵害股东权利的行为。这规定了基于客观性抑或正当性的双层基础对股东会决议进行的实体性评估。

法国公司法中，《法国商法典》第L225-121条规定了特定严

---

[76] 关于奥地利法的探讨，参见 Thöni, Rechtsfolgen fehlerhafter Gesellschafterbeschlüsse, 1998; Eckert GeS 2004, 228.

[77] Zöllner, in: Baumbach/Hueck, GmbHG, § 47 Appendix marginal no. 126; Rowedder/Koppensteiner, GmbHG, § 47 marginal no. 134.

重瑕疵情况下股东决议可以被宣告无效。根据该条第 2 款的规定,在法律规定的信息没有被提供的情况下,股东会决议可以被宣告无效。根据该法第 L223-27 条第 7 款的规定,有限责任公司的股东会如果以非正常的方式召开,其决议可以撤销,除非全体股东均参加。第 L225-104 条第 2 款对于股份有限公司也作出了同样的规定。决议被宣告无效的特殊救济贯穿整个法律,例如,第 L223-31 条第 4 款针对一人有限责任公司决议的规定。然而,这些规则全部被《法国民法典》关于无效的一般性规则以及《法国商法典》针对所有商事企业的规定所覆盖(第 L235-1 及以下诸条)。这些情形包括强制性法律的违反以及特定情况下对公司章程的违反,也涵盖一些不道德的行为或者不恰当的行为。这些情形中,欺诈、滥用控制权对股东决议而言具有重要意义。实践中,不难发现对这些行为进行举证非常困难,不过它提供了一种对利益进行实质性衡量的理念路径。[78]

意大利法也类似地对决议的可撤销性和无效性作出区分。后者限于对法律和公司章程极为严重的违反行为。[79] 其他情形下,股东会决议可能基于公司法规则受到有效性的法律挑战;《意大利民法典》第 2377 条针对有限责任公司进行了规定。[80]

各国国内法关于瑕疵决议的具体规定是另外一个独立的话题,这里不对其深入的探讨,除非特别涉及少数股东保护的实现。

三、股东会决议的内容控制

(一)立法目的

支持股东多数决定的前提首先是假定公司社团内部存在普遍的利益平等,因此,特定决定交由多数成员作出(多数的计算可

---

[78] Arzt-Mergemeier, Der gesellschaftsrechtliche Minderheitenschutz, p. 184 et seq.

[79] Fasciani, in: Süß/Wachter, Hdb. des internationalen GmbH-Rechts, country report Italy marginal no. 129.

[80] Fasciani, in: Süß/Wachter, Hdb. des internationalen GmbH-Rechts, marginal no. 128.

以通过股权或者风险承担贡献来计算），其次是假定多数股东的决定具有推定正确性，即在存在不同意见的情况下，推定决定的正确性、有用性以及适宜性，那么，以个案审查为基础，通过遵守上述前提来实现对被否决之少数股东的保障并非立法目的。这一语境下，审查（Review）意味着一种外部控制，即通过法院诉讼的方式来对多数决策进行法律挑战。

从功能主义的角度，非常清楚的是，这种形式的外部控制不能扩张到审查每一项股东会决议，这样会将多数决定的审查推到荒唐的地步。此外，还会引发下一个问题，即较之多数股东，这样一种外部审查机制应当在多大程度上被视为正确的保障手段。因此应当采取较狭窄的审查范围。最后，伴随着外部控制范围的扩大，法律不确定性、迟延以及任何一种外部控制均存在被滥用风险（滥用股东诉讼，参见下文（三）边码 142）。考虑到这一点，应当同时认识到审查一项利益冲突与审查更加广泛的决议内容之间的差异：前者的目的在于发现以牺牲少数股东利益为代价追求自身利益的例外案件。

（二）实施

就股份公司而言，每一个股东被平等对待的权利得到普遍认可，这一权利多数实现了法典化（正如《欧盟资本指令》第 42 条的明确规定）；该权利规定在成员国调整公司形式的国内法中（《德国股份公司法》第 53a 条；《奥地利股份公司法》第 47a 条）；然而，这同样适用于有限责任公司。[81] 原则上，未经股东同意，这一权利要求任何股东均不应当遭受较其他股东的不利对待。因此，这赋予该原则少数股东保护的元素（见上文第一节边码 115）。[82]

然而，股东忠实义务并没有以同样的方式实现法典化，且就考察的范围而言，也并未在同等程度上获得普遍认可；股东忠实义务

---

[81] Verse, Der Gleichbehandlungsgrundsatz im Recht der Kapitalgesellschaften.
[82] Roth/Altmeppen, GmbHG, § 13 marginal no. 62.

并未使用同样的概念术语,这与德国法长期的传统不一致。这一理念对应英美法中的忠实义务(duty of loyalty)或者信义义务(fiduciary duty)。然而,拉丁法传统中(Latin legal tradition),类似的结果通过与公司关联的强化的照顾义务(duties of consideration)和道德行为(ethical conduct)来实现(法国法,见本节二)。[83]

1. 忠实义务

忠实义务是平等对待要求的对应义务[84],甚至是相关联的上位原则(overarching principle)。[85] 德国法中,忠实义务是股东对公司和其他股东承担的义务(至少从后来在德国确立的观点看来),而且对于股份公司而言原则上也是如此,即便由于多数情况下较少的人合因素,股份公司中股东的忠实义务降低了强度。[86] 从实体内容的角度,忠实义务的主要作用存在于股东对利益的追求以及股东与其他主体存在利益冲突的领域。[87] 尽管忠实义务并不要求"利他主义"(altruism),但其限制了股东以及其他股东抑或多数股东在不考虑公司利益的情况下对自身利益没有边界的追求。公司利益最终是利益共同体,进而是其他所有股东的相应利益。

如果多数股东决议是以违反平等对待原则或者对少数股东的忠实义务的方式通过的,则任何一个股东都可以通过诉讼挑战该决议的效力。然而,这一情形下,股东平等原则在实践中仅具有较小的意义。原因在于,在缺乏章程条款基础的情况下,公然的不平等对待似乎仅是例外。针对更加微妙的歧视形式,忠实义

---

[83] 法国法和英国法下的探讨,参见 Arzt-Mergemeier, Der gesellschaftsrechtliche Minderheitenschutz, p. 189. For a discussion of abuse of voting rights in Scandinavian law, see Fleischer, in: Bachmann et al. (eds.), Rechtsregeln für die geschlossene Kapitalgesellschaft, p. 47 and fn. 144。

[84] Emmerich, in: Scholz, GmbHG, §13 marginal no. 52; Winter/Seibt, in: Scholz, GmbHG, §14 marginal no. 41.

[85] Hüffer, AktG, §53 a marginal no. 2.

[86] See BGHZ 103, 184; 129, 136.

[87] Roth, Treuhandmodell des Investmentrechts, p. 259 et seq.

务是更加合适的纠正路径。德国法中,就少数股东利益保护视角下的**决议内容控制而言**,忠实义务被视为最重要的工具,或者被作为法律进一步发展的基础。理由在于,遭受歧视性对待并被多数股东否决(outvoted)的股东可以基于股东决议的内容违法、损害其利益,请求确认决议无效并进而审查决议内容。[88] 其他欧陆法系的法律体系以及英美法系的法律体系也大体如此。[89] 因此,在违反忠实义务与挑战股东决议效力之间构建理念上的"桥梁"是通过**行使表决权**之主体负有的忠实义务来实现的。相关股东的表决权本不应该以此方式行使,因而无效。如果反对票(objected-to votes)对决议获得多数支持有影响,上述表决行为的无效进而会对通过的决议产生影响。

　　当然,此种股东会决议的范围难以一般性地界定。此种决议的第一个典型例子是所谓的"饿死少数股东"(starving out the minority),即多数股东能够通过其他方式保护其财产利益,但在很长的时间里拒绝公司向股东分红派息。对此,美国法和德国法均有判例。[90] 如果法律保护个体股东免于通过正式程序放弃公司盈余分配的利益(见上文第一节第二小节(一);上文边码116),那么,股东也不应当通过"后门"(即非正式的方式)被剥夺该项权利。然而,针对这一目的,德国公司法规定了特殊规则,保障股东获得较之公司本年度净收益以及普遍收益而言合理的收益率(common rate of reture;《德国股份公司法》第 58 条第 2 款、第 245 条第 1 款,尤其是与企业集团相关的外部股东收益平等措

---

[88] Hofmann, Minderheitsschutz im Gesellschaftsrecht, p. 17 and passim; Arzt - Mergemeier, Der gesellschaftsrechtliche Minderheitenschutz, p. 189 et seq. Wiedemann, Gesellschaftsrecht, Vol. 1, 1980, p. 409 previously saw a general clause as the solution for loyalty duties.

[89] Fleischer, in: Bachmann et al. (eds.), Rechtsregeln für die geschlossene Kapitalgesellschaft, p. 47.

[90] Dodge v. Ford Motor Co. 170 N. W 668 (1919); OLG Nürnberg NZG 2008, 948; OLG Brandenburg ZIP 2009, 1955; for limited partnership BGHZ 137, 263. Additional citations in Fleischer, in: Bachmann et al. (eds.), Rechtsregeln für die geschlossene Kapitalgesellschaft, p. 33 fn. 49.

施)。违反这些规定同样构成决议瑕疵事由。

第二个典型例子(主要是担任管理层成员的)是多数股东为了自身利益篡夺公司的商业机会(corporate opportunities)并与公司竞争。[91]

然而,整体而言,如果试图更加准确地界定忠实义务,则必须借助判例法的历史,但又难以一般化。原因在于,法律上挑战(股东决议)效力的事由是股东对忠实义务的违反。提起决议瑕疵诉讼的股东必须陈述其理由并且予以证明。诉讼中,这一因角色分配导致的不利地位基于以下事实进一步恶化,即确定违反忠实义务的要件在一定程度上伴随着主观判断(subjective analysis)。这意味着,忠实义务主体相应的主观特征,例如个人的目的或者动因,也是行为的潜在要素,或者至少构成解释行为的要素。在涉及欺诈或者与欺诈相关的刑事犯罪或者多数股东滥用权利的情形中更是如此(如法国法,见上文二)。这些类型的自利(self-serving)或者偏见动机在相关案件中可能是存在的,但对其进行举证则是另外一回事。

2. 内容正当化要求

鉴于上述原因,针对积极支持股东决议的目的,要求决议内容的正当化理由意味着股东决议内容控制的理论进路的巨大飞跃。特殊的适用情形(排除增资程序中现任**股东优先认购权**)可以从法律中衍生出来,具体而言,是从成员国公司法的规范;该规范反过来又是以《欧盟资本指令》为基础。该指令第 29 条第 4 款第 3 句规定,"应当向股东大会提交阐明部分限制或者完全排除优先认购权理由的书面报告"(例如,这一规定转化体现在《德国股份公司法》第 186 条第 4 款第 2 句;《奥地利股份公司法》第 153 条第 4 款第 2 句)。如果假定针对上述限制目的的理由不应当仅为空话,而必须在内容上获得支撑并且是正确的,那么,在股东决

---

[91] Roth/Weller, Handels - und Gesellschaftsrecht, marginal no. 294 et seq.; Fleischer, NZG 2013, 361.

议遭受诉讼挑战时,这些内容应当接受外部审查。换言之:股东决议需要事前的内容正当化(substantive justification),并且这一点必须在股东决议被审查时予以重申并证明有效。[92] 根据德国的主流观点,股份公司便是这种情况。[93] 尽管欧洲法院(CJEU)的判例并未认定《欧盟资本指令》要求决议内容的正当化,而仅将这种要求作为指令所允许的强化。[94] 这些规则同样适用于有限责任公司。[95]

瑞士法(不受《欧盟资本指令》的约束)一开始仅仅允许基于重大理由限制或排除股东优先认购权,并且直接将此种排除限于以下条件,即结果上没有人因此不当地获益或者受损(《瑞士债法典》第 652b 条第 2 款、第 781 条也适用于有限责任公司)。[96] 结果上,通过对一项股东决议进行瑕疵诉讼,被否决的少数股东可以让(法院)审查下列问题:是否存在重大事由以及优先认购权是否在没有适当理由的情况下被排除[97],尽管这一瑕疵诉讼中当事人的角色分配事项尚未得到解决。以一般性原则为基础,公司抑或支持该决议的多数股东至少应当对重大事由予以作证。

首先,内容正当化要求与忠实义务的违反之间的关键性区别在于,内容控制直接以股东决议的内容为对象,而不是"绕道"审查个体股东的投票。其次,内容控制允许对所作决策的正确性进行一种更广范围的评估,忠实义务更多的是提供粗线条的评估框架(coarse-mesh framework for evaluation)。最后,内容正当化的证

---

[92] Roth/Altmeppen, GmbHG, § 47 marginal no. 127.

[93] BGHZ 71, 40; 83. 319; Hüffer, AktG, § 186 marginal no. 25; for Austria, see Doralt/Nowotny/Kalss, AktG, § 153 marginal no. 114.

[94] CJEU Case C-42/95, Siemens/Nold, (1996) ECR I 6017 = NJW 1997, 721; for a critical view, see Kindler, ZHR 158 (1994), 339.

[95] Roth/Altmeppen, GmbHG, § 55 marginal no. 24; Lutter, in: Lutter/Hommelhoff, GmbHG, § 55 marginal no. 17; Zöllner, in: Baumbach/Hueck, GmbHG, § 55 marginal no. 20.

[96] 关于细节内容,参见 Zindel/Isler, in: Basler Komm, 2012, Art 652 b marginal no. 11 et seqq.; Meier-Hayoz/Forstmoser, Schweizerisches Gesellschaftsrecht, § 16 N 78。

[97] Art 706 Abs 2 Z 2 OR; Zindel/Isler, in: Basler Komm, 2012, Art. 652 b marginal no. 25.

明责任以及举证责任由公司抑或多数股东承担[98],主观要件,甚至是对正当化存在缺陷的知道或知道可能性(perceptibility)并不重要。

现在具有决定性意义的问题是,这一控制工具多大程度上可以在上述特别情形之外的其他缺乏法律基础的情形中审慎扩张。在《欧盟资本指令》之前,除了明确的报告义务,德国公司法甚至曾规定,对股东优先认购权排除有更加严格要求的依据在于,这构成对股东成员权极其严重的侵犯。[99] 相应地,这仅涉及那些对股东成员权具有类似重大影响的措施。在此背景下,首先是公司的结构性变化。[100] 例如,并非巧合的是,法国法要求变更公司"国籍"需要征得全体股东的同意(《法国商法典》第 L223-30 条第 1 款)。

一方面,如果德国法将少数股东结构最剧烈变化的事项(小股东挤出)交由例外的高比例(95%)多数股东进行裁量(《德国股份公司法》第 327a 条;奥地利要求 90%),这意味着多数股东不需要对这一措施提供内容上的正当理由。然而,这并不可以适用于其他仅需要获得(德国法和奥地利法的要求)75%绝对多数的结构性变化。因此有观点认为,在法律形式变更、合并以及组建企业集团的情形中,反对这些措施的少数股东可以要求(公司抑或多数股东)提供措施正当化理由,正如上市公司退市的情形。[101] 根据德国的主流观点,退市的股东决议也仅需要简单多数。[102] 然而,德国主流观点对此持反对意见。[103] 德国学界似乎

---

〔98〕 一般性的内容,参见 Roth/Altmeppen, GmbHG, § 47 marginal no. 129;尤其是关于《德国股份公司法》第 186 条,参见 Hüffer, in: MüKoAktG, § 243 marginal no. 140; Lutter, in: Kölner Komm, AktG, § 186 marginal no. 99; Hirte, Bezugsrechtsausschluss und Konzernbildung, p. 221。

〔99〕 Hüffer, AktG, § 186 marginal no. 25; Zöllner, AG 2002, 585.

〔100〕 Previously, Wiedemann, ZGR 1980, 147, 157; Martens, GmbHR 1984, 265.

〔101〕 关于后者,参见 Hofmann, Minderheitsschutz im Gesellschaftsrecht, p. 559 et seq.;相反观点,参见 BGH ZIP 2003, 387; Klöhn, NZG 2012, 1041。

〔102〕 BGH ZIP 2003, 387;对此,存在争议。

〔103〕 Lutter, AktG, § 186 marginal no. 25; Arzt-Mergemeier, Der Gesellschaftsrechtliche Minderheitenschutz, p. 190.

在发展股东决议的内容控制规则上处于"先锋地位"。同时,应适用的法律规则通常是向股东提供取得合理补偿或者其他财务支付来换取从公司退出的替代性方案。这涉及在"公司内部"保护少数股东与从"公司退出"来保护少数股东之间的紧张关系这一议题(参见下文第四节)。

另一方面,还存在其他重大的股东会议决策,虽然低于公司结构变更,但对个体股东利益的侵犯却更加严重。例如,在赋予股东认购权的增资程序中、增资采取股东出资形式的情况下,少数股东可能由于缺乏资金无法参与。如果考虑到这一点,那么,股东决议内容控制的范围应当进一步扩张,其边界也变得模糊。不过,基于上文一开始提到的理由,严格的限制是非常重要的。

3. 利益评估(衡量)

上述范围内提及的正当性理由必须是基于**公司利益**。[104] 然而,这是一种过度简化,原因在于以下两点:首先,"公司"利益只不过是公司所有利益相关方(股东和利益相关者)的累积利益,是(所有)股东的利益,因此,多数股东与少数股东之间的利益冲突不能简单地通过这一方式得到解决。其次,多数股东追求的利益也可能具有正当性(legitimate)。例如,有限责任公司的多数股东希望将公司形式变更为股份有限公司,从而公司股份可以在资本市场交易。如此,不仅可以为公司获得额外的资本(procure additional equity),而且这些股份潜在地获得了以更优条件出售的可能。相应地,内容正当化的理念要求对各种利益进行广泛衡量。作为这种衡量的组成部分,公司经营利益、公司存续及其未来的重大决策通常可能会产生影响,但并不一定是决定性的。

德国法存在一系列排除股东优先认购权的正当化事由,主要

---

[104] Hüffer, AktG, § 186 marginal no. 25; Arzt-Mergemeier, Der gesellschaftsrechtliche Minderheitenschutz, p. 190.

集中在与融资、投资以及战略定位相关的商业目标。[105] 这可能是基于获得大型投资人实现重组或者扩张目的的需要、债转股的需要、将股份投入资本市场的需要、与其他企业建立合作关系的需要、获得特定资产从而作为实物增资组成部分的需要[106]；然而，它们不得基于防御或者减少干扰性持股的需要。[107] 瑞士法存在一个示例性规定："重大事由尤其包括企业的收购……或者参股或者员工持股"(《瑞士债法典》第 652b 条第 2 款)。

与此同时，司法审查的局限也在强调公司政策中变得清晰：在商业决策的范围内，公司管理层通常采用排除优先认购权的方式实现其目标，公司多数股东对此予以批准，二者均应当被赋予一定程度的自由裁量权。[108] 它也应当一般化为股东决议内容控制的基本原则。

正如商业决策的司法管辖过度扩张引发的重要问题，这里要求的衡量复杂性反过来显示出股东决议的外部内容控制尽管作为少数股东保障的有效最终机制却非常关键，但依然在适用范围上有限度。

(三) 附记:股东决议撤销的滥诉

对于公司而言，面对旨在撤销股东决议的诉讼是很大的负担。原因在于，诉讼程序终结前存在的不确定性会导致股东决议实施的延迟；如果公司选择实施相关决议，则可能承担重大的责任风险。在公司章程修改或者结构变更这些最为重要的事项中，不可能无期限执行股东决议，因为负责**商事登记的法院**会拒绝登记申请，直至未决的诉讼程序终结。这可能导致股东决议实施的重大迟延，多数情况下对公司而言极为不利，或者甚至挫败

---

[105] Schockenhoff, Gesellschaftsinteresse und Gleichbehandlung beim Bezugsrechtsausschluss; Lutter, in: Kölner Komm, AktG, § 186 marginal no. 61; BGHZ 71, 40.

[106] See Hüffer, AktG, § 186 marginal no. 29 et seq., 34.

[107] See Hüffer, AktG, § 186 marginal no. 32; Lutter, in: Kölner Komm, AktG, § 186 marginal no. 71; Wiedemann, in: GroßkommAktG, § 186 marginal no. 161; BGHZ 33, 175.

[108] Hüffer, AktG, § 186 marginal no. 36.

整个后续进程的实施。基于这些原因,公司自身倾向于通过撤诉或者和解协议等方式尽快悄无声息地终结诉讼,即便在那些公司认为原告胜诉的概率很低的情形中。反过来,"**职业原告**"(professional claimants)可能会利用这一点,通过提起不正当的诉讼来获取财产收益并向公司施压。这一"商业模式"在上市公司中尤其常见,因为潜在的原告很容易在股东大会召开前以较低的成本购买少数股份,从而获得提起诉讼的权利。

此外,公司如果希望减少潜在的具有正当理由的股东决议撤销诉讼,则其具有同样甚至是更大的动机来缩短诉讼程序的时间。

上文提到的威胁风险并非仅存在于对股东决议内容瑕疵提起诉讼,而存在于对股东决议的任何瑕疵提起诉讼。在一个得到充分规范的公司法领域,有足够的机会利用甚至潜在"引诱"程序性违规。然而,允许控制股东决议内容扩张了上述可能性范围,并引发较大程度的法律不确定性。

德国公司法框架发展出的一系列关于滥用决议撤销之诉的判例法规则,旨在防止这种"伎俩",保护公司利益。根据这些规则,如果原告旨在通过诉讼追求不相关的利益,其提起诉讼的权利为了个人财产收益被"购买"[109],而不考虑提起诉讼本身有无正当性,那么,一项针对决议的瑕疵诉讼被判定为不符合法定要求。除了向公司支付损害赔偿的附带责任(collateral liability),法律后果上,相关诉讼请求由于滥用性质从而缺乏法律依据,法院即便可以快捷地确认质疑股东会决议的正当性,也不会继续审查。这阐释了一种困境:对股东决议所进行之瑕疵诉讼的成功,由于其具有正当理由(从合法性的角度来讲)本应当符合公司

---

[109] BGHZ 107, 296; BGH AG 2007, 625; KG ZIP 2011, 123; Hüffer, AktG, § 245 marginal no. 22 称之为"当前滥用的浪潮";相反观点,参见 Baums/Drinhausen/Keinath, ZIP 2011, 2329; most recently Bayer/Fiebelkorn. ZIP 2012, 2181; Bayer/Hoffmann, ZIP 2013, 1193; Keinath, ZIP 2013, 1205。

的最佳利益,或者至少符合少数股东的利益;但是,滥用权利的"指责"却可以"击退"这一诉讼请求。[110]

如果认可以下观点,无论挑战者的动机是什么,发现股东决议的瑕疵首先是少数股东保护的正当关切;同时应当保护公司免于缺乏正当理由或者恣意的延迟,那么二者冲突的解决方案应该是德国立法者最终选择的路径。针对特殊情形,《德国股份公司法》第246a条规定的增资与减资以及公司间联合协议(inter-company affiliation agreement),德国立法者引入了基于提前登记目的的**批准程序**。在该程序中,如果初步审查相关诉讼请求明显缺乏依据,或者"对公司及其股东"造成的损害明显超过(决议)违法的严重程度,需要进行利益衡量以支持批准登记,州高等法院在经过简略的审查之后可以暂时中止股东决议撤销诉讼的阻却效果,与此同时可以使其豁免后续可能因该诉讼挑战面临积极评估的风险。效果上,这实际上引入了一种快速程序,力图尽可能缩短诉讼挑战股东决议带来的延迟;与此同时,大幅度地降低滥用(决议撤销)诉讼挑战股东决议的风险。

四、少数股东的退出与排除

(一)立法目的

正如前文已述,少数股东将其自身与公司分离进而摆脱多数股东的强势力量是最后的救济措施,这在众多情形中是不可或缺的。另外,对于受到影响的股东而言,从公司退出通常又是一种不能令人满意的极端方案。原则上,成员资格的终结可以通过股权转让和退出公司来实现。第一种方案的问题在于,它通常仅在股份公司中才有可能成功。一方面,这一方案会由于法律结构遭

---

[110] 基于这一原因持批评性意见,参见 Roth/Altmeppen, GmbHG, § 47 marginal no. 143; Slabschi, Die sog. rechtsmissbräuchliche Anfechtungsklage; previously Mestmäcker, DB 1961, 951; Bokelmann, Rechtsmissbrauch des Anfechtungsrechts durch den Aktionär; Roth, ZGR-Sonderheft 12, 1994, pp. 167, 181. See also, Seibert/Böttcher, ZIP 2012, 12, 14。

遇局限(限制转让的股权),或者欠缺相关的市场。另一方面,成员资格基于重大事由的解除(dissolution)或终结也只不过是适用所有持续性法律关系这一原则的具体应用。然而,对公司而言,股东以合理的**赔偿**作为条件从公司退出并不总是可以接受的,理由在于,公司是无限期地获得股东出资的,因此,公司有权信赖将出资予以维持并作为公司资产的一部分。最后,资本约束义务(capital commitment)的法律障碍可能禁止从公司资产中支付赔偿(见上文第二章的讨论)。基于这一原因,上述原则在公司法中仅具有有限的适用性。

即便在存在退出可能性的范围内,股东退出的条件也是法律规定的事项,不能够由股东自由意愿决定,而与**重大事由**相联系,并且可能触发司法审查以及潜在的司法调解。基于这一原因,从公司退出也构成实质意义上的少数股东保护工具。在转让受限制股份的情况下,上述原则至少同样适用于转让限制(仅)可基于重大事由推翻的情形。

除了退出公司情况下面临的资本义务规则障碍,将"不理想"的股东从公司排除应当原则上限于保护这些股东利益的重大事由范围内。如果一个法律体系允许基于多数股东意愿在公司章程中规定少数股东无理由排除(即便是在支付合理赔偿的情况下),这代表了私法自治与少数股东保护紧张关系存在的问题。

(二) 实施

原则上,根据法律规定,股份可以自由转让,并作为展现解除股东与公司关系的途径。股份的出售涉及是否从存在相关市场以及可以在该市场获得对价的问题。对于上市股份公司的典型小股东而言,在资本市场上出售一部分股份通常情况下是可行的,其只要接受资本市场上的股价变化,多数情况下该股价如同令小股东感到失望的多数股东决定一样,亦会令少数股东感到失望。

然而,我们也不能够被上市公司的形象欺骗;整个欧洲,绝大多数股份公司并未在资本市场上市交易或者在其他流动性市场交易。这些公司也可能利用了股份公司享有的选择权,对其股份(登记的股份)设置转让的限制条件(《德国股份公司法》第68条第2款;《奥地利股份公司法》第62条第2款第2句)。

股份可转让性以获得(公司等主体)同意(consent)为前提条件,这构成有限责任公司的鲜明特征。股份转让要求获得公司的同意,或者(事实上具有同样效果的)其他(或者全部)股东(多数)的同意;部分法律体系中,这一同意的要求可以规定在公司章程中(《德国有限责任公司法》第15条第5款;《奥地利有限责任公司法》第77条)。在人合性的有限责任公司中,绝大多数法律体系采取了这一做法。在其他领域,法律将之规定为确定的标准,正如多数拉丁法系国家那样(《法国商法典》第L223-14条第1款、《西班牙资合公司法》第107.2b条[111];两个国家均采用强制性规定;《葡萄牙商事公司法》第229条第2款[112]);但是,意大利法[113]与瑞士法(《瑞士债法典》第786条第1款)例外。

145

总体而言,少数股东在上述第二类国家中处于优势地位,因为股份转让的同意只能在以下条件中拒绝,即希望出售股份的股东收到其他购买者提出的同等条件或者合理条件的要约,或者法律为其保留了这种情况下的退出权(《瑞士债法典》第786条第3款;《葡萄牙商事公司法》第229条第1款规定的简化形式[114])。关于章程中的股权移转限制条款,《奥地利有限责任公司法》包含了一条类似的规定(第77条)。[115]德国法并没有规定类似的条款。

---

〔111〕 针对法国,参见 Art. L223-14 (7) CCom,针对西班牙,参见 Löber/Lozano/Steinmetz, in: Süß/Wachter, Hdb. des internationalen GmbH-Rechts, country report Spain marginal no. 142。

〔112〕 According to Stieb, in: Süß/Wachter, Hdb. des internationalen GmbH-Rechts, country report Portugal marginal no. 80 with fn. 123.

〔113〕 Fasciani, in: Süß/Wachter, Hdb. des internationalen GmbH-Rechts, country report Italy marginal no. 111.

〔114〕 According to Stieb, in: Süß/Wachter, Hdb. des internationalen GmbH-Rechts, marginal no. 81.

〔115〕 Fasciani 针对意大利也做了类似的报告,参见 Süß/Wachter, Hdb. des internationalen GmbH-Rechts, marginal no. 111。

上述情形中,在股份出售不可能时赋予股东从公司退出的权利,这是基于重大事由(wichtige Gründe)的退出权的具体应用。一些法律体系中,此类退出权构成较之公司司法解散是更温和的救济措施。《德国有限责任公司法》第61条正是对司法解散的规定;在少数股东可以证明其参与公司事务(由于多数股东的决策抑或公司政策)变得无法合理期待的情况下,退出权较之于公司解散是一种具有较小破坏性的措施。德国有限责任公司也认可基于重大事由从公司中退出的权利。这一权利通过私法上退出的意思表示来实现,不过,这仅在更加温和的解决方案不可行的情况下才被允许。[116] 股份的出售构成首要的替代方式,因此,从这一出发点来考虑,出售股份的能力与退出权之间再一次建立了互动关系。[117]

法国法也在公司法中认可将基于重大事由(des justes motifs)的**公司解散**作为一般性的救济措施。不过,考虑与后果严重性之间的平衡,仅在例外情形下允许公司解散,而少数股东的不可接受性(unacceptability)尚不构成充分条件。[118]《瑞士债法典》明确要求通过寻找较温和的救济措施来避免公司解散(第821条第1款第3句)。《意大利民法典》第2473条则在较大程度上赋予股东退出权,但在一些情形下将之作为选择性条款。[119]

基于以上分析,如果股东退出权在有限责任公司中应当被认可,赔偿金的支付则构成主要障碍,因为赔偿金也不例外地受到资本义务规则的约束。相应地,如果其他主体不能够以适当对价购买股份,则只能由公司通过其不受资本规则约束的资产(non-

---

[116] Roth/Altmeppen, GmbHG, § 60 marginal no. 107 et seqq.; Ulmer, GmbHG, Anh § 34 marginal no. 46; Hülsmann, GmbHR 2003, 198.

[117] Ulmer, GmbHG, Anhang § 34 marginal no. 55.

[118] Arzt-Mergermeier, Der gesellschaftsrechtliche Minderheitenschutz, p. 216; cf. also Karst, in: Süß/Wachter, Hdb. des internationalen GmbH-Rechts, country report France marginal no. 150.

[119] See Fleischer, in: Bachmann el al. (eds.), Rechtsregeln für die geschlossene Kapitalgesellschaft, pp. 60, 72.

committed assets)来购买该股份。这在德国有限责任公司中似乎更加可行,因为法定的资本义务在前文描述的方式上受到限制(参见第二章第五节)。[120] 然而,即便在资本义务水平更高的情形中,诸如奥地利法关于有限责任公司和股份公司的规定,在公司拥有可分配资产的范围内,支付赔偿也是可能的。

然而,多数国家原则上并未规定股份有限公司的股东退出权;退出似乎与公司形式的本质(essence of the corporate form)不兼容[121];仅在涉及结构性变化的情形中允许例外,诸如公司形式变更、合并(merger)以及特定企业集中(consolidations)。不同意这些措施的"外部"少数股东可以将获得赔偿作为条件从公司中退出(《德国股份公司法》第 305 条第 1 款,《德国企业形式变更法》(UmwG)第 29 条)。多数情况下,和解金或者赔偿金(视情况)不能从公司资产中进行支付,而是由取得该股份的主体支付。针对该主题,《欧盟收购指令》第 16 条规定,对于上市公司控制权的要约收购,法律赋予退出的股东特殊的发出出售要约的权利;这些股东可以要求收购方在已经达到 90% 门槛时购买剩余的股份。在这种情况下,金钱赔偿同样不是来自于公司资产。德国司法判例同样在退市情形下认可少数股东的退出权,在此情形中,对价只能够由股份公司作为法律允许的股份回购的组成部分支付,其他情况下由多数股东来支付。[122]

与之相反,意大利和西班牙已经立场坚定地引入了股份有限公司的退出权,在少数股东就影响深远的股东决议被否决的情况下将之作为少数股东保护机制(《意大利民法典》第 2437 条、第 2437 之 6 条;《西班牙资合公司法》第 346 条、第 348a 条)。通过

---

[120] Roth/Altmeppen. GmbHG, § 60 marginal no. 119.

[121] Cf. Baums, Ausschluss von Minderheitsaktionären; Hofmann, Minderheitsschutz im Gesellschaftsrecht, p. 523 et seq. advocates for additional withdrawal rights as a minority protection mechanism.

[122] BGH ZIP 2003, 387 with comments from Streit; BVerfG ZIP 2012, 1402; Klöhn, NZG 2012, 1041; see also section 29 (1) dUmwG regarding delisting following a merger.

采取这种方式,意大利法进一步根据资本市场上股份类型进行区分,股份首先以要约方式提供给其他股东,否则仅能使用不受(资本义务)约束的资金或者通过减资获得的资金来购买,试图以此建立少数股东保护与资本保护之间的一种平衡。[123]

147　　　　与股东退出的情形一样,违背少数股东意愿将其从公司排除也首先面临资本规制约束的问题;因为股东只有获得合理赔偿才可以被强迫离开公司,并且该赔偿只能从公司非(受资本义务规则约束)资产中支付。然而,相关法律规范涵盖的情形一定程度上涉及多数股东的购买权,该股东必须从其自有资产中支付赔偿,而且恰恰这些情形对少数股东而言更加棘手,除了特定法定多数权的要求之外,并不存在针对重大事由作出的要求。

德国法中,法律涵盖的情形首先包括**强制性挤出**(squeeze-out):首先是《德国股份公司法》第327a条允许持股95%的股东、《德国企业形式变更法》第62条第5款针对合并允许控股的股份公司自持股90%以上的,要求其他股东以合理的赔偿作为条件将剩余股份转让给自己;其次是《德国有限责任公司法》第34条规定的有限责任公司的股权回购。在此情形中,相应股权被注销,公司对此承担赔偿责任。此外,根据主流观点,基于重大事由的股东排除得到普遍认可需要法院的判决。股东排除的实施大体与回购一样。[124] 重大事由也与股东退出的要求一致。在《欧盟收购指令》框架下(第15条),要约成功的收购方如果已经取得90%以上多数股份,则享有对剩余股份的购买权。这原则上与上文已经讨论的剩余股东发出股份售出要约的权利相对应。成功进行要约收购的价格对赔偿的额度设定具有关键意义;对这一价

---

　　[123] 意大利通过企业集团相关的退出权来保护少数股东权益(by means of a consolidated group related withdrawal right),参见 Art. 2497 quater Codice civ., see Stein, in: FS Hommelhoff, 2012, pp. 1149, 1161. Pursuant to Art. 500 LSC. 西班牙股份公司可以在有限的范围内发布附回购义务的股份,但回购的对价不得通过公司受到(资本规则)约束的资产进行支付,参见 Art. 501。

　　[124] Roth/Altmeppen, GmbHG, § 60 marginal no. 70 et seq.; § 34 marginal no. 1.

格的广泛接受的事实本身构成合理性的充分(通常情况下不可推翻的)推定依据。[125]

这些强制性挤出规则意味着对少数股东利益一种极端形式的否定。这种情形下,多数股东股权的大小成为决定少数股东利益保护必要性的标尺,内容上的考量因素对于这种必要性的判断没有影响。这一点可以通过集中力量来强化商业冲击力的改革努力得到解释。[126] 德国法将这一权利限于股份公司。与之相反,奥地利法将之扩展适用于有限责任公司,并将多数比例降低至 90%[《奥地利少数股东排除法》(GesAuSG)第 1 条第 1 款]。[127]

有限责任公司中股权的回购(redemption)被立法者设计为基于法定事由强化多数股东权利的私法自治工具。股权回购必须规定在公司章程中,或者作为章程修改的组成部分引入章程,后一种情形(如果股权回购可以通过强制性回购的方式违背受影响股东意愿得到实施)则需要获得全体股东的一致性同意。[128] 个体股东通过私法协议作出让步可能非常广泛,这会导致赔偿金额的降低,甚至在极端情形下被完全排除。[129] 股权回购原则上通过多数股东会决议的方式来实施(《德国有限责任公司法》第 46 条第 4 项)。不过,根据主流观点,股权回购必须具备实质原因(substantive reasons),该原因的内容则必须规定在章程中,并且在个案中接受司法审查。[130] 相较于股东退出或者强制性挤出情形下的"重大事由",这里的实质性理由可能没有那么严重,不过股

---

[125] See Hüffer, AktG, § 327 a marginal no. 1 a.
[126] German Reg. - Begr. (official statement) from 2000, BT - Drucks. 14/7034; Hüffer, AktG, § 327 a marginal no. 1;更加精细的观点,参见 Hofmann, Minderheitsschutz im Gesellschaftsrecht, p. 417, there under p. 441 et seq. 同时也涉及以四分之三多数同意的通过(资产)转移方式实施的解散。
[127] GesellschafterausschlussG von 2006, see Koppensteiner, GeS 2006, 143.
[128] Roth/Altmeppen, GmbHG, § 34 marginal no. 9.
[129] Roth/Altmeppen, GmbHG, § 34 marginal no. 52.
[130] Westermann, in: Scholz, GmbHG, § 34 marginal no. 13 et seq.

权回购的授权可以与该类型的重大事由相关联,并排除基于重大事由的股东排除诉讼(或者按照相反的观点与该诉讼"竞合")。《欧盟收购指令》第 36 条及以下诸条对股份回购进行了规定。[131]

五、理论分析

基于对多数股东决议内容审查的目的,必须事前区分两种不同的路径:一种是审查多数表决权的形成是否基于不当动机;一种是对多数股东的意愿是否可以进行**内容性**审查。第一种情形主要涉及多数股东的个人利益(vested interests)与公司利益或者经营利益之间的冲突。例外情形下,诸如在家族公司中,多数股东甚至可能单纯以阻碍少数股东的正当利益为驱动因素。[132]这些情形属于忠实义务(作为其子类型)抑或表决权滥用规则的典型适用范围,也可以在表决权排除制度中加以规范。[133]

然而,这些情形相对而言较为容易得到解决。通过识别、认定当事人追求的利益,可以确定冲突的存在,并且通过考量竞争性利益确认追求利益的合法性。如果利益考量显示(多数股东)以不当的方式追求个人利益,那么在此范围内予以救济便是恰当的,也就是说,可以基于法定原因对相关股东会决议进行诉讼。无论是司法过度扩张的论点还是法律不确定的质疑,均不能否定此种做法。可能存在最多疑惑的是,股东动机的主观要素是否具有相关性(在忠实义务目的关系中,这一点显而易见),还是(以表决权排除的视角作为起点)客观分析相互背离的利益便已足够。

在上文所述利益冲突或者表决权滥用情形之外,多数股东决

---

[131] See Lutter/Bayer/Schmidt, EuropUR, § 8 marginal no. 33, § 20 marginal no. 223 et seq.

[132] See Fleischer, in: Bachmann et al. (eds.), Rechtsregeln für die geschlossene Kapitalgesellschaft, p. 26 and fn. 12.

[133] Roth/Altmeppen, GmbHG. § 47 marginal nos. 43 et seq., 55 et seq. 德国法并未如此操作,这也许是外国学者认为其在控制利益冲突上缺乏效率的原因之一,参见 Enriques/Hertig/Kanda, in: Kraakman et al. (eds.), The Anatomy of Corporate Law, p. 174。

议**内容正当性**(substantive justification)的问题会波及充满不确定性的领域。比较清楚的是,获得内容正当性需要较短的股东决议事项清单,其中或多或少包含结构性决策的关键性词汇以及核心成员权领域(盈余分派、股东资格排除),并且参考相关立法规则中的其他事项(进阶式多数权要求)。[134] 任何司法审查面临的保护少数股东免受恣意行为或者单纯的不合理行为的侵害,与保护大股东经营决策自由和效率之间的困境,也同样存在于这一领域。

如果我们回想起认购权的排除是这一法律发展的起点,并且基于这一目的,内容正当性的法律要求是有争议性的判断标准,那么也许可以针对基本原则采取第三种解决方案。认购权排除涉及的是股东,进一步说是少数股东获得正当性理由的权利,也就是说是对内容的实质性解释,解释的内容也许可以进行司法审查。少数股东应当至少被告知并能够理解自己为何被(多数股东)否决。个案中,如果认购权排除的支持者进行了充分的咨询,他们会努力在决议之前提供可被接受的正当性理由,从而可以事后经受住法律审查的考验。另外还有机会说服那些不情愿的少数股东相信采取措施的正确性,或者至少相信其提起诉讼缺乏依据。

事前正当化与事后审查之间的联系应当在评估中予以一般化。事后审查的可能性应当作为股东决议前提供内容正当性理由的一种激励;反之亦然,正当性理由的提供或者缺乏相应导致随后对该股东决议提起撤销诉讼更加困难抑或容易。实践中,这一效果必然会成为**简易批准程序**(expedited approval procedure)的组成部分;在该程序中,事前提供正当性理由被作为简要审查的基础性依据。此外,也可以通过合理的**诉讼成本**规则构建事前正当化与事后审查的联系,亦即,如果股东决议已经获得了充分的

---

[134] 细节内容,参见 Hofmann, Minderheitsschutz im Gesellschaftsrecht, p. 365; see also Roth/Altmeppen, GmbHG, § 47 marginal no. 129。

正当性理由,则由提出挑战的股东承担较高的诉讼成本;反之,挑战者诉讼成本可以大幅度降低,而由多数股东承担较多的成本。

少数股东以获得完整赔偿为条件从公司中退出[135]是一种基于合理性经常被考虑的替代选项,相较于限制多数股东权利抑或对多数决议的内容进行审查的方式而言。[136] 这种路径的正确性在于,当少数股东无法实质性地免于多数股东决定的侵害,退出公司被普遍当作一种最终的救济措施(ultima ratio)。无论如何,股东退出权应当以消除股份出售障碍的形式,除此之外潜在地通过多数股东购买并支付赔偿的方式进行。相反,以公司资产支付的赔偿必须符合公司法的核心原则(资本维持),即股东的股权出资应当是无限期的并且出资不得进行返还。基于这一原因,法律规定范围内的资本维持被赋予优先效力(priority)。开放性原则(open-end principle)[137],正如在其他流动资产(例如投资基金)中可能被采用的情形,本质上与公司法规定的资本保护规则不兼容。

---

[135] BVerfG ZIP 2000, 1670.
[136] See Hofmann, Minderheitsschutz im Gesellschaftsrecht, p. 461 et seq., also p. 511 et seq. on the American appraisal right.
[137] See Roth, Treuhandmodell des Investmentrechts, p. 335 et seq.

第五章 公司的外部控制

第一节 控制目的与控制工具

正如上文已述[1],小型公司中,股东会主要负责控制公司管理机构(董事会)。大型公司中的这一职责由专门的监事会或者管理机构的部分成员承担。首先,内部控制的目标在于保障股东的利益。这与管理机构成员作为股东的"受托人"(mandataries)角色是相对应的。[2]

当然,内部控制仅能够在有限范围内实现公司法的第二种保护目的,即保护第三人的利益(例如,债权人和其他主体)(《欧盟运作方式条约》第50条第2款),因为公司组织机构并不存在第三人。第三人保护一定程度上能够通过管理机构成员义务履行得到最佳程度的实现,尤其是在资本缴纳和资本维持领域以及在公司出现危机时。这些义务是强制性的,股东不得协商更改。此外,额外的外部控制是必要的,它能够确保对债权人和其他主体的保护,必要时甚至可以违背股东的意愿;这里的外部控制并不是指资本市场法,尽管该领域的规范当下发挥着一定的公司法规

---

[1] 参见第三章边码74及以下。
[2] 参见第三章边码74及以下。涉及委任理论作为公司组织机构指导性原则的内容。

制功能。[3] 此处的讨论更多限制在典型的公司法控制机制范围内,即年度审计、强制性法律形式和信息披露。这些控制机制对于所有类型的公司均具有同等重要的意义。

第二节 年度审计

依据《欧盟会计指令》第 51 条转化的成员国国内法,公司的年度财务报告和经营现状报告(Lagerbericht)必须经过审计师审计(见《德国商法典》第 316 条第 1 款;《奥地利企业法典》(UGB)第 268 条;《瑞士债法典》第 727 条;《法国商法典》第 L232-1 条;《意大利民法典》第 2409 之 2 条;《意大利民法典》第 2477 条第 2、3 款)。此外,欧盟公司法第四号、第七号以及第八号指令还作出额外规定。年度审计能够为股东利益提供保障,但主要是保障债权人以及公众的利益。年度审计通过使用这些功能,很大程度上实现了《欧盟运作方式条约》第 50 条第 2 款所规定的第二种类型的保障目的,即**对第三方利益的保护**。年度审计发挥着三种功能:控制功能、信息功能与认证功能(certification functions)。[4] 发挥**控制功能**时,年度审计旨在调查公司是否遵守与年度财务报告、公司章程补充性条款相关的法律要求,确认年度财务报告和经营现状报告中所包含信息的可靠性和可信度。信息的可靠性也包括准确性。针对公司法定代表人、任意性监事会以及股东的年度审计**信息功能**主要通过审计报告来实现。最后,针对年度财务报告的受众,年度审计具有一种**认证功能**,即审计结束之后,公司会收到合格的审计认证、不合格的审计认证或者没有审计认证。然而,审计师只有在获得可靠的年度财务报告

---

[3] Raiser/Veil, Recht der Kapitalgesellschaften, § 12 marginal no. 4,援引内部交易的禁止内容作为示例以及对公司组织机构合规要求的重要意义。

[4] See additionally Ebenroth/Boujong/Joost/Strohn, HGB § 316 marginal no. 3 et seq.; Habersack/Schürnbrand, in: Staub, HGB, before § 316, marginal no. 1 et seq.

基础上才能够实现这些功能。在涉及按照《欧盟会计指令》[5]第1a条第3款之规定提供的"简化资产负债表"(abridged balance sheet)的情况下，这一点是有疑问的；"小微企业"于2012年被批准可以使用这种简化资产负债表。在2012年9月5日召开的报告人以及影子报告人(shadow rapporteurs)关于欧盟公司法第五指令以及第六指令修订的一次会议上，欧洲议会的所有政治团体至少达成以下妥协，即对公司实施一种国家导向(country-oriented)的财务报告制度。在这一背景下，各国达成了放弃此前曾讨论的针对中型企业强制性审计要求的共识。针对此方面，2013年6月29日通过的新财务报告指令用部分条款进行了规定（第14条、第36条）。[6]

审计年度财务报告应当包括**会计账簿**（《德国商法典》第317条第1款第1句）。年度审计的详细内容规定在《欧盟会计指令》第51a条。审计师的任命与罢免也被详细规定[《欧盟审计指令》(CD 2006/43)第37、38条关于法定的年度财务报告的审计]，其关键是找到适格且独立的主体来担任审计师的职位。

从公司组织机构的角度出发，新的问题是审计师是否应当被视为公司的**组织机关**或者履行公共职能的独立专家。[7]在部分法律体系中，审计师具有公司机关的地位。例如，意大利法中，《意大利民法典》第2409之2条体现了这一特点，该条在公司的"管理与监督"条款下对年度审计进行了规定，并且赋予股份公司选择权，即年度审计可以由作为公司机关的"审计委员会"(collegio sindacale)[8]，或者由一个外部的审计事务所来实施。德国联

---

[5] 在所谓"小微企业指令"中规定的版本，参见 Directive 2012/6/EU dated 14 March 2012 amending Council Directive 78/660/EEC on the annual accounts of certain types of companies as regards micro-entities OJ EU. L 81 dated 21 March 2012, pp.3-6.

[6] Directive 2013/34/EU.

[7] 细节的处理，参见 Habersack/Schürnbrand, in: Staub, HGB, preceding § 316 marginal no. 16 et seq.

[8] 参见上文第三章第四节边码89及以下。

邦最高法院以往的判例也表明这一立场：审计师被视为公司机关，原因在于将审计师融入到公司的组织机构当中，其在履行职能时独立于公司的董事会、监事会以及股东大会，且所履行的职能原本应属于监事会，但所要求的专业知识在多数情况下对于监事会成员来说难度过高。将审计师视作公司机关可以令人相信对审计师的任命采用类似公司法管理机构成员的任命方式（《欧盟审计指令》第 37 条关于年度财务报告的法定审计规定）的解释。这同样也适用于审计师对监事会的典型辅助功能（《德国股份公司法》第 111 条第 2 款第 3 句）。将审计师归类为公司机关并不会基于以下理由遭受质疑，即根据《德国商法典》第 319 条第 1 款第 1 句的规定，除了自然人之外，审计事务所也可以被任命为"审计师"。这是因为，根据社团法的一般原则，法律实体也可以被视为公司的"代理人"。[9] 在这一背景下，德国联邦最高法院在 1954 年作出的具有指引意义的判决认定，审计师在公司面临危机的情形中负有提供警示的义务，原因在于其作为"代理人"产生的特殊忠实义务（special allegiance）。[10] 此后，立法者通过《德国商法典》第 323 条第 1 款第 3 句引入的"应对问题的义务"，对这一点进行了确认。

1980 年，德国联邦最高法院对此前的立场作出了一些"回撤"，即将审计师表述为具有"类似公司机关"的职位。[11] 在 2009 年 12 月 10 日的一份判决中，该法院坚持了这一定位。根据该判决，审计师并不拥有作为公司利益代表（Sachwalter）的这一全方位的职位。对于法院而言，本案的关键在于公司管理的年度财务报告必须仅在考虑公司会计账簿的情况下审计（《欧盟会

---

〔9〕 Schürnbrand, Organschaft im Recht der privaten Verbände, p. 217; Habersack/Schürnbrand, in: Staub, HGB, preceding § 316. marginal no. 17; 深度的比较法分析，参见 Pescatore, L'amministratore persona giuridica, 2012.

〔10〕 BGHZ 16, 17, 25 = NJW 1955, 499.

〔11〕 BGHZ 76, 338, 342 = NJW 1980, 1689"如同一个公司机关"（该判决设立规则，除非章程另有规定,法定审计师应当由股东大会一致同意来任命）。

计指令》第51、51a条;《德国商法典》第316条第1款、第317条第1款),而且审计师并不具有其他辅助功能,即便是在公司自愿审计的情形中。尽管以下论断可能是真实的,即年度审计旨在保障(除其他利益外)委托人的利益。但是,年度审计对于股东、债权人、职工、消费者以及公司的供应商而言都具有重要意义。从此意义上来讲,审计师具有一种公共功能,因为公司的会计账簿以符合账簿妥当管理原则的方式保留,针对公司的净资产、财务状况以及经营收益提供真实和公平的反映是符合公众利益的。因此,法官将审计师视为**不偏不倚和未参与公司事务的第三方**。[12] 州高等法院更加新近的多项判决已经完全放弃将审计师作为公司机关的理念;取而代之的是将审计师视作独立专家或者具有公共职能的外部监督机构。[13] 审计师独立于公司或者其他公司机关之指示的这种独立性(《欧盟审计指令》第22条关于年度会计账簿的法定审计)为此种分类提供了支撑。

第三节 强制性法律形式

一、法律形式要求的目的

公司法领域中[14],多数形式要求的目的之一是保护意思表示行为人免于匆忙地进行重要或者高风险的交易(警示功能)。这一警示功能在德国法中的典型例子是作出保证声明书面形式的法律要求(见《德国民法典》第766条)、履行义务的承诺或者对债务的认可(《德国民法典》第780条、第781条)、现有财产转移的合同需要公证人公证(《德国民法典》第311b条第3款)以及捐

---

[12] BGHZ 183, 323 = NJW 2010, 1808 pt. 29.
[13] OLG Düsseldorf NZG 2006, 758, 759;学界讨论,参见 Habersack/Schürnbrand, in: Staub, HGB, preceding § 316, marginal no. 17.
[14] 关于下述内容,参见 Einsele, in: MüKoBGB, § 125 marginal no. 8 et seq.

赠的承诺(《德国民法典》第 518 条)。由于商人通常情况下更具有商业经验,较之于非商人而言更不需要法律特殊保护,因此,如果涉及的交易对于债务人而言属于商事交易,法律并不对其作出强制性的形式要求(《德国商法典》第 350 条*)。在公证人公证的情况下,形式要求的警示功能通过公证人的训导义务得以强化。然而,法律形式要求所发挥的建议和指示功能应当与警示功能进行区分;也就是说,一般书面形式的要求事实上具有一种警示功能,但由于缺乏公证人的训导并不具备指示功能。例如,针对有限责任公司的设立,法国法仅要求简单的书面形式,这便属于上述情形(《法国商法典》第 1835 条)。[15]

另外,在一些情形中,法律形式要求旨在清晰地区分合同缔结与单纯的事前协商,记录、澄清合同的对象。在此方面,形式要求具有一种**澄清与证据功能**。这些规定可能是基于合同当事人的利益考虑,也可以是为第三人利益。例如,《欧盟披露指令》第 2 条第 a-c 款关于公司股份信息及其披露的规定;通过上述信息披露方式,第三方能够获得了解公司资本量的信息。

法律形式要求也具有确保监管部门监督的目的。就此而言,法律形式要求具有**控制功能**(control function)。例如,《德国证券交易法》(WpHG)第 83 条第 2 款*针对银行与消费者之间的书面框架协议进行归档的义务规定,目的在于确保监管部门能够审查银行是否遵守《欧盟金融工具市场指令》(MiFID)的规定。此外,部分形式要求旨在加大相关交易缔结的难度。例如,《德国有限责任公司法》第 15 条第 4 款针对**任何形式的股权转让协议**所规定的公证人公证要求。该条款的功能尤其指向加大有限责任公司股权转让协议订立以及股权投机性交易的难度。[16]

---

* 《德国商法典》第 350 条规定,保证中,若保证人一方属于商人,则不适用《德国民法典》第 766 条第 1、2 句,第 780 条以及第 781 条第 1、2 句关于书面形式的要求。——译者注

〔15〕 参见下文第三节之一,边码 160 及以下。

* 原著为《德国有价证券交易法》第 34 条第 2 款,此处为笔误。——译者注

〔16〕 参见下文第三节之一,边码 162 及以下。

上文提及的法律形式的目的事实上仅是立法者的意图和目标,并非个案中适用形式要求的标准。因此,即便个案中法律形式要求的立法目的已经通过其他方式实现,当事人还是必须遵守这些法律形式要求。但是,法律形式的目的在众多问题上具有重要意义:它对形式要求的适用范围产生影响,即一项交易抑或一项意思表示在多大程度上需要符合一项形式;一项事前以无效形式缔结的交易事后如何进行效力瑕疵修复;在何种条件下一项非要式缔结的交易可以被认为是有效的。对于法律政策而言,极为重要的是能够确定相关交易法律形式的目的,因为只有这样才能够决定强制性法律形式的严格层次(简单书面形式、公证人认证(certification)、公证人公证(authentication))。

二、公司法中民事公证人的功能

(一)基本原则

在欧洲大陆,自很长时间以来,公证处与公司法之间便建立了联系。较之其他法律领域,公司法中的部分条款更是如此。在公司的组织规则领域,包括法律形式的变更、公司合并与分立等,公证人拥有极为广泛的权限。其中,保护债权人的利益是极为重要的原因之一。在合伙企业法领域,公证人的义务原则上限于认证,因此作用较为有限。通过公证人来实现债权人利益保护并不必要,因为合伙人所承担的直接和无限的个人责任为债权人提供了保障。然而,股份公司设置众多条款对公证人进行赋权已经被证明是有效的。在这一背景下,减轻司法机关的压力是公证人参与的重要优势之一。在被称为"MoMiG"[17]的2008年德国有限责任公司法改革过程中涌现的关于法律政策的争论表明,公证人在公司法中的职权并非理所当然。一定程度上,公证人参与

---

[17] Gesetz zur Modernisierung des GmbH‑Rechts und zur Bekämpfung von Missbräuchen vom 23. 10. 2008, BGBl. I, p. 2326; providing an overview Kindler, NJW 2008, 3249 et seq.

的效用基于经济角度[18]被质疑,有学者主张(至少部分)没有公证人参与的公司法。此种论点的核心在于,法律所规定的对于重大交易的公证人参与和咨询,即便是由经验丰富的律师事务所参与,这些交易的公证过程有时也是困难的,尤其是在公司法领域。然而,在上述德国有限责任公司法改革过程中,德国立法者鲜明地否决了原则上无公证人参与的公司法这一立场。当下来看,公司法中公证人的真正作用在于广泛地、高质量地且经济地为中小型公司在公司事项的安排上提供建议和辅助。[19]

(二)公司法民事公证人功能的历史演变

公证人制度的历史可能源自中世纪盛期的意大利北部城邦(伦巴第)。[20] 在当时,**意大利城邦**利用特别任命的文士(scribes)来认证交易,以此作为城邦自治的组成部分。大约十二世纪时,"公证人"(notarius)的地位从单纯的文士提升为独立的法律建议人。当时已经出现了法律形式书籍(form books)[21]和手册(manuals)。[22] 法国的公证人制度同样也受到意大利的强烈影响,于 1304 年腓力四世颁布了《公证人法令》(the ordonnance sur les tabellions et notaires),首次以法律的形式规范公证人制度。[23] 德国的公证人制度至迟于十六世纪初期首次得以牢固确立(1512 年《帝国公证条例》)。[24]

随着德国股份公司制度的确立,公证人制度首次在公司法中

---

[18] E. g. by Eidenmüller, in: Bachmann et al. (eds.), Rechtsregeln für die geschlossene Kapitalgesellschaft, pp. 165, 167.

[19] 关于公司法中公证人角色的一般性内容,参见 Priester, in: Hauschild/Kallrath/Wachter (eds.), Notarhandbuch Gesellschafts-und Unternehmensrecht, § 1 p. 1 et seq.

[20] 关于这一事项以及下述内容,参见 Murray/Stürner, The Civil Law Notary, p. 10 et seq.

[21] Cf. the Liber Tabellorum of Irenaeus published at the start of the 12th century; see also Bärmann, DNotZ 1979, 3 for additional detail.

[22] Rolandinus, Summa artis notariae (1215-1297).

[23] 关于进一步的细节内容,参见 Murray/Stürner, The Civil Law Notary, p. 15 et seq.

[24] See Murray/Stürner, The Civil Law Notary, p. 11 et seq.

获得适用。[25] 股份公司章程需进行公证人公证的要求已经自1861 年《德意志联邦普通商法典》(ADHGB)成为德国商事登记的组成部分。与之相应的特殊要求也已经规定在 1843 年《普鲁士股份公司法》、1838/1840 年《符腾堡王国商法典草案》以及 1857 年《普鲁士邦国商法典》中。这些法典的先驱是 1807 年《法国商法典》以及该法典的两个主要承继者——1829 年《西班牙商法典》以及 1838 年《荷兰商法典》。关于公司章程的司法公证或公证人公证要求，以荷兰立法为例，1843 年《普鲁士股份公司法》的立法理由报告对此解释道，"一方面，通过这种方式确认代表的正当性是必要的；另一方面，公司章程准备过程中咨询专家也是合适的"[26]。此后，在《德意志联邦普通商法典》的框架下，章程的修改也需要符合公证人公证的要求（第 214 条）。[27] 公司外部法律控制发展的另外一个里程碑则是**1884 年德国股份公司法的改革**。根据当时新规定的《德意志联邦普通商法典》第 238a 条的要求，股东大会的每一项决定均需要司法或者公证人公证。通过这一规定，股份公司法改革具有双重立法目的，即提供相关决定及其内容存在的可靠证据（**证据功能**）和（早期阶段对公司进行外部控制的立法需求）确保决定**内容正确性**。根据立法解释性说明，立法目的"旨在排除股东大会所作之决定任何形式上的不确定性"；此外，法官或者公证人的参与应当有助于"决策完全遵守法律和公司章程"[28]。

1891 年,《德国有限责任公司法》第一草案尚未对公司设立时公证人的参与作出规定。该草案的起草人认为，较之股份有限

---

〔25〕 Priester, in: Hauschild/Kallrath/Wachter (eds.), Notarhandbuch Gesellschafts-und Unternehmensrecht, § 1 marginal no. 4 et seq. 同时也涉及以下内容；关于欧陆公司法历史的一般性内容，参见上文边码 12 及以下。

〔26〕 Quoted based on Priester, in: Hauschild/Kallrath/Wachter (eds.), Notarhandbuch Gesellschafts-und Unternehmensrecht, § 1 marginal no. 5.

〔27〕 Copy of the ADHGB in the BGBl. des Norddeutschen Bundes 1869, 404.

〔28〕 1884 年公司法改革的解释性说明，参见 Schubert/ Hommelhoff 100 Jahre modernes Aktienrecht, ZGR-Sonderheft 4, 1985, p. 505 f et seq.

157　公司,有限责任公司的设立程序应当更加简化,因此,不存在(公证人参与的)必要性。[29] 然而,这一自由化的立场没有被《德国有限责任公司法》采纳。与之相反,《德国有限责任公司法》第2条第1款第1句从一开始便要求公司章程需采取公证人公证的方式。此外,《德国有限责任公司法》第53条第2款第1句将公证人公证要求的适用范围扩大到章程修改。另外,该法从一开始就规定了一些重要的公证人公证要求,包括股权移转(Übertragung von Geschäftsanteilen)及其基于的负担行为(亦即导致股权移转义务产生的协议;《德国有限责任公司法》第15条第3款、第4款)。英国法的规定也有类似情形。[30] 股权移转涉及两个步骤:第一个步骤中,买卖双方同意交易条件(诸如价格等)并缔结一项销售合同;第二步,实施股权移转交易。

(三)公证与商事登记簿

公司法中公证人的一项核心权限源自成员国国内法的规定,即商事登记的申请必须采取公共认证的方式(publicly certified form)(《德国商法典》第12条;《奥地利企业法典》第11条;《瑞士商事登记条例》(HRegv)第18条;《法国商法典》第R310-3条;[31]《意大利民法典》第2330、2436、2443、2480、2481条)。公证人认证能够确保登记主体的身份以及签订时间和地点的真实性。就此而言,较之**英美法系的情形**,公证人的参与能够带来更多的法律确定性;而英美法系存在**严重的控制缺陷**[32]:任何人均可进行没有任何外部控制的在线登记,甚至犯罪人员亦可如此。[33] 因

---

［29］ Entwurf eines Gesetzes betreffend die Gesellschaft mit beschränkter Haftung nebst Begründung und Anlagen, amtliche Ausgabe 1891. p. 47.

［30］ Gower & Davies, Principles of Modern Company Law, 9th ed. , 2012, p. 982.

［31］ 关于法国公司法中关于公司披露的额外信息,参见 Sonnenberger/Dammann, Französisches Handels-und Wirtschaftsrecht, III 116 et seq。

［32］ 关于下文内容,参见 Priester, in: Hauschild/Kallrath/Wachter, Notarhandbuch Gesellschafts-und Unternehmensrecht, § 4 marginal no. 82。

［33］ Cf. e. g. http://www.companieshouse.gov.uk/infoAndGuide/companyRegistration.shtml; see above, p. 11 et seq.

此,英美法系的登记仅具有有限的或者完全没有披露功能。"身份欺诈"或者"身份盗窃"的案件并非不寻常。这也许恰恰是英国登记法院(Companies House)在网站上警示身份欺诈的原因。在英国登记法院进行虚假登记而造成的经济损失是巨大的。概括而言,每个月估计会发生 50—100 起"公司身份欺诈"案件。[34] 基于这一原因,将公证人的参与简单归类为一种"降低福利的交易成本"至少是把问题简单化了。[35]

伴随着以《欧盟第 2003/58 号指令》[36]为依据的电子商事登记的引入,拉丁法系中,公证人作为商事登记入口的重要性更加显著:电子登记的数据必须由公证人进行整理和准备才能够直接导入商事登记软件。[37]

就此而言,公证人作为公司外部控制措施的重要性不应当被低估,尤其是公证人在与商事登记合作中的角色并不仅限于进行事前的形式核查和技术上的帮助登记。在公司设立阶段,公证人**具有一种实质性控制的功能**并同时能够给登记部门减压,因为公证人充当了登记部门的"过滤装置",极大地节省了后者与股东和管理机构成员交涉的时间成本。此种公证人实质性控制功能尤其体现在公司章程的准备中。公证人对遵守规范要求的情况以及公司是否满足登记的前提条件进行监督(例如《德国有限责任公司法》第 9 条第 1 款)。基于此,公证人的参与**为公司法下法律行为的正确性提供了实质性保障**。[38] 意大利立法在如此广泛的范围内赋予了公证人对公司设立合法性的审查职权,以至于登记法院仅需要对"设立文件的形式合法性进行审查"(regolarità for-

---

[34] Bock, ZIP 2011, p. 2449.
[35] Eidenmüller, in: Bachmann et al. (eds.), Rechtsregeln für die geschlossene Kapitalgesellschaft, pp. 163–171.
[36] See Lutter/Bayer/J. Schmidt, EuropUR, § 19 marginal no. 5.
[37] Priester, in: Hauschild/Kallrath/Wachter, Notarhandbuch Gesellschafts-und Unternehmensrecht, § 1 marginal no. 29.
[38] BGHZ 105, 324, 338 Supermarkt.

male della documentazione)(《意大利民法典》第 2330 条第 3 款)。[39] 如果法律审查(通过公证人和法院)采取两个步骤来完成(正如德国法中的情形),那么,法院依然严重依赖公证人的事前审查。实践中,合同文本是由外行或者没有公司法专业知识的律师起草的,还是经过专业人士检验的,存在重大区别。

在商事登记过程中,公证人的另外一项重要任务并非属于严格意义上的外部控制内容:针对公司法公司设立的要求(例如,针对资本认缴)**为参与主体提供建议和咨询**。一个审慎的公证人会注意遵守《欧盟资本指令》第 7 至 11 条的规定。最后,公证人减轻了登记机关的负担,发挥了"过滤装置"的作用,确保所提交的资料尽可能正确和完整。

(四)公证行为作为公共职权的行使行为

公证人的功能具有**双重目的**:他们服务于**预防性司法**(preventive administration of justice)并对所有参与人利益提供**中立性支持**。[40] 首先,就预防性司法目的而言,在如今的拉丁法系中,公证人不仅仅是相关参与人意思表示记录的"管理人"。事实上,对于公证人而言,公证会引发一系列预防性司法的义务[德国法下参见《德国公证法》(BeurkG)第 17 条]。根据该条,公证人首先必须**澄清公证所依据的相关事实**。因此,"给我事实,我将给你法律"(da mihi factum, dabo tibi ius)的格言不仅适用于民事法院,也同样适用于公证人。基于确认的事实,公证人必须找出当事人的真实意思,并且用法律术语尽可能准确地表达。对此,公证人的责任便是从所涉及的法律选项中提供一项妥当的建议。公司法中,这适用于诸如选择最适合设立人利益的法律形式。在

---

[39] See additionally, Cian/Trabucchi, Commentario breve al Codice Civile, Art. 2330 comment. I 2; Bertolotti, in: Cagnasso/Panzani (eds.), Trattato delle nuove s. p. a., 2013, vol. 1, La s. p. a. Profili comparatistici, La costituzione, p. 647 et seq.

[40] 关于下文内容,尤其参见 Priester, in: Hauschild/Kallrath/Wachter, Notarhandbuch Gesellschafts-und Unternehmensrecht, § 1 marginal no. 8 et seq.; 关于当前的发展,参见 Huttenlocher/Wohlrab, EuZW 2012, 779 et seq.

这一情形下，公证人的另一个核心工作是就所公证交易的法律影响对参与人进行训导。通过这一"训导功能"，公证人的公证实现了法律形式的核心目标[见上文（一）边码154及以下]。例如，在设立公司的情形中，参与人必须被告知违反资本缴纳义务的法律后果以及设立阶段的责任风险。在股份回购的情况下，多数情况会存在资本维持相关的问题，对此公证人必须指明。在股权移转交易中，必须应对购买方的责任风险（《德国有限责任公司法》第16条第2款*）和退出股东作为前手的法律责任（《德国有限责任公司法》第22条第1款）问题。根据德国关于公证人公证的规定，公证人也必须保护"欠缺经验或者不成熟的"参与人免于在法律上遭受歧视（《德国公证法》第17条第1款第2句）。此处可以清晰地看到，在涉及对**弱势方保护**上，公证人具有一种预防性司法的职能。公司法中，在职工购买公司股份的情形下，这一点尤为重要，因为职工通常缺乏商业经验。

159

公证人制度的第二个目的，即**对参与人提供中立性的辅助**，这在以下规定中得到表达：公证人并不代表任何一方，而是作为参与方的中立（不偏不倚）建议者和照顾者[《德国联邦公证人条例》（BNotO）]。与律师作为当事人代理人的地位不同，公证人在征得所有参与人同意的情况下开展工作，并以找到基于所有参与人利益的妥当方案为目标。与此同时，这种对于所有参与人中立的辅助同时也在以下范围内具有预防性特征，即公证人在"调解"程序中采取行动。[41]

考虑到上述专业性以及大多数情况下法定的公证人职责，欧洲法院（ECJ）将公证人的工作归类为并不直接与《欧盟运作方式条约》第51条第1款意义上的"**行使公共权力**"特别相关的立场

---

* 本条规定了购买方对于出资义务的连带责任。——译者注

[41] Priester, in: Hauschild/Kallrath/Wachter, Notarhandbuch Gesellschafts-und Unternehmensrecht, § 1 marginal no. 13.

是难以令人信服的。[42] 这一立场下的欧洲法院对欧盟法"公共职权"理念的解释采取了与德国联邦宪法法院截然不同的方法。[43] 基于成员国国内法的目的,后者所持的立场是,公证人被移转了原始性的国家职能,这些职能是由相应法律体系的主权国家所规定。恰恰是这一点被欧洲法院所否定,理由是公证人不能独立于当事方的意愿采取行动。该法院解释的不当之处在于,法院在民事程序的很多情形中并非依职权采取行动,而是基于一方当事人的申请。[44] 同样作为事实的是,尤其在欧盟公司法中,基于《欧盟披露指令》第11条框架对公司设立控制和章程修改的规范,公证人和管理登记的政府部门在核心内容上被认为是等同的。二者都必须**保护第三人的利益**[45]并进而确保"**主权控制**"(sovereign control)。[46]

三、小型公司

(一)公司设立、资本缴纳、公司章程修订

根据本研究涵盖的多数法律体系,设立小型公司(有限责任公司)**要求一份官方文件**(《德国有限责任公司法》第2条第1款第1句;《奥地利有限责任公司法》第4条第3款;《瑞士债法典》第777条第1款;《意大利民法典》第2463条第2款)。只有法国法规定了书面形式的公司章程(即不需公证)(《法国民法典》第1835条);但公证人公证也具有其地位。当然,在法国,如果不动

---

[42] Case C-54/08, Kommisssion/Deutschland [Notarberuf ohne Staatsangehörigkeitserfordernis] (2011) = NJW 2011, 2941 = EuZW 2011, 468 with comments by Fuchs = EWiR 2011, 703 with brief comments by Vollmer; for a critical view, see Huttenlocher/Wohlrab, EuZW 2012, 779 et seq.

[43] BVerfG DNotZ 2009, 702; NJW 2012, p. 2640 et seq.

[44] Grziwotz, EWiR 2012, 479 et seq. regarding KG ZIP 2012, 1514. 该作者认为德国公证人的行为具有官方属性,从而不属于服务自由的适用范围。

[45] 《欧盟披露指令》立法理由第二项;关于该指令的第三方保护功能,参见 Habersack/Verse, Europäisches Gesellschaftsrecht, § 5 marginal no. 2。

[46] Grundmann, Europäisches Gesellschaftsrecht, marginal no. 200.

产作为出资,有限责任公司的章程也需要采取公证形式。[47] 其他情况则根据《法国商法典》第 L210-7 条第 1 款的规定,由登记官(registry clerk)负责审核设立情况。[48]

法国法模式充分展现了**设立程序缺乏公证人的不足**。在转化《欧盟披露指令》的过程中,法国立法者有意识地拒绝了事前的强制性公证审查。[49] 取而代之的是引入由三部分组成的用于确保公司章程准备和修订合法性的机制。[50] 首先需要公司登记申请(demande d'immatricu-lation),该申请必须满足设立的所有"形式要求"(《法国商法典》第 L210-1 条[51])。在公司设立之后,如果公司章程缺乏法律规定的强制性信息,或者存在违反"形式要求"的地方,所有受到影响的主体均可以提起一项规范化目标之诉(action aux fins de régularisation),从而迫使公司遵守法律规定,否则其将面临惩罚性罚款(《法国民法典》第 1839 条[52])。第三个组成部分是**责任要求**,如果登记信息不完整或者忽略了形式要求,设立人和第一届董事会成员应当承担责任(《法国民法典》

---

〔47〕 另参见 Frank/Wachter, RIW 2002, 11, 12。

〔48〕 以下规定适用于所有类型的商事公司:"在有管辖权法院对公司章程是否符合法律法规规定的条件进行审查并通过后,公司才能注册登记。" additionally Didier, Le registre du commerce et des sociétés nell' ordinamento francese, in: Bocchini (ed.), Il registro europeo delle imprese = Europeancompanies registry, Vol. 1: Registro delle imprese e mercato interno, il registro delle imprese, nell' ordinamento francese, inglese e Tedesco, rappresentanza commerciale e registro delle imprese, atti traslativi di azienda e pubblicità, Padova: CEDAM, 2003, p. 27 et seq.;关于 2000 年《法国商法典》之前法国的法律规定,参见 Fischer-Zernin, Der rechtsangleichungserfolg der Ersten gesellschaftsrechtlichen Richtlinie der EWG, S. 171 et seq。

〔49〕 Houin, Rev. trim. dr. com. 22 (1969), 999, 1007; see also Fischer-Zernin, Der Rechtsangleichungserfolg der Ersten gesellschaftsrechtlichen Richtlinie der EWG, p. 172

〔50〕 Fischer-Zernin, Der Rechtsangleichungserfolg der Ersten gesellschaftsrechtlichen Richtlinie der EWG, p. 172 et seq.

〔51〕《法国商法典》第 R210-1 条:"(1)商事公司依据本法第一编规定的条件进行商事登记。(2)公司完成章程规范化文本格式后,可提交注册登记申请。"

〔52〕《法国民法典》第 1839 条(依据 2009 年 5 月 12 日第 2009-526 号法律修改):"(1)若公司设立文件中不包含立法要求的全部细节,或者若立法规定的设立形式被忽略或不合规地完成,任何利害关系人均可提起异议之诉,并接受作为惩罚措施的公司章程监管。检察机关有权实施同样目标的措施。(2)上述规则同样适用于公司设立文件调整修改的情形。(3)依本条第一款规定的监管目标实施的相关诉讼行为仅在公司设立登记之日或公司设立文件调整文书公示之日起 3 年期限内发生效力。"

161　第 1840 条第 1 款[53];《法国商法典》第 L210-8 条)。但是,公证人或者登记官(greffier)在这一过程中不会对实质性内容进行审查。[54]

　　与之相反,对公司设立及公司章程修订进行公证人公证的主要目的在于法律确定性和交易的考虑,故对注册公司的基础进行记录。[55] 此处,法律形式要求履行着双重保障功能。通过确保法律确定性,符合法律规定的设立要求和对当事人的指导,它一方面保护了参与人,另一方面保护了第三人。对于公证人公证垄断构成设立障碍并导致高成本[56]的这一质疑并不能令人信服。只有公证人能够确保为设立人的设立风险、为共同设立人及少数股东的过度出资风险、为债权人的资本缴纳不足风险提供广泛的保护,最后,也能预防公众免受欺诈设立行为的影响。

　　有限责任公司的设立人更大程度上面临隐藏的各种类型且不断变化的责任风险、揭开公司面纱导致的风险,以及设立空壳公司、隐藏实物出资和其他设立瑕疵的风险。在公司的设立过程中,公证人指明这些风险(参见第二节)。公共利益以一种特殊的方式受到资本维持规则的影响。鉴于公证人的中立性和专业知识,公证人可以保障公共利益的实现。[57] 公证人公证的警示功能必须被着重强调,尤其是针对公司设立人。[58] 公证人的公证

---

〔53〕《法国民法典》第 1840 条:"(1)设立人和第一届董事会成员对因遗漏章程应规定内容,或因未履行或违规履行公司设立法定手段所发生损害承担连带责任。(2)在章程修改的情况下,上述第一款的规定适用于公司时任的董事会成员。(3)上述诉权自本法第 1839 条第三款所规定之条件——满足之日起 3 年后超过诉讼时效。"

〔54〕《欧盟披露指令》实施后不久,相关探讨曾经只是欧洲立法者面前的"政变": Hémard/Terré/Mabilat, Rev. soc. 88 (1970), 197, 202; Sonnenberger, ZfRV 1974, 244, 253; Fischer-Zernin, Der Rechtsangleichungserfolg der Ersten gesellschaftsrechtlichen Richtlinie der EWG, p.176。

〔55〕 针对德国法,参见 Roth/Altmeppen, GmbHG, § 2 marginal no. 22 et seq。

〔56〕 但是,这一方向上的发展趋势,参见 Bachmann et al. (eds.), Rechtsregeln für die geschlossene Kapitalgesellschaft, p. 163 et seq。

〔57〕 关于德国(小型)公司中股东的责任,参见 Meister et al., The German Limited Liability Company, 7th ed., 2010, no. 54 et seq; cf. also Fitz/Roth, JBl 2004, 205。

〔58〕 Cf. also previously RGZ 54, 418, 419; RGZ 66, 116, 121; RGZ 149, 38, 39.

使设立人意识到其意思表示的重要性,也包括针对公司设立的法律后果对所有参与人进行训导。[59] 针对公司章程修改,公证人确保了同样的外部控制(《德国有限责任公司法》第 53 条第 2 款第 1 句;《奥地利有限责任公司法》第 49 条第 1 款第 2 句;《瑞士债法典》第 780 条;《意大利民法典》第 2480 条第 2 句)。在这一语境下,通过公证人的参与,强制性形式也旨在追求法律的确定性、训导相关参与人,并(作为一种预防措施)确保内容的正确性。[60]

欧盟公司法也确保了最低程度的**形式控制**。[61] 根据《欧盟披露指令》第 11 条的规定,如果相关成员国国内法没有就预防性、行政管理性或司法性控制作出规定,公司设立人协议与公司章程必须进行公证。这同样适用于变更上述法律行为的内容。通过公证人或者其他政府部门进行设立控制的目的在于防止公司设立的无效。这意味着,一些成员国,诸如法国,私人协议的形式即可满足公司设立的要求(《法国民法典》第 1835 条),由负责管理登记簿的政府部门对设立人所准备的法律文本进行实质性审查则是强制性要求。此外,意大利模式所采取的单纯通过公证人对设立进行审查也是被允许的(《意大利民法典》第 2330 条第 3 款)。最后,由公证人公证以及随后的登记簿管理部门审查组成的两步骤设立控制(典型代表如德国法)也完全无可非议。相反,**欧洲有限责任公司项目**采用了一种过度自由化的政策,即允许公证人、司法机关、其他有权机关抑或自我认证来对设立合规

---

〔59〕 关于这一效力,也见 BGH DB 1988, 223 = NJW-RR 1988, 288 针对有限责任公司设立的先合同的形式要件; see also Kindler, Grundkurs Handels- und Gesellschaftsrecht, § 14 marginal no. 45 et seq.

〔60〕 BGHZ 105, 304, 338; Roth/Altmeppen, GmbHG, § 53 marginal no. 21.

〔61〕 关于下述内容,参见 Lutter/Bayer/Schmidt, EuropUR, § 19 marginal no. 81 et seq. (p. 448 et seq.); Habersack/Verse, Europäisches Gesellschaftsrecht, § 5 marginal no. 38 et seq.; 比较法的概览,参见 Einmahl, AG 1969, 210f.; 全面的分析,参见 Schwanna, Die Gründung von Gesellschaften in Deutschland, Frankreich und Großbritannien – Gemeineuropäische Prinzipien des Gesellschaftsrechts, 2002。

性进行审查(第9条第4款)[62]) 。《欧洲有限责任公司条例(草案)》甚至补充规定,对设立文件进行"没有必要的"实质性审查应当被禁止。这样的规定甚至使该条例草案落后于《欧盟披露指令》第11条。后者虽然规定公证人形式的设立控制并非强制性,但是欧洲有限责任公司条例的起草者们误解了以下内容[63]：只有在登记程序之前采取公证人形式的法律审查才能够充分保障公司设立文件的正确性。借由公证人公证,公司章程的文本得以排除歧义(内容澄清与证据保存)。监督资本缴纳需以可靠和称职的方式进行。几乎没有关于公司设立中因公证人疏忽而导致责任的报道。

(二)股权移转

德国法下,针对小型公司的特殊公证要求规定在《德国有限责任公司法》第15条第3款和第4款。根据上述规定,有限责任公司股权移转与单纯作出股权移转的承诺一样须采取**强制性公证人公证的方式**。奥地利法亦是如此,通过法律行为进行的股权移转需要采取公证人公证的形式(《奥地利有限责任公司法》第76条第2款)。就此而言,公证人认证已满足了意大利法规定的条件(《意大利民法典》第2470条第2款),而法国法和瑞士法仅要求书面形式的私人协议(法国:《法国商法典》第L221-14条第1款结合第L223-17条;第R221-9条结合第R223-13条;瑞士:《瑞士债法典》第785条第1款[64])。根据历史上德国立法者的

---

[62] 在匈牙利担任欧盟轮值主席国期间的妥协版本(Council Doc. 10611/11 = 11786/11):"一个欧洲有限责任公司文件和具体内容的合规(遵守本条例)、公司章程和国内法应当受到控制,从而能够以符合成员国法的方式得到实施;尤其是通过一个公证人、一个司法机关或者其他有权限的政府部门抑或通过自我认证(包括通过一个授权代表)。然而,应当避免针对公司文件和具体内容进行没有必要的实质性审查"。关于《欧洲有限责任公司》项目参见上文第一章第三节之(四)边码23及以下。

[63] 关于下述事项,参见 Wicke, in: Süß/Wachter, Hdb. des internationalen GmbH-Rechts, § 8 marginal no. 19; Wicke, GmbHR 2011, 566, 569。

[64] 关于瑞士法及其对于跨国法律行为的效力,参见 Weller, Der Konzern 2008, 253 et seq。

观点,在适用前述条文的情况下,公证人公证"能够保障股权不变为新公司的交易标的"[65]。"不能产生针对交易事项的疑虑和不确定性"的目的仅是次要的正当性理由。[66] 概言之,这清晰地表明了立法者的意图:借由公证人公证的要求将有限责任公司设计为**封闭性公司**,尽管并未排除公司成员的变更,但法律形式应当更加复杂。[67] 通过上述方式,公证人公证同时实现了对小型公司企业法律形式的一定保护(企业类型保护)。[68]

(三)控制缺陷(control deficits)

首先,控制缺陷存在于所考察法律体系和立法动议没有针对公司设立和公司章程规定**预防性公证人公证**的国家。这一论断适用于法国,该国法仅引入了商事登记控制审查(《法国商法典》第 L210-7 条);而计划中的《欧洲有限责任公司条例(草案)》则更是如此(第 9 条第 4 款)。[69] 根据后者,在符合成员国国内法的情况下,股东的自我认证(self-certificate)便已满足条件并且不受任何政府部门的审查。就此而言,英国公司登记法院(见边码17)可以作为警示。在公司设立和公证的过程中,公证人基于其法律专业知识以及与当事人的密切接触,应当是确保公司基础运作行为正确性的最适格主体。

其次,在小型公司中,对交易进行公证的程序所存在的特定漏洞会导致控制缺陷。首先,这(一论断)适用于有限责任公司**股权的注销**,对此法律并没有规定强制性的公证人公证(《德国有限责任公司法》第 34 条)。这是令人惊讶的,因为股权的注销是与

---

[65] Explanation in Schubert/Hommelhoff, 100 Jahre modernes Aktienrecht, p. 37.

[66] Explanation in Schubert/Hommelhoff, 100 Jahre modernes Aktienrecht, p. 38.

[67] 此前进行的比较法分析,参见 Hallstein, RabelsZ 1938/39, 341, 378 et seq.; German jurisprudence still emphasizes this formal requirement on the issue of section 15 (3) dGmbHG: BGH NJW 1996, 3338, 3339。

[68] Apt/Großfeld/Bernd, RIW 1996, 623, 629; 全面的探讨,参见 Kindler, Geschäftsanteilsabtretungen im Ausland, p. 12 et seq。

[69] Cf. the Hungarian proposal dated 20 June 2011 (Council Doc. 11786/11); cf. Bayer/J. Schmidt, BB 2012, 3.

公司设立和股权移转相反的行为(actus contrarius),应当受到外部控制,并不单单因为注销将会导致相关主体权利的丧失。[70]

最后,控制缺陷也存在于**股权的分割和合并情形中**。这些措施属于股东会权限(《德国有限责任公司法》第 46 条第 4 项),股权的分割和合并本身已经表明了其作为重大事项的特质。考虑到对于个体股东法律处境的影响,公证人的参与在这些情形中也同样值得考虑。最后,如果成员国国内法在公司设立或者章程修订中要求公证人公证,但是**公司解散**却不作出此要求,则(规范体系)是不连贯的。[71]

四、大型公司

(一)公司设立、资本缴纳以及章程修改

股份公司设立中公证人的强制性权限在德国、奥地利、瑞士以及意大利的立法中拥有很长的历史(《德国股份公司法》第 23 条第 1 款;《奥地利股份公司法》第 16 条第 1 款;《瑞士债法典》第 629 条;《意大利民法典》第 2328 条第 2 款)。这同样适用于与之紧密相关的措施,诸如公司章程的修改(如注册资本的变更)。这一结果部分是由于相应法律形式的要求(《瑞士债法典》第 647 条),部分是由于股东大会决议须公证人公证的要求(《德国股份公司法》第 130 条第 1 款;《奥地利股份公司法》第 111 条第 1 款;《意大利民法典》第 2371 条第 2 款和第 2375 条)与股东大会修改公司章程的权限(包括资本措施)相结合。内容上,公证人的权限通过上文针对小型公司论述中所阐释的价值获得正当性[见上文第三节之(一)]。

(二)股东大会

股东大会决议须由公证人记录和公证的法律要求(《德国股

---

[70] Priester, in: Hauschild/Kallrath/Wachter/Priester (eds.), Notarhandbuch Gesellschafts-und Unternehmensrecht, § 1 marginal no. 24.

[71] Cf. MüKoGmbHG/Berner § 60 marginal no. 101.

份公司法》第130条第1款;《奥地利股份公司法》第111条第1款;《意大利民法典》第2371条第2款和第2375条)具有双重目的:首先,公证人公证的要求服务于提供法律上确定的股东大会决议文件。这样的方式能够发挥其传统的**证据功能**[72],并且能够保护(未来)股东、公司债权人以及公众的利益。股东大会的记录呈现了一份由公证人提供的事实报告,即在股东大会上究竟发生了什么,尤其是针对通过的决议。

公证的会议记录能够从一开始便确保股东大会通过的决议符合法定程序要求,并进而**确保其内容的正确性**。[73] 这与公证人参与预防性司法的核心功能相吻合[见上文第二节之(四)边码158及以下]。在这种情形中,公证人所做的并不仅是进行记录。[74] 作为司法辅助(Rechtspflege)的独立机关,公证人也必须评估会议行为的合规性和妥当性,如果他发现任何瑕疵,则必须积极促使(股东大会)采取纠正措施。[75] 用立法者的话来讲,公证人在此种情形下应作为"记录者和流程指导者"来采取行动。[76] 涉及股东大会决议正确性和相关程序的事项必须经过公证人审核,包括合法性审查的总结。[77] 此外,公证人负有广泛的义务来发表评论和进行干预,以避免产生有瑕疵的决议。[78]

本研究考察的法律体系中,除公证人公证的记录提交至商事登记的法律义务与形式性要求(例如《德国股份公司法》第130条第5款)之外,根据《欧盟披露指令》第3条第4款规定的(商事登

---

[72] BGHZ 127, 107, 113 = NJW 1994, 3094, 3095; see above, p. 154, 156.

[73] Kubis, in: MüKoAktG, § 130 marginal no. 1.

[74] Priester, in: Hauschild/Kallrath/Wachter (eds.), Notarhandbuch Gesellschafts- und Unternehmensrecht, § 1 marginal no. 15.

[75] Hüffer, AktG, § 130 marginal no. 12; OLG München DNotZ 2011, 142 with comments by Priester.

[76] Citations in Priester, in: FS 50 Jahre Deutsches Anwaltsinstitut, 2003, p. 571 („Protokollant und Inspizient").

[77] Kubis, in: MüKoAktG, § 130 marginal no. 31.

[78] OLG Düsseldorf DNotZ 2003, 775, 778.

记和相关文档)查阅权发挥着信息披露的功能(例如,德国法的转化规定在《德国商法典》第9条第1款)。

五、理论分析

必须进行区分的是外部控制多大程度上可以**通过强制性法律形式来实现**:在本研究考察的法律体系中,在仅要求公司法律文件(章程)以私人协议的方式(书面形式)来作出(例如,《法国民法典》第1835条)的范围内,遑论真正的外部控制,即便私人(书面)协议也能满足传统的保护当事人草率行事及发挥警示功能。然而,就证据功能而言,单纯的书面形式要求作为适当方式面临严重质疑。本质上讲,单纯书面形式的要求不能确保发挥公证人公证形式的咨询建议功能。除了(参与主体的)个体利益之外,公司法律文件的公证要求能够妥当地保护第三方的利益和公共利益。总体来看,公证人参与核心公司法律文件的制定过程能够带来诸多优势:

首先,公证人能够极大地**减轻商事登记簿管理部门的负担**。从形式上来看,这是最首要的优势,因为由公证人来准备应当报告和提交的文件。此外,公证人也可以确保所有情形中**登记簿记载的公证内容的正确性**。反过来,这极大地减轻了商事登记簿载入前的司法控制责任。成员国立法者已经通过取消商事登记簿管理部门对于认证文件的审查作出了回应。例如,《意大利民法典》第2330条第3款[79]的规定便是这种情况;与之类似,德国1998年6月22日颁布的《德国商法改革法》引入了《德国有限责任公司法》第9c条第2款关于降低商事登记控制的规定。通过遵守强制性的法律形式,公证人作为独立的公职人员部分取代了国家对公司原本必要的外部控制。

---

[79] 更加详细的探讨,参见第二节之(三)边码157及以下。

其次，公证人对公司进行外部控制在具有争议的司法领域还具有额外的优势。公证人的独立地位，及其对参与人法律意图的准确记录和表达，很有可能一开始便**避免**了诸多法律纠纷，从而无须进行诉讼。

除了这种控制功能和过滤功能，公证人还在一方股东和管理层与另一方商事登记管理部门之间的互动中发挥重要的**沟通功能**。公证人并非单纯地将所要求的资料递交到商事登记部门，还要澄清商事登记部门的异议，或者在必要的情况下进行回应。公证人的专业知识及其对于本国商事登记管理部门实践的熟悉使得其具备相应的行事能力。

基于公证人广泛的法律教育背景，民事公证人还能够对由专业律师准备的文本草案提出优化方案，例如继承案件。继承法对于公司组织结构的重要性是显而易见的。同样重要的是不动产法和婚姻法领域；考虑到个案中特殊的情形，这些领域可能与公司法产生紧密的关联。

最后，公证人能够为中小企业提供称职的和经济上相对能够承受的法律建议（尤其是在公司法领域），这一事实必须给予积极的评价。

概括而言，公司法领域不仅应当维持既有的法律形式要求，而且也应当持开放态度地考虑将其扩张适用。这将导致一系列立法政策的颁布（见下文第四节边码176）。

第四节　信息披露

一、欧盟商事披露的主要原则

（一）作为信息披露首要方式的商事登记记载与公布

欧盟范围内，商事披露被广泛规定于《欧盟披露指令》第2章

(第2—7条)。[80] 除了次级披露工具(诸如复制权和商业来往信函提供的基础信息要求)之外,《欧盟披露指令》要求成员国设立商事登记簿;其中,第3条第1款规定,成员国享有自由裁量权,决定在本国建立集中化的商事登记簿或者选择非集中化的组织结构。主要的披露工具[81]是当事人提交登记申请的义务和在相应公报上披露的义务,或者通过"类似有效的形式进行披露"的义务。根据《欧盟披露指令》第3条第1款的规定,成员国在商事登记簿中为每一个公司开设一个"档案",所有文档以及需要特别披露的事项必须提交至或者录入商事登记簿。根据修订后的《欧盟第2003/58号指令》,这一材料提交或者录入要求在适用的情况下,应自2007年1月1日起采用电子形式。根据该指令第3条第5款的规定,应予披露的文件和特别事项必须在成员国设定的官方公报上披露。就此目的而言,部分复制甚至仅部分援引提交登记文件便已足够。

(二)应予披露的特别事项

公司公告包含的部分内容是《欧盟披露指令》第2条特别规定的文件和特殊事项。除了这一列表中的项目之外,其他应当予以披露的项目是基于公司法领域的其他欧盟指令。这里仅列举其中部分的特殊条款:《欧盟资本指令》第2条第f款,《欧盟会计指令》第47条,《欧盟合并会计指令》第38条,《欧盟透明性指令》第4条及以下诸条。[82] 根据《欧盟披露指令》第2条规定,以下内容必须披露:公司设立文件或者公司章程、公司组织机构成员、

---

[80] Cf. primarily Lutter/Bayer/Schmidt, EuropUR, § 19 marginal no. 12 et seq. (p. 421 et seq.);比较法的分析,参见 Bocchini (ed.), Il registro europeo delle imprese = European companies registry, Vol. 1: Registro delle imprese e mercato interno, il registro delle imprese nell'ordinamento francese, inglese e tedesco, rappresentanza commerciale e registro delle imprese, atti traslativi di azienda e pubblicità, Padova: CEDAM, 2003.

[81] 关于初级披露工具与次级披露工具(primary and secondary disclosure instruments)的区别主要参见 Habersack/Verse, Europäisches Gesellschaftsrecht, § 5 marginal no. 11;更加详细的探讨,参见 Fischer-Zernin, Der Rechtsangleichungserfolg der Ersten gesellschaftsrechtlichen Richtlinie der EWG, p. 63 et seq.

[82] 其他的细节内容,参见 Lutter/Bayer/Schmidt, EuropUR, § 19 marginal no. 28。

认缴资本、会计文件、注册地的变更、解散/无效声明/清算。成员国可以根据相应的国内法决定哪些额外信息应予披露。

(三)披露效果

披露效果主要基于《欧盟披露指令》第 3 条第 6 款和第 7 款；条款区分了消极效果和积极效果：在《欧盟披露指令》第 3 条第 6 款和第 7 款第 3 项框架下，法律相关事实未披露的消极披露原则(消极登记公开；negative Registerpublizität)能够使得第三人以及公司信赖真实的法律状况；《欧盟披露指令》第 3 条第 6 款第 1 项和第 2 项基于法律相关事实的披露确保了积极披露原则(positive Registerpublizität)的实现，即在信息披露不正确的情形中，公众原则上可以信赖相关法律情形的表象。这一背景下，《欧盟披露指令》第 3 条第 7 款第 1 项规定的成员国义务，即采取必要措施避免具有重大影响的事项的披露内容与登记簿中的内容或者事前提交的内容之间产生任何可能的差异。和以往相比，人们可以在这一条的规定中看出来成员国的预防性义务，它用以确保(基于第三人利益考量)**登记簿记载的内容与事实情况相符**，并且使第三人不盲目地依赖公司提供的信息(见上文边码 11)。正如上文第三节阐释的(边码 154 及以下)，公司文件规定的与第三人相关的形式要求是实现此目的的合适工具。

(四)惩罚措施

根据《欧盟披露指令》第 7 条规定，成员国至少在未披露会计文件以及商业文件或者公司网站上的强制性特殊事项的情况下，应当采取适当的惩罚措施。这是对《欧洲联盟条约》(TEU)第 4 条第 3 款第 2 句规定的一般性合作义务的补充。根据该条款，成员国应当采取所有适当(无论是一般性，还是特别性)的措施来确保条约规定义务或者其他欧盟机构颁布规范所规定义务的履行。根据《欧盟运作方式条约》第 288 条的规定，这些"欧盟机构颁布之规范"也包括欧盟颁布的"指令"。就此而言，应当强调的是，成员国基于实施披露义务目的而规定的惩罚威胁在实践

168 中多数情况下没有效果（例如《德国商法典》第 14 条）。[83] 相反，在商法规定披露义务被忽视的情况下，应当更多地考虑法典化以私法为基础的责任规则。例如，可以考虑的是，针对拒绝履行披露义务的当事人规定个人责任（参见《欧洲股份公司条例》第 16 条第 2 款；成员国法层面有《德国有限责任公司法》第 11 条第 2 款、《法国商法典》第 L210-6 条第 2 款、《意大利民法典》第 2331 条第 2 款）（见上文边码 48）。相较于成员国国内法中多数无效的惩罚规则，这些责任形式将会提供更多遵守披露义务的激励。

二、商法信息披露、善意信赖保护和公共保护（基于德国法股权善意取得制度）

（一）股权善意取得的基本原则

根据于 2008 年实现法典化[84]的《德国有限责任公司法》第 16 条第 3 款第 1 句，在通过非继承法律行为进行的股权移转中，购买人可以有效地从无权利人手中取得股权，前提是该无权利人作为股东记载于纳入商事登记的**股东名册**中。这一规则的目的在于确保股权流通过程中的法律确定性，尤其是降低股权买卖交易中的审查成本（从而降低交易成本）。[85]

关于信息披露，《德国有限责任公司法》第 40 条区分了公司董事（向商事登记簿）提交的股东名册和参与交易的公证人（向商事登记簿）提交的股东名册。因此，在后一种情形中，公证人的股东名册提交义务替代了公司董事的提交义务。在 2008 年德国公司法改革中，立法者意识到了前一种情形存在更

---

［83］ 关于《德国商法典》第 14 条下典型的效率低下的"强制性程序"内容，参见 Wachter, MDR 2004, 611, 612 text accompanying fn. 15; Leible/Hoffmann, RIW 2005, 544, 545 et seq; Kindler, in: MüKoBGB Internationales Gesellschaftsrecht, vol. 11, marginal no. 994; see additionally, Koch. in: Staub, HGB, § 13 d marginal no. 59 et seq.

［84］ following the "MoMiG" see fn. 17, above.

［85］ 其是否能够成功是另一回事儿；对此批评性的观点，参见 Rodewald, GmbHR 2009, 196 et seq.

大的风险。尤其在股权移转的交易中,在立法者看来,较之继承案件或者股权分割或者合并案件,公司董事(无论是不称职,还是出于故意欺诈)**制造虚假法律文件**的风险更高。[86] 这一背景下,股东名册作为一种法律文件被推定能够准确地反映确定的法律关系,类似不动产法中的土地登记簿(《德国民法典》第892条)和继承法中的继承证书(《德国民法典》第2365条)。正如2008年德国有限责任公司法改革前的情形,公司设立时必须将股东名册记载在商事登记簿,并且股东组成或者股东持股比例大小的每一次变化均应当记载于新的股东名册中(《德国有限责任公司法》第8条第1款第3项、第40条)。2008年《德国有限责任公司法现代化与反滥用法》(MoMiG)[87]通过多种方式增强了股东名册的重要性:(1)就与公司的法律关系而言,只有记载于商事登记簿的股东名册中的股东才被认为是公司股东(《德国有限责任公司法》第16条第1款)。自2008年以来,股东名册成为股权权利行使中佐证权利主体地位的唯一证据,不仅在通过法律行为进行并购时如此,而且在股东组成或其持股比例发生任何变化的情形中均是如此;这与原《德国有限责任公司法》第16条第1款的规定不同。(2)此外,股东名册的登记触发了股权受让方针对转让时尚未履行的出资义务承担的连带责任(《德国有限责任公司法》第16条第2款)。(3)再者,给股权编码使得股东名册能够个性化每一份股权;结果,关于转让股权之股东身份的质疑(正如此前出售同时适用多份股权的名义额度时偶尔会出现的情况)被排除了。(4)上述情形中,股东名册最为重要的功能在于 MoMiG 将其作为股权善意取得参照的法律文件。[88]

---

〔86〕 BT-Dr. 16/6140 p. 44 右侧栏,在这些情形中立法者认为公司董事提交股东名册的义务是适宜的,而不是《德国有限责任公司法》第40条第3款规定的赔偿责任。

〔87〕 See fn. 17.

〔88〕 See fn. 17.

2008年公司法改革之前[89]，从有限责任公司中的无权利人处善意取得股权是不可能的。相应地，股权受让人必须审查所有股权移转的有效性以及相关公司成立以来股权的任何变化，但是，由于中间股权移转隐藏的风险，无法实现完全的确定性。如上文已述，2008年改革之后，股权善意取得的参照是股东名册；股东名册如今作为确定的法律文本。根据《德国有限责任公司法》第16条第3款第1句规定，股权或者股权之上的权利可以有效地从无权利人处取得，前提是该无权利人作为股东记载于纳入商事登记簿的股东名册中。善意的效果仅是针对转让人的股东地位，并非针对股权是否存在或者相关股权上是否存在负担。相应地，正如改革之前的情形，潜在的购买人必须彻底调查将要取得之股权是否有效地成立以及是否依然存续。例如在股权成立赖以存在的出资履行措施无效的情况下（参见《德国有限责任公司法》第55条）不发生善意取得。在《德国有限责任公司法》第16条第3款第1句规定要件均获得满足的情况下，从无权利人处购买股权在存在下列消极要求的情况下也无法实现善意取得：(1)针对相关股权，股东名册存在错误的状态不足三年，并且这种不准确状态不能归责于真实权利人。(2)股权受让人明知或者由于重大过错未知转让人的无权利状态。(3)相关股权在股东名册中被附注了(权属)异议。

(二)真实股东失权及其宪法边界

较之以往的法律状况，MoMiG[90]在股权移转方面实现了更大程度的法律确定性。然而，与此同时，真实股东面临着权利丧失而善意购买人取得该权利的威胁。基于宪法性**财产权保护**的角度(《德国基本法》第14条)[91]，只有在股东名册享有**如此高的**

---

[89] See fn. 17.
[90] See fn. 17.
[91] 关于对股权的宪法性保护，参见 BVerfG NZG 2012, 826 subsection C I 1 a –Delisting.

法律确定性,从而使得善意取得仅在极端例外的情形中才有可能的前提下,这种情况才是可以接受的。[92] 长期以来得到广泛认可的观点是,前权利主体借由善意取得丧失权利不得违反《德国基本法》第 14 条规定。[93]

(三) 作为 2008 年公司法改革立法政策目标的股权结构透明化

从 MoMiG[94] 政府草案稿附带的解释性说明的部分摘录中可以获得股权移转信息披露规则立法目的的信息。例如,其序言称,除了防止滥用行为外,新的规则还旨在追求有限责任公司股权结构的透明并预防洗钱。[95] 紧接着,在援引了作为 1998 年 6 月 22 日《德国商法改革法》组成部分的《德国有限责任公司法》第 40 条规定的强化措施后[96],同时德国立法者也明确地表示外国公证人的公证存在法律漏洞[97];原因在于,在上述解释性说明引入透明性立法目的的同一段落中,立法者也指出了涉及外国公证人公证的情况下**透明性缺陷**导致的法律漏洞。这些透明性缺陷无可否认,其产生与外国公证人认证多数情况下未向商事登记簿报告或未向国库缴费的事实相关。自 2013 年以来,公众的关注

---

[92] 基于《MoMiG 草案》所进行之讨论之初的立场,参见 Ziemons, BB 2006, Special 7/2006, pp. 9, 12: "基于简化股权交易目的通过立法规定股权善意,取得从而剥夺(原股东)财产权只有在以下情况下才符合保护财产权的基本原则,即采取预防措施使其仅为绝对的例外。" Preuß, ZGR 2008, 676, 699; also of this opinion Harbarth, ZIP 2008, 58, 61 et seq., Mayer, DNotZ 2008, 403, 430 et seq.; Bednarz, BB 2008, 1854, 1855 with fn. 25; Apfelbaum, BB 2008, 2470, 2476 et seq.; Reichert/Weller, in: Goette/Habersack (eds.), Das MoMiG in Wissenschaft und Praxis, pp. 79, 103.

[93] Hager, Verkehrsschutz durch redlichen Erwerb, § 4 pr., p. 46: "善意取得应当归纳到《德国基本法》第十四条的体系中。"; following Peters, Der Entzug des Eigentums an beweglichen Sachen durch gutgläubigen Erwerb, § 3 II 3 c, p. 26: "可以在《德国基本法》第十四条的框架下衡量对前所有权人的干涉措施。"

[94] See fn. 17.

[95] BT-Dr 16/6140 p. 37 右侧栏明确援引《欧盟第 2005/60 号指令》的规定。

[96] BGBl. I, p. 1474.

[97] BT-Dr. 16/6140 p. 37 右侧栏顶部: "然而,诸如外国公证人公证等法律漏洞,此次立法中要予以填补。"

已经开始聚焦于后者。[98] 就股东名册记录在商事登记簿的法律后果而言,上述解释性说明的立场并不清晰。这里涉及的问题是权利取得的形成性效果(constitutive effect)。[99]

171   正如 MoMiG[100] 起草者设想的,由公证人提交股东名册首先服务于**新股东的利益**。《德国有限责任公司法》第 40 条第 2 款第 1 句规定,新的股东仅需要"极少数情况下"强制要求公司向商事登记簿提交股东名册。[101] 针对非继承情形下的股权移转,股东上述权利在董事会无权提交股东名册的情形下便不存在。此时,公证人取代了公司董事的"位置"采取行动(提交股东名册)(《德国有限责任公司法》第 40 条第 2 款第 1 句)。

政府的解释性说明将股东名册纳入商事登记簿与《德国有限责任公司法》第 16 条第 3 款股权善意取得的法律效果进行了补充性说明。这一法律文件不仅构成被纳入名册的股东与公司之间关系的合法性基础,而且也**保护了第三人的期待**。就此而言,MoMiG 法案的起草者将股权善意取得与不动产法中的善意取得进行了类比。[102] 立法者阐释了《德国有限责任公司法》第 40 条,即考虑到与股东名册相联系的善意取得的可能性,应当提升

---

[98] 2013 年 4 月标志着史上最大规模财务解密事件的肇始。国际调查记者联盟(ICIJ)发布了基于一项针对世界范围内离岸资金的国际合作项目的首批调查报告。公正纳税联盟(Tax Justice Network)声称世界范围内三分之一的财富锁定于神秘的离岸中心;细节内容参见 http://www.icij.org/offshore。

[99] 关于这一主题,相关材料(BT-Dr. 16/6140 p. 37 right column below)中称:"《德国有限责任公司法》第 16 条第 1 款的规定及作者的评论并不意味着股东名册的提交以及纳入商事登记簿构成股权交易的前提条件。交易的有效性,除了将要涉及的股权善意取得之外,依然是独立于股东名册而载入商事登记簿。然而,股东名册没有提交以及未纳入商事登记簿的情况下,新的股东不能够行使其成员权,因为该股东仅在商事登记簿将更新后的股东名册载入之后才获得针对公司的股东地位。从法理的角度,股东名册是为了向股份公司登记股份的登记簿靠拢(股份登记簿),而对后者的法律地位并不存在争议。

[100] See fn. 17.

[101] BT-Dr. 16/6140 p. 38, 左侧栏:"未来在基于法律行为的股权转让中,将由公证人以公证形式来(向法院)提交更新后的股东名册;《德国有限责任公司法》第 40 条第 2 款第 1 句。"

[102] BT-Dr. 16/6140 p. 38, 右侧栏:"这一规定部分是以《德国民法典》第 892 条为基础。"

该名册的准确性。[103] 这正是让**公证人参与股东名册更新**的立法目标之一。立法者首先将股东名册的提交作为公证人公证股权移转交易后的"附带性程序"。[104] 令人惊讶的是,针对这一点,MoMiG[105] 的解释性说明强调了公证人消除股东名册准确性的所有质疑的义务。[106] 因此,公证人的参与应当提高对股东名册正确性的保证程度。[107]

在德国立法者看来,上述新规则在以下两个方面有助于实现正确性保障(Richtigkeitsgewähr):**股东组成发生变化的情况下公证人的参与**(例如《德国有限责任公司法》第 15 条第 3 款)以及随后公证人出具的(申请变更登记事项与事实变化相符、其他登记事项与商事登记簿已记载事项一致)证明(《德国有限责任公司法》第 40 条第 2 款第 2 句)。[108]

相应地,**公证人公证及其认证**并非是基于新股东利益而引入的,而是为了**保护面临失去权利危险的真实股东**。公证人公证及其证明旨在预防真实股东在无权利人处分股权时失去其权利;这是因为,在《德国有限责任公司法》第 40 条第 2 款下,股东名册在没有公证人认证的情况下是不能够被商事登记簿纳入的。结果,股东名册的合法性效果(《德国有限责任公司法》第 16 条第 1 款)及其作为法律地位证明的适当性(《德国有限责任公司法》第

---

[103] BT-Dr. 16/6140 p. 43,右侧栏。
[104] BT-Dr. 16/6140 p. 44,左侧栏。
[105] See fn. 17.
[106] BT-Dr. 16/6140 p. 44,右侧栏:"如果公证人针对相关的变更是否有效产生怀疑——他只能够在消除相关怀疑的前提下再向法院提交相应的(股东)名册。"公证人依据《德国公证法》(BeurkG)第 4 条的规定也已经负有审查法律合规性的和有效性的义务,参见 König/Bormann, DNotZ 2008, 652, 668; see additionally Mayer, DNotZ 2008, 403, 409 et seq。
[107] Lange, GmbH-Rundschau 2012, 986, 987 citing BT-Dr. 16/6140, p. 44 and additional authors from the literature.
[108] BT-Dr. 16/6140 p. 44,右侧栏:"公证人依据第 40 条第 2 款第 2 句提供的公证证明,这是以第 54 条已经规定的常规证明为基础。与公证人的参与相结合,公证证明提高了对(股东)变更正确性的保障。"也见 Kort, GmbHR 2008, 169, 172 at fn. 25; Mayer, DNotZ 2008, 403, 411 (作者认为,公证证明与公证人与股东名册相关的职权之扩张相结合,提高了股东组成相关内容正确性的担保。)

16 条第 3 款)均依赖公证人的认证。相应地,基于公证人的认证,股权移转不仅在协议当事人之间发生善意取得的效果,还对不相关的第三人产生效果。进而,在股权移转的情形中,法律确定性和对公众的保护"呼唤"公证人公证,在《德国有限责任公司法》第 40 条第 2 款第 2 句下,该公证构成了公证人出具证明这一"附带性程序"的基础。[109]

相应地,公证人出具证明(认证)的要求不仅保护了交易的便捷和安全,而且保护了真实股东的**财产权**(《**德国基本法**》**第 14 条**);因为立法者相信,公证人出具的证明,包括公证中确定的股东名册,仅会在极少数情况下不准确。公证人这时候便成为股东财产权的守卫者。[110]

(四)公证人公证的准形成效力(quasi-constitutive effect)

根据 2008 年引入的《德国有限责任公司法》第 16 条第 1 款第 1 句规定,当股东组成发生变化,对公司而言,仅有纳入商事登记簿的股东名册中记载的股东才能被视为股东。因此,股东名册构成了股权受让人在公司关系中合法性地位的基础。当然,在股权移转的情形中,该合法性效果仅从公证人公证建立的股东名册产生并从股东名册被商事登记簿接收那一刻开始。纳入股东名册使得股权受让人成为股东。[111] 法律属性上,(这里有一个"理念上的转变"[112])取得股权只有在股东名册连同公证人出具的证

---

[109] König/Bormann, DnotZ 2008, 652, 670.

[110] 沿同样的路线(但是在表述上更加保守);Mayer, DNotZ 2008, 403, 431 et seq.

[111] 关于 Preuß, ZGR 2008, 676, 686 et seq.作者强调,商事登记法院收到签章的股东名册触发其对公司的合法化功能。向公司寄送一份修改后的股东名册仅仅发挥信息功能。这一方案对公司而言与直接并购的效果接近。根据《德国有限责任公司法》第 40 条第 2 款的规定,公证人在(股东名册)变更后应当不迟延地向商事登记法院提交股东名册;《德国有限责任公司法》第 16 条第 1 款第 2 句规定,股权购买方在公司关系中已经采取的法律行为(诸如决议或任命与罢免)也视为自始有效,如果(变更后的)股东名册在该法律行为之后不迟延地提交给商事登记法院。这意味着,股权买卖交易在公证人的参与下缔结后,事实上购买方在与公司的关系中被"视为"一个拥有完整权限的股东。因此,针对公证人的申请义务,政府草案中包含的新规则导致了一种理念上的变化。

[112] See prior fn.

明(《德国有限责任公司法》第 40 条第 2 款第 2 句)被纳入到商事登记簿中才是完美的。从原理的角度来看,这使得股权的取得接近于不动产的取得。尤其是房地产法除了要求所有人与购买人之间的协议之外,还需要土地登记簿(Grundbuch)的登记才构成完整的权利移转行为(《德国民法典》第 873 条)。在 MoMiG 的解释性说明中,仅声称股权受让人载入股东名册并被纳入商事登记簿中不应当构成股权有效取得的前提条件[113],这并不会对上述观点产生任何改变。原因在于,立法资料仅是多种法律解释资料的一种类型,在法的客观解释、目的性解释和体系性解释因素指向另外一种解释的情况下,立法资料支撑的解释也应相应服从,这与法律的条文也相符合。[114]

这里讨论的情形中,《德国有限责任公司法》第 16 条第 1 款第 1 句("被视为股权的所有者")的文义意味着一种"拟制",即股东法律地位的拟制。如果像政府解释性说明暗示的那样,股权受让人在达成股权转让协议后已经成为股东,那么这一拟制就变得多余。如果立法者仅仅关注对**已经移转**的权利施加限制(正如解释性说明所称的那样[115]),那么,直接借用《德国股份公司法》第 20 条第 7 款的规定会更加明显地表达这一意图:"股权相关的权利,在相应股权取得尚未载入股东名册并纳入商事登记簿之前不得行使"。此外,对于尚未载入股东名册并纳入商事登记簿(《德国有限责任公司法》第 16 条第 1 款第 2 句)的股权受让人而言,**所从事法律行为有效性的拟制只有在其非股东的情况下才具有意义**。在股权移转的情形中,此类主体只有在提交附带公证人认证的股东名册后才变为股东。相应地,这对股权的取得有一种准形成性的效果。

---

[113] BT-Dr. 16/6140 p. 37 right column; accord, e. g. Reichert/Weller, in: Goette/Habersack (eds.), Das MoMiG in Wissenschaft und Praxis, pp. 79, 81 et seq.
[114] Cf. only Canaris, Handelsrecht, § 5 marginal no. 52, p. 68.
[115] BT-Dr. 16/6140 p. 37, 右侧栏。

（五）基于财产保护和公共安全秩序的考量强化公证人的角色

新《德国有限责任公司法》第 40 条第 2 款在股权移转的情形中分配给公证人一项"关键角色"。[116]

一方面，公证人参与股权移转交易和后续将交易在商事登记簿中披露有助于法律确定性和第三方保护。[117] 具体而言，公证人的参与旨在**预防真实的股东失去财产权**（《德国基本法》第 14 条）。这一失权效果是一种剥夺，并且不能够从可归责于真实所有权人的法律表象中获得正当性。[118] 公证人准备并提交更新后之股东名册的公法义务便旨在解决这一问题。[119]

在股权移转的情形中，立法者也充分现实地并不完全依赖公司董事履行《德国有限责任公司法》第 40 条第 1 款下确定和提交股东名册的法定义务。原因在于董事通常与多数股东关系紧密，并且受制于多数股东的意愿，即便这些意愿有时并不与法律兼容。公司董事多数情况下不仅缺乏**法律专业知识**，而且还缺乏公证人具有的**中立性**。[120] 德国联邦参议会于 2007 年 7 月 6 日作出的评议也清楚地质疑以下规则的合宪性：基于董事制作的股东名册产生的善意效果进而导致（真实股东）失权（《德国有限责任公司法》第 40 条第 1 款）。这一情形中，股东名册被滥用的风险如此之高，以至于不能够将其作为宪法上财产权利内容和限制之

---

[116] So verbatim in Kort, GmbHR 2008, 169, 171.
[117] König/Bormann, DNotZ 2008, 652, 670.
[118] 又见上文边码 169 及以下；Ziemons, BB 2006, Special 7/2006, pp. 9, 12; accord Preuß, ZGR 2008, 676, 699; similarly Harbarth, ZIP 2008, 58, 61 et seq.; Mayer, DNotZ 2008, 403, 430 et seq.; Bednarz, BB 2008, 1854, 1855 with fn. 25; Apfelbaum, BB 2008, 2470, 2476 et seq.; Reichert/Weller, in: Goette/Habersack (eds.), Das MoMiG in Wissenschaft und Praxis, pp. 79, 103。
[119] 关于《德国有限责任公司法》第 40 条第 2 款框架下公证人职责的公法属性，参见 Greitemann/Bergjan, in: Birk (ed.), Transaktionen -Vermögen -Pro Bono, FS zum zehnjährigen Bestehen von P+P Pöllath+Partner, 2008, p. 271, 281; Vossius, DB 2007, 2299, 2304. Cf. also Bohrer, DStR 2007, 995, 1000; see similar Saenger/Scheuch, BB 2008, 65, 67，然而该作者援引法律选择的自由并主持当事人基于外国公证人的公证来完成股权移转交易。
[120] Wicke, GmbHG, 2nd ed., 2011, § 16 marginal no. 28.

合理性的决定因素。[121] 事实上,在董事提交股东名册的情况下(第40条第1款),甚至登记法院的可靠性核查也不能够确保股东名册是由所有真实权利人签署的。[122]

另一方面,从 MoMiG 的解释性说明中可以清晰地看到公证人拟定、提交股东名册义务的另外一个同样重要的**公共利益目标**:"增强有限责任公司股权结构的**透明性**和**预防洗钱**"。[123] 尽管这一解释说明位于受让人针对取得公司股东地位的正当性理由中(《德国有限责任公司法》第 16 条第 1 款),但是,它必然包含了该法第 40 条规定的提交登记义务,因为第 16 条第 1 款援引了后者。通过上述规制方式,德国立法者希望本国法"遵守"《欧盟第 2005/60 号指令》关于预防通过金融系统**洗钱**和**资助恐怖主义**的规定。[124]

具体来讲,如果**公证人**也在《**欧盟反洗钱指令**》的适用范围内,他通过参与下列事项为客户提供规划或者执行,即企业的买卖,或者公司设立、运行所必要的融资,或者公司或其他类似组织设立、运行或管理(该指令第 2 条第 3 款第 1、4 和 5 项),那么,这些解释性说明对评估披露股东地位作为外部控制工具的目的就极为重要。公司股权构成该指令意义上的"资产"范畴,正如该指

---

〔121〕 BR-Dr. 354/07, p. 14=BT-Dr. 16/6140, p. 66 右侧栏:"作者认为,事实上,除了《德国有限责任公司法》第 40 条第 2 款所描述的情形外,任何人在不用对其身份进行审核的情况下可以向商事登记法院提交希望的内容。此种类型的规则不能够作为可能导致重大财产消灭的基础。而且,单纯的时间流逝(立法草案规定的是三年;不足三年的不能够发生善意取得)也不构成合理的参照点。事实上,必须创造一个构成要件,能够正当化权利人(因善意取得而导致)的巨大财产损失。";见上文边码 169 及以下。

〔122〕 Preuß, ZGR 2008, 676, 700.

〔123〕 Quoting BT-Dr. 16/6140 p. 37 right column; see also Reichert/Weller, in: Goette/Habersack (eds.), Das MoMiG in Wissenschaft und Praxis, pp. 79, 85:"登记和披露股东组成也服务于 MoMiG 改革之后的公共利益,即公司组织结构的透明化(反洗钱)。"其他观点,参见 Bachmann et al. (eds.), Rechtsregeln für die geschlossene Kapitalgesellschaft, p. 166。该作者不希望采用公司法中的控制选项来服务于非公司的目的。然而,依然不清晰的是,在快速、高效的设立(抑或股权移转)过程中,如果公司被作为侵权的工具,那么股东拥有哪些值得保护的利益。欧洲法院谴责股东以下任何尝试,"利用公司设立来规避其对私人债权人或公共债权人的义务"。1999 年 3 月 9 日判决书,判例号 case C-212/97("Centros"), pt. 38。

〔124〕 Again in turn verbatim BT-Dr. 16/6140 p. 37 right column; see generally on this Directive Donath/Mehle, NJW 2009, 650 et seq.

令第 3 条第 3 项(任何一种有形或者无形的"资产")采用的宽泛定义。该指令适用于那些有极高洗钱和资助恐怖主义风险的情形。这些情形中,该指令第 13 条第 6 款规定,成员国应当确保指令适用范围内的机构和人员格外注意任何有利于匿名的产品或者交易中可能产生的洗钱或者资助恐怖主义威胁,并在必要时采取行动。针对《德国有限责任公司法》第 16、40 条的解释性说明[125]甚至援引了该指令第 13 条第 6 款,因此,它们构成股权移转规则正当性理由的组成部分。

总体上,公证人通过提高股权透明度实现公众利益保障的目的意味着:(1)在股东变更或者持股变化的情形中(《德国有限责任公司法》第 15 条第 3 款、第 40 条第 2 款),立法者将公证人视为《欧盟反洗钱指令》第 13 条第 6 款结合第 2 条意义上的"**主体**"。公司董事不适用(《德国有限责任公司法》第 40 条第 1 款)指令,因为董事不能够涵摄到该指令第 2 条之下。(2)立法者将**股权移转**归类为一种"**有利于匿名的交易**"。(3)立法者将公证人对于**股权结构披露的参与**(《德国有限责任公司法》第 40 条第 2 款)视为一种预防洗钱和资助恐怖主义的必要措施。与欧盟指令文义相反,德国国内法并未将必要性测试(necessity test)的义务分配给公证人,而是要求公证人承担无论如何都应将当前股东结构在商事登记簿中登记和披露的义务。从欧盟法的立场来看,这并不违法,因为该指令第 5 条明确地赋权成员国可以作出较指令规则更加严格的规定;该指令仅是对最低标准进行法典化。

总之,应当予以强调的是,MOMiG[126] 中公证人的股权移转突出角色具有双重功能:**保障股东名册的准确性**(进而保障真实股东宪法上赋予的财产权);服务于公共利益的**股东结构的透明性**、预防洗钱和预防资助恐怖主义。

---

[125] Cf. BT-Dr. 16/6140 p. 37, right column (para. 1).
[126] See fn. 17.

三、理论分析

欧盟已经建立了完整的商法登记和披露制度体系,核心由《欧盟披露指令》构成。控制上的缺陷主要存在于惩罚领域(《欧盟披露指令》第7条)。作为基本无效的罚款规则的替代(或者额外补充),可以考虑引入行为人未履行披露义务情形下的一般责任。《欧洲股份公司条例》第16条第2款可以作为实现此类目的的样本。[127] 成员国层面,《德国有限责任公司法》的股东身份登记和披露提供了针对小型公司外部控制的一个有效样本。然而,在此方面股东名册被视为披露手段,并且基于保护真实股东财产权和更高位阶的公共利益而要求股东名册内容上的准确性。民事公证人制度最有可能实现上述目的。

第五节 作为法律政策期待目标的外部控制扩张

经验最终表明,对公司进行有效的外部控制既不能通过自我约束的方式(公司治理法典),也不能借由无惩罚的法定义务列举的方式实现。针对本研究考察的外部控制工具,这首先意味着,《欧盟小微企业指令》(Micro-entity)[128]规定的小微企业可以免除核心会计核算的做法是错误的。以此为基础(该指令第1a条第3款)制作的简要会计账簿并不能够成为对小型公司进行年度审计的基础,但依然具有强制性。公司法中,也值得考虑强制性形式要求的进一步扩张。这适用于小型公司参与的一些特殊交易,诸如有限责任公司中股权的注销、股权的分割与合并以及公司的注销。最后,基于**增加公司披露义务有效性的要求**,应考虑引入行为人的一般性责任。

---

[127] 《欧洲股份公司条例》(SE Regulation)第16条第2款规定,"如果在公司按照第12条的规定,完成登记之前以公司名义已经实施的法律行为,而公司成立后并未承担这些法律行为的后果,那么从事这些法律行为的自然人、公司、企业或其他法律实体应当承担无限连带责任,除非当事人另有约定"。

[128] 见上文边码152。

第六章 欧洲公司法的未来

第一节 起 点

我们研究的起点是两种对立的公司法理论模式:源于英美法传统合同自由理论和欧洲大陆的国家规制政策传统(state regulatory policy)。相较于价值和目标导向的立法,社会经济分析如今被赋予更大的解释性价值;作为社会经济学分析的组成部分,有意义的是在公司事实结构与对其具有决定性的权力分配之间构建一种联系。通过这样的方式,可以发现,在美国和英国,股权分散的股份公司发挥着较大的作用,而作为我们研究关注点的人合性质的有限责任公司和封闭性公司在欧洲大陆居于更重要的地位。基于这一原因,**分散型和集中型所有权结构**的区分成为贯穿《公司法剖析:比较与功能的视角》这本经典著作的共同主题。[1]然而,这展现了第一个悖论:公司法基于合同自由这一理念本应当更加适合以人合为基础的拥有少数股东的公司[2],但与此形

---

[1] Davies/Enriques/Hertig/Hopt/Kraakman, in: Kraakman et al. (eds.), The Anatomy of Corporate law, p. 305 et seq. 明确地表示是遵循下面这一突破性著作 Berle/Means, The Modern Corporation and Private Property, 1932。

[2] Davies/Enriques/Hertig/Hopt/Kraakman, in: Kraakman et al. (eds.), The Anatomy of Corporate law, p. 305 likewise concur.

成鲜明对比的事实是，自由主义法律体系常常被迫遵守相反的法律原则。我们的研究尝试证明，这既不是未开化思想的自欺欺人，也不是一种过时法律传统的遗物。

我们也发现，合同自由理论经过裁剪适用于这样一种公司法体系，即主要调整**股东之间**的法律关系、并将其他第三方抑或受到影响主体的利益转移到其他法律领域。这展现了第二个悖论：一方面，英美法传统中，少数股东利益保护不能留给私法自治，因为在(任意性规范范围内)多数股东占据主要地位的情形下这种方式无法运行。英美法传统观点认为，同样，(强制性)资本市场法范围内的股东保护也不能由股东自治。这一立场可以从"武装"的不平等中获得解释，然而，这也突显了基于少数股东利益之保障国家采取利益保护措施不可或缺的程度。欧陆法国家采取少数股东利益保护措施是毫无疑问的，从私法自治的角度，欧陆法通过受到不偏不倚信赖的公证人参与创造了更好的各方利益平衡条件。另一方面，合同理论的支持者恰恰愿意将私法自治的法律保护理论适用**债权人**保护领域，即便债权人处于公司圈之外且债权人的保护(在破产或者类似程序的规范下如此称谓)是强制性的。

自 1999 年以来，欧洲的法律发展，包括欧洲法院"Centros 案"判决和多项法律改革的动议(诸如欧洲有限责任公司)，主要造成了以下后果：欧洲大陆法系传统正在经历**改革的压力**并且很多国家已经屈服于这种压力。有关法国、西班牙、比利时、荷兰以及德国的改革上文均已提及。这种改革的意愿，主要产生于英国有限责任公司(Limited)的竞争压力；也可以进行另外的解释：它显示了成员国立法者的学习能力，传统的结构也不抗拒现代化，但一些情况存在改革的必要性以及需要外部的动力来破除过时的"遗物"。相应地，欧陆法剩余的核心内容应当在此方面进行批判性审视。或者它是一种激进主义极端形式的表达，是在没有仔细评估的情况下对感知的威胁作出的反应。这些创新部分没有被实践接受，实践往往是更加保守的，正如从西班牙法、葡萄牙法和

《奥地利企业重整法》(URG)的相关报道中可以看到的。[3] 然而,这并不仅涉及成本降低的情形,诸如德国法引入的"企业主公司"(UG)。是否如(在德国经营的)英国有限责任公司一样,股东或者公众是否会感到失望,还有待观察。

　　基于这一原因,无论是改革的结果,还是剩余的核心内容,必须予以分析。这一分析可以是批评性的,但不应当是带有偏见的。在分析过程中会发现,很多内容是值得保留的,并且对欧洲公司法的未来也具有示范作用。例如,自 1892 年以来,德国有限责任公司(GmbH)已经被视为英国有限责任公司(Limited)之外的另外一种选择[4],欧洲大陆的公司法体现了一种规制政策传统,不需要恐惧英美公司法理念和原则的竞争,而是应当在欧洲公司法的未来发展抗争中坚持自身的理念和原则。这种情形不仅包括成员国法作为次级法的合法性问题,还有欧盟法的内容设计问题。事实上,过去数年很多推动便利化和放松管制的欧洲立法动议均不成功,正如欧盟委员会在《**2012 年行动纲要**》中承认的那样[5];如果欧盟委员会将角色局限于短期内对既有法律进行编辑性的标准化,以便使其更加具有连贯性和清晰性,那么就应当审慎地关注这一过程,以确保不会逐渐流失实质内容。

　　传统上,超国家的欧盟公司法法律形式很大程度上并非规制上的创新结果,而是对取自成员国的经过验证的法律形式类别调试。[6] 基于这一原因,欧陆公司法律形式应当主张其样本功能。创新是值得期待的,然而,欧盟法上令人信服的创新结果来自对成员国试验和经验的批评性分析。从这些分析中可以得出内容和对欧洲融合进程而言均适宜的审慎改革步骤和措施。

---

　　〔3〕　与其他两种情形不同,后者不能够进行选择,但由于欠缺充分的惩戒措施显然可以被忽视。它的产生并非是因现代公司法放松管制,恰恰相反而是由于创造高效的国家法律保护的改革措施。

　　〔4〕　Fleischer, ZHR 174 (2010), 385, 411.

　　〔5〕　COM (2012) 740/2 dated 12.12.2012.

　　〔6〕　Fleischer, ZHR 174 (2010), 409.

第二节 本书各章节的结论

一、公司资本结构(见本书第二章)

《欧盟资本指令》进行的放松管制尝试可以说是在欧盟法中压制欧陆法资本保护理念的"标志"。然而,这些努力在 2006 年的指令修订中并没有走得很远,资本维持同样没有屈服在欧洲有限责任公司项目面前。这是有充分理由的:现在和将来,资本维持的核心主题均是公司的设立人。即便在有限责任特权的保护伞之下[7],也不能允许将整个经营风险转嫁给债权人,让其自行采取保护措施,而应当由股东自身承担**合理比例的经营风险**。这是要求设立人投入固定数额资本的正当性基础;对于立法者而言,合理措施是设置一个显著的(significant)最低资本金门槛。所有额外的细节规定均是基于这一理念。针对最低资本金的数量,经营风险的判断在不同国家之间差异非常大。不过,部分国家要求的低资本金数额(针对有限责任公司不足一万欧元)依然仅仅是"装饰品"而已;对此,激励公司设立已经不能够再作为令人信服的支持理由。

固定资本的要求与(立法者)对设立人的如下期望连接在一起,即设立人将自己投入显著水平的出资视作是合理的。这一要求在立法设定的最低资本金门槛越低的情况下越重要;这一功能应当通过股东资本的有效信息披露获得支持。

法律规定资本结构(法定资本制)的结果是,一方面,**资本缴纳**的规则确保承诺的股权投资要么可以有效流入公司的责任资产,要么可以通过股东的个人责任实现;另一方面,对从公司累积

---

[7] "特权"一词表达了与以往被视为理所当然的情形相比,法律发展带来的好处;例如不考虑内容正当性的责任限制(第二章第一节)。语言上的委婉表达可能时尚,但却没有必要。关于欧盟公司法中对有限责任的"权利",参见 Schön, in: FS Hommelhoff, 2012, p. 1037。

资产中可能的资本流出进行预防,这些资本流出会减少责任资产。就此方面而言,当代学界观点重点强调资本维持,原因在于需要对公司的财务状况进行动态观察,而且经验表明,恰恰是在公司危机中,(股东)才会为了自己利益将公司最后有价值的资产抽走,或者采取商业风险过高的措施以试图扭转局势,这样机会"诱惑"会显著提升。为应对上述风险立法,需要引入促进及早识别潜在危机并引导进行敏感的结构重组或者审慎清算的激励和惩戒措施。比较重要的是,是否可以从成员国国内法规定的资本门槛中选择较低的数额(认缴资本外加受约束的储备金)或者较高的数额(认缴资本外加尚未支出的所有储备)来确定资本约束的范围(capital commitment);更加重要的是,从资本和资产流动性中获取(公司管理层)采取行动措施的参照指标;功能上,这些参照指标适宜作为采取反应措施的门槛,并将这些参照指标与有希望(拯救企业)的反应行动指南捆绑在一起。这些行动指南的核心是债权人利益在公司危机中的优先保障,它们规定了公司管理的优先事项,属于资本责任和管理责任的交叉领域。

　　类似地,这些规则也处于公司法与**破产法**的结合地带,而且概念在此并不重要。这一分类对于国际私法上的联系点的确定通常不会产生影响。

　　与之相反,在诸如德国等法律体系中,可以发现存在(资本措施)过度或者滥用的情形(关键词:建设性实物出资、资金池),尤其是在资本缴纳领域。对此,多数新近的成员国立法试图应对这些问题;为了欧盟法的发展,这些资本措施必须限缩在合理的核心领域。如果资本缴纳不能够得到保障,那么,固定资本的原则当然也仅仅是"橱窗"或装饰品;原则上来讲,需要做的且也足够的是对(公司)价值的控制,即确保适当的资本流入和责任保证。这对于允许实物出资和延迟出资极为关键,有赖于(事前)平行的预防和检查以及后续发现违法行为(最迟在公司破产时)的矫正这两个支柱。

二、公司组织机构(见本书第三章)

在公司组织机构的领域中,最主要的立法任务包括实现不同公司利益群体(不同的股东群体、职工、债权人以及其他外部第三方)的**影响力**与这些群体相互之间必要的**独立性**之间的平衡。在本研究关注的多数法律体系中,即便是在小型公司中,这种独立性面对股东对管理机构的影响,在以下范围内获得保障,即管理机构的职权和义务将第三方利益保护也纳入考量。例如,基于这一原因,公司代表机构的代表权限是无限(unlimited)且不得被限制的(restricted)。[8] 此外还有会计义务和提交破产申请的义务,这些法定义务的履行不受公司章程中的不同规定或者其他来自股东层面的影响。这种独立性要求同样适用于公司管理机构成员履行与资本维持及在商事登记簿中登记和披露相关的义务。股东针对管理机构成员义务享有的合同自由限于不影响对第三方予以保护的范围内。

正如本书第二章探讨的,公司的资本结构——法定最低资本金要求、资本缴纳的保障、资本维持机制——旨在保护公司**债权人**的利益。与之相反,公司的组织机构——主要涉及股东与管理结构之间的权限划分——制度设计被赋予另外一项重要的保护目的。这一目的衍生自《欧盟运作方式条约》第 50 条第 2 款第 g 项规定:在与管理机构的关系中保障股东的利益。在涉及小型公司时,对股东与管理机构之间权限划分规则的整体评估揭示了一个清晰的等级结构:股东是"公司的主人"。[9] 这一等级结构是基于经典的委任理论。法律为了应对与这一理论相联系的债

---

[8] 在此方面,成员国国内法的基础是《欧盟披露指令》第 10 条的规定;也见 Bachmann et al. (eds.), Rechtsregeln für die geschlossene Kapitalgesellschaft, pp. 82-85, 110 subsection C. 4. 支持保留该原则。

[9] 就此而言,欧陆公司法是典型的"股东中心"。参见 Davies/Enriques/Hertig/Hopt/Kraakman, in: Kraakman et al. (eds.), The Anatomy of Corporate Law, p. 308 et seq。作者认为日本法和英国法也具有该特征。

权人和公众保护缺失问题，引入了公司管理机构一系列强制性义务；即便是股东大会也不得干预这些义务。总体而言，这代表一种权力分配的平衡机制。当然，有必要围绕下述问题深入探讨，即与欧盟法反歧视保障的扩张相联系的股东在人事权限领域的牺牲是否真的是人们期望的。

在大型的、采取二元制组织机构的公司中，法律规定的公司管理机构的主要权限是基于公司决策之专业性，且已经证明其合理性；这一安排弥补了股东数量众多情形中股东大会专业能力的不足。然而，这些法律体系中，部分只是针对大型公司规定**二元制模式**（例如，德国和奥地利），应当考虑基于意大利法和法国法样本引入选择性的**一元制**公司组织机构。

对于公司管理机构成员的**法律责任**，该责任针对的权利主体范围似乎是一致的。在本研究考察的法律体系中，责任标准最为宽泛的是拉丁（罗马）法系国家的规定，即在公司法中针对违反义务的管理机构成员规定了一种"全方位的责任"形式。初步来看，在德国和奥地利公司法中，管理机构成员的法律责任规则似乎是受到限制的。原则上，这一责任仅针对公司本身。针对个体股东的责任只有在例外情形下才得到认可（例如，违反资本约束规则的情形）；对此，侵权法提供的保障可以辅助适用。德国法和奥地利法并不认可公司管理机构成员对第三人的一般性责任。然而，针对这个问题，德国判例法基于一般私法原则（禁反言原则、缔约过失责任、侵权法）已经规定了一系列可以产生责任的情形。总体来看，我们研究发现它们之间的差异并不如此严重，从而需要在欧盟法层面针对公司管理机构成员的责任采取融合措施。同样，针对其他重大事项，各国也存在共识，包括针对真正的商业决策的责任豁免（商业判断规则）。

三、少数股东保护（见本书第四章）

一方面是少数股东在董事会或者监事会中的**代表**，另一方面是基于重大事由的股东**退出权**[10]，这二者构成英美法系少数股东保护问题的探讨核心；对此，需要说明的是，前一个事项在英美法传统中特别引出了公司管理机构成员独立性的问题；这一问题在欧陆法中也同样众所周知。后一事项打消了在公司内部找到解决方案的希望，并提出问题：用哪些资产来支付（股东退出）赔偿，或者用哪些资产可以合法地履行赔偿义务。

公司管理机构成员的**独立性**实际属于核心事项，不仅是就少数股东保护而言，而且对于一般意义上控制功能的发挥也是如此。针对独立性，被任命主体一定程度上依赖任命人的思想在所难免，无论如何在有限任期和可能再次任命的情况下均是如此；这一点很难通过法律的实施有效消除。[11] 因此，这个问题兜了一圈又回来了。在少数股东利益保护的案件中，这意味着：除非少数股东能够任命自己的代表到监事会或者董事会，在这些管理机构中设置所谓的独立成员不能解决这一问题。

然而，在法律规定了此类少数股东作为公司管理机构代表的情况下，这一规定仅在达到相对较高股权比例的情况下才能发挥作用（奥地利规定三分之一），似乎更有希望的方式是针对重大事项的决策要求**绝对多数以及规定额外的限制**；对此，德国和奥地利法并没有禁止设定四分之一的否决少数并规定额外的限制。

除此之外，欧洲大陆少数股东的保护是基于程序性和实质性保护措施这两个支柱。程序性保护措施（包括股东知情权和参与权）虽然无法防止少数股东在决议时被否决，但能确保其意见不被忽视。这些股东能够形成自己的意见，在最理想的情况下可以说服其他人，或者被其他人说服。如果这些股东权利受到侵

---

[10] On the former issue, see e. g. Kraakman et al. (eds.), The Anatomy of Corporate Law, p. 90 et seq. and on the latter Hofmann, Minderheitsschutz im Gesellschaftsrecht, p. 461 et seq.

[11] S. Davies et al., in: Kraakman et al. (eds.), The Anatomy of Corporate Law, pp. 310, 313. 但是，该作者忽视了在一个股权分散的股份公司（AG）中，也存在一个可以决定管理层人员预选（preselection）的小群体。参见 previously Roth, Das Treuhandmodell, p. 315。

害,会导致通过的股东会决议效力受到影响;该决议是有瑕疵的且可能通过诉讼予以撤销。

上述内容暂且不论,少数股东实质性保护是关键。它使得当事人能够申请法院对多数决议进行实质性审查。然而,困难在于妥当限制这种司法审查的范围。这里主要有两个起点,第二个更加复杂。第一个起点原则上获得普遍认可[12]:必须预防多数股东以牺牲公司或者少数股东利益为代价获取个人利益。这里涉及**利益冲突**,并且在这些情形中,普遍性的法律救济是忠实义务规则。忠实义务的违反出现在诸如"对自己进行帮助"的情形中并可能引发相应的惩罚措施。因此,这里的关键变成了惩戒措施的有效性。我们的观点是,对此最有希望的解决方式是提前一步通过表决权的排除来避免此类冲突。

范围更加广泛的股东决议的实质性控制仅在德国法中有规定,而且仅在个别领域。在涉及少数股东特别利益的领域,这种实质性控制要求多数股东决议**内容上的正当性**并对此进行审查。这与多数股东的经营自由裁量权相冲突,也影响股东的集体行动能力,进而需要明确的限制。但是,直到如今(法律)并没有规定此种限制。优先认购权的排除需要具备正当性的规定(可以在《欧盟资本指令》中找到)表达了这一基本理念,即多数股东的意愿必须在决策前具有内容上的正当性。股东会决议的事后审查是把"达摩克利斯之剑";对决议内容控制可能是必要的,但可以通过适当的程序使其能够(被多数股东)接受。

四、外部控制(见本书第五章)

公司法的第二个保护目的,是保护债权人和其他第三方主体(《欧盟运作方式条约》第 50 条第 2 款),可以通过外部控制得到实现,甚至可以在必要的情况下违背股东的意愿。最为重要的工

---

[12] 针对这一主题,参见 Enriques/Hertig/Kanda, in: Kraakman et al. (eds.), The Anatomy of Corporate Law, p. 153 et seq.

具包括年度审计、强制性法律形式和披露义务。这些外部控制对公司而言是同等重要的。

本研究考察的所有法律体系均要求公司年度财务报告和经营现状报告经由**审计师**审查。这一审计要求服务于股东利益的保护，但主要是为了保护公司的债权人和公众。年度审计发挥着三种功能：控制功能、信息功能和认证功能。然而，审计师只有在获得详细的年度财务报告前提下才能够实现这些功能。在涉及《欧盟会计指令》第 1a 条第 3 款[13]允许"小微企业"采用"简要会计报告"（abridged accounting）的情形中，这一点是令人怀疑的。针对审计师是否应当视为公司的代理人，还是一种独立的履行公共职能的专家这一问题，并没有一个统一的答案。[14] 法律规定强调的审计师对公司或者其他公司机关指示的独立性支持后一种立场。

这里必须与下述问题进行区分，即多大程度上公司的外部控制可以通过**强制性法律形式**来实现：就本研究考察的法律体系而言，在那些仅要求公司法律文件采取**书面私人协议**形式的法律体系中，根本谈不上真正的外部控制。这一结论依然如此，即便书面协议能够发挥保护当事人免于草率行事和作为警示的经典功能。然而，令人严重质疑的是，单纯的书面形式要求发挥证据功能的适宜性。性质上，单纯的书面约定不能实现公证人公证能够发挥的咨询建议功能。公司法律文件的公证要求能够妥当地在个体利益之外保护第三方和公共利益。整体来看，公证人参与公司的核心法律文件制定能够带来一系列优势：减轻登记簿管理机关的负担，较高程度地保障记录和登记事项内容的准确性，准备

---

〔13〕 在所谓《欧盟小微企业指令》中规定的版本，Directive 2012/6/EU dated 14 March 2012 amending Council Directive 78/660/EEC on the annual accounts of certain types of companies as regards micro-entities ABIEU. L 81 dated 21 March 2012, pp. 3-6; art. 36 Directive 2013/34/EU。

〔14〕 详细的讨论，参见 Habersack/Schürnbrand, in: Staub, HGB, preceding § 316 marginal no. 16 et seq.。

专业的合同避免冲突。总而言之，不仅应当支持维持公司法领域现有的法律形式要求，而且还可以持开放心态扩张其适用范围。这一结论催生了一系列法律政策建议(参见下文第三节)。

欧盟法已经构建了几乎完整的商事登记和披露制度；其核心的是《欧盟披露指令》。控制的缺陷主要规定在惩罚领域中(《欧盟披露指令》第7条)。作为总体上没有效果的罚款措施的替代方案(或者补充方案)，在披露义务未被遵守的情况下，应当引入行为人的一般性责任。针对此目的，《欧洲股份公司条例》第16条第2款的规定可以作为样本。成员国层面，基于德国和奥地利有限责任公司法的模式，披露股东身份提供了一种对小型公司进行有效外部控制的良好示例。

第三节 对公司法领域欧盟法律政策的评价

当前，欧盟委员会的法律政策计划囊括(除了进一步改善公司治理之外)促进企业跨境流动性、增设新的企业法律形式(诸如欧洲有限责任公司)、创建欧盟集团公司法以及引入《欧盟标准公司法》(EMCA)。[15] 即便"VALE案"判决暂时中止了公司流动性的扩张，原因之一在于欧盟缺乏针对单纯的、在没有变更管理机构所在地的情况下进行的跨境形式变更制定欧盟指令的权限[16]，欧盟的法律政策在实体公司法领域依然应当保持谨慎。对于公司法的核心领域，本研究进行的比较考察显示，在**少数股东保护和第三方保护**领域，欧陆法系实现了令人印象深刻的发展。任何额外的欧盟标准化努力不应当在实质内容上落后这种发展状态。无论这种欧盟标准化措施是针对成员国法进行的法

---

〔15〕 上文第一章第三节边码 21；Lutter/Bayer/Schmidt, EuropUR, § 18 marginal no. 100。

〔16〕 Kindler, EuZW 2012, 888 (referring to ECJ, case C-378/10 *VALE*)；大力支持提高企业跨境流动性的欧盟立法：Schön, ZGR 2013, 333。

律融合还是欧盟公司法中的超国家企业法律形式。

关于**公司资本结构**这一话题,设立人不得在有限责任"特权"下将其全部的经营风险转嫁给债权人,完全由债权人自行采取保护措施,股东自身也应当承担合理程度的风险。核心内容上,欧洲股份公司要求的十二万欧元资本金(《欧洲股份公司条例》第4条第2款)迈向了正确的方向;在预防性债权人保护框架下,对于规划中的欧洲有限责任公司立法,其资本缴纳规则[17]也遵循了这一趋势。

关于公司组织机构这一话题,2011年4月5日欧盟公司法"反馈小组"发布的报告包含了以下评估结论:**大型公司与小型公司之间的立法区分**(即股份有限公司与有限责任公司)已经过时了。原因在于,实践中存在仅有少数股东的股份有限公司,反之亦然,也存在股东人数众多的有限责任公司。[18] 相应地,现如今在上市公司与非上市公司之间进行立法区分将会更加合适。[19] 然而,作为一般原则,针对小型公司的组织机构,我们不能够认同这一观点。实践中,多数小型公司的典型特征依然是人合结构并且仅具有较低的资本金水平。一些情形下,成员国国内法甚至对股东人数设定了上限。因此,对大型公司和小型公司的监管区分是一种必要的,至少是合法的,符合现实的法定分类。就此而言,反馈小组针对大型公司支持的增加股东组织自由(灵活性)[20]的做法——意味着两种法律形式的融合——并不值得赞同:公司股东对公司管理机构的影响力越强,对第三人的保护便

---

[17] Bayer/Lutter/Schmidt, EuropUR, § 43 marginal no. 74.

[18] Reflection Group, p. 8 et seq. (Report of the Reflection Group on the Future of EU Company Law, 5.4.2011, accessible at http://ec.europa.eu/internal_market/company/docs/modern/reflectiongroup_report_en.pdf).

[19] Reflection Group (fn. 18), p. 9.

[20] Reflection Group (fn. 18), p. 12:"欧盟的法律协调与融合应当尊重成员国的公司治理机制,并致力于促进更高程度的跨境流动性、法律形式领域选择性以及企业内部权限的分配。"

越弱。[21] 小型公司内部关系上的组织自由——这一点基于上面的讨论已经非常明晰——得到了充分的保障。[22] 该报告仅是简单地声称,所有类型的企业形式中,组织机构安排领域的自由应当得到进一步扩张。[23]

就少数股东保护而言,欧盟层面应当采取措施针对重大事项规定绝对多数的要求,据此,否决性少数可以毫无障碍地设定在四分之一。针对这一问题,计划中的《欧洲有限责任公司条例》很难令人满意:匈牙利担任欧盟轮值主席国期间发布的条例建议稿[24]第28条第1款对股东大会的职权进行了极为简要的列举,该条第2款关于重大事项决定规定的三分之二多数要求远远落后于众多成员国法律体系规定的四分之三多数门槛。

上述内容暂且不论,关键问题是实质性的少数股东保护。它使得在当事人请求的情况下法院能够对公司的多数决议进行实质性审查。然而,困难在于对这种司法审查的范围进行适当的限制。在这种情形下,一种利益冲突的情形应当从一开始就通过表决权排除来予以避免。欧盟委员会所计划的《欧洲有限责任公司条例》没有规定这一问题。

经验最终表明,公司的有效外部控制既不能够通过自我约束(公司治理准则)的方式,也不能借由没有惩罚的法定义务列举来实现。反之,应当适度强化公司的外部控制。就本研究讨论的控

---

〔21〕 See Fischer–Zernin, Der Rechtsangleichungserfolg der Ersten gesellschaftsrechtlichen Richtlinie der EWG, p. 14 with fn. 11, cited previously.

〔22〕 其他评估意见,参见 Hopt, EuZW 2012, 481, 482 (提倡促进所有非上市公司的组织自由):"对资本市场的依赖构成分水岭,因为如此必须确保投资者和债权人得到保护。与之相反,针对中小企业(SME),合同自由、灵活性以及自由动议和安排的空间对于设立人而言必须具有优先性。"

〔23〕 Reflection Group (fn. 18), p. 12:"因此,有理由期待未来公司治理结构会更加多样性,在个体成员通过引入和调试在其他成员国法存在的选项后,其国内法上的公司治理结构会有更多选项和更高灵活性。"

〔24〕 Docs. 8084/11, 9713/11 and 10611/11; see the extensive discussion of the 3rd Hungarian proposal for a compromise in Lutter/Bayer/Schmidt, EuropUR, § 43 (with citations to now very comprehensive literature on the topic of the SPE); for an overview in a nutshell see above, p. 23 et seq.

制工具而言,这首先意味着,《欧盟小微企业指令》[25]针对小微企业规定的核心会计要求的豁免是一种错误的路径。以此为基础(《欧盟小微企业指令》援引的《欧盟会计指令》第 1a 条第 3 款)规定的"简要会计账簿"并不是对小型公司进行**年度审计**的适当基础,尽管它是强制性的。公司法领域应当进一步考虑**强制性法律形式的扩张**。它适用于小型公司的一些特殊交易类型,诸如,有限责任公司的股权注销,股权的分割与合并以及公司的清算。最后,为了**实现提高公司披露义务有效性**的目的,应当考虑引入行为人的一般性义务。

　　这就是我们认为的融洽的欧洲大陆公司法的精华,它们的"精神(spirit)"(作为同义词的法语"esprit"或者德语词"Geist"),既有智识基础的意义,又有推动力的意义。过去的十年或者二十年,无论是在比较法研究的层面,还是在欧盟机构的层面,这一精神不再被视作公司法领域改革的推动力。然而,任何在法律领域耕耘并观察法律发展的人都知晓"钟摆"的规律。例如,金融行业在过去数年间不得不吸取痛苦的教训,放松管制本身并不是目的;如果英式商业意识依然在艰难应对该领域的一些后果,它也不应再作为榜样呈现。当然,(当前的)法律政策依然难以将(金融领域的)这些教训转移到其他领域(如公司法领域),诸如认可普遍有效的资本结构的核心要求,在涉及银行的情形中是毫无争议的标准要求。

　　欧陆公司法的精神为什么难以作为 27 人音乐会中第一把小提琴发出自己的声音?就此而言,基于解释思想交流不充分、相互协调不充分以及不够团结(原因)的目的,有一点被反复强调:**缺乏共同的语言**。使用英语可以很容易地解释和传播(欧陆法的)理念和模式。英语也是与之配套的社会经济理论(socio-economic theories)的语言。同样出于必要性,英语也是欧洲大陆表达

---

[25] See above, fn 13.

其共同观点的语言,我们希望以英文出版本书为这种对话和交流做出我们的贡献。

附录 1 术语检索

英文术语	中文对译词*	边码**
Abuse	滥用	
—of the corporate form	公司形式的滥用	68
—of the limitation on liability	有限责任的滥用	67
—of power	权力的滥用	139
—of voting rights	投票权滥用	148
Abusive shareholder action	股东滥诉	142
Accountant	会计师	127
Accounting	财务会计	7
Acquisition of own shares	收购本公司股份	58, 62
Action plans, see EU Actions Plans 2003/2012	Action plans, 见 EU Actions Plans 2003/2012 词条	
Act of incorporation	公司设立行为	51
Actio pro socio	股东代表诉讼	129
Advance payment	预付	49
Adverse balance	财务亏损	48, 66
Amendment to the statutes	立法的修正案	66, 114

* 根据表述的需要,术语在正文中的呈现可能与此表略有不同。——译者注
** 本列数字为本书边码,即原书页码。——译者注

(续表)

英文术语	中文对译词	边码
Annual financial statement	年度财务报表	57,131
Appointment of managers	经理的任命	83 以及下；86 及以下
Asset erosion	资产的侵蚀	64,103 及以下
Attendance (right of)	参与（权）	125
Audit	审计	151 及以下
Auditor	审计师	12,127
-appointment of	审计师的聘任	128
Austria	奥地利	
-history of corporate law	奥地利公司法历史	17 及以下
-structure of the large company	奥地利大型公司的结构	92
Authentication	公证	53
Bank voting rights	银行投票权	127
Behavioral theory	行为经济学理论	8
Blocking minority	拥有否决权的少数股东	121
Bounded rationality	有限理性	31
Burden of proof	举证责任	46, 140
Business judgment	商业判断	64
Business judgment rule	商业判断规则	101
"Cadbury Schweppes" case	"卡德伯利斯韦柏案"	1
Capital Directives	欧盟资本指令	2

(续表)

英文术语	中文对译词	边码
Capital increase	增资	41,48,114,139
Capital maintenance	资本维持	21,54-63,69,179
Capital markets	资本市场	7,116,44
Capital preservations, see capital maintenance	Capital preservation, 见 capital maintenance 词条	
Capital reduction	减资	66
Capital reserve	资本储备金	58
Capital structure	资本结构	8, 27-70, 179 及以下
Capitalisation	融资	34
Cash pool	现金池	47,59
"Centros" case	"森托斯案"	1, 38, 174, 178
Co-mingling of assets	资产的混同	67
Commercial registry	商事登记	157 及以下,166
Compensation	赔偿	144
Competence of company organs	公司机关职权	80
Competition among legal systems	法律体系间的竞争	1,5
Confidentiality	保密性	131-134
Conflicts of interets	利益冲突	131,138
Constructive contributions inkind	建设性非货币出资	46,59
Constructive distribution	建设性（盈余）分配	58-61
Contractual freedom	合同自由	97

(续表)

英文术语	中文对译词	边码
Continental law	欧陆法	5
Contribution (obligation of)	出资(义务)	41
Contribution in cash	现金出资	42
Contribution in kind	非货币出资	43
Coutrol premium	控制权溢价	10
Control (external)	控制(外部)	11, 151-176, 183以及下
"Corporate governance"	"公司治理"	93-94
Corporate groups	公司集团	7
Corporate opportunities	公司(商业)机会	139
Corporation	公司	28
Credit standing, see creditworthiness	Credit standing, 见creditworthiness 词条	
Creditor	债权人	27
Creditor protection	债权人保护	27-70, 29
Creditworthiness	信誉(可靠性)	32, 40, 65, 70
Crisis of the company	公司危机	62
-impending	即将来临的公司危机	68
Crisis parameters	危机参数	65
Cumulative voting	累积投票	117
Delisting	退市	141
Depletion of the company	掏空公司	68

(续表)

英文术语	中文对译词	边码
Deregulation	放松管制	7,38,53,186
Derivative suit	派生诉讼	129,133
Diligent businessman (standard of care)	审慎商人(注意标准)	99
Disbursements	支出	103
Discharge of managers	解聘经理	84
Disclosure	披露	166-176
-obligations	披露义务	130
Discrimination (employment law)	歧视(雇佣法)	84及以下
Dissolution of the company	公司的解散	145
Distribution of profits	分派利润	56及以下
Divestment (and minority protection)	撤资(以及小股东保护)	116
Dualistic management structure	双层管理结构	21,91及以下
Duties (members of the management body)	(董事会成员的)义务	98
Duty of loyalty	忠实义务	134,138
Economic analysis of law (limits)	法律的经济分析(局限性)	11及以下
Employment law (impact on shareholders' powers)	雇佣法(对股东权的影响)	84及以下
Employees	职工	
-codetermination	-职工共决	7

(续表)

英文术语	中文对译词	边码
-as a group	-职工作为一个群体	71 及以下
Employee shares	员工股份	63
Entrepreneurial risk	创业风险	27,64
Equal treatment	平等对待	62,116,137
Equity capital	权益资本	54
Estoppel (managers' liability)	禁止反言(经理的责任)	106
EU Action Plan 2003	2003 年行动纲要	20 及以下
EU Action Plan 2012	2012 年行动纲要	22 及以下,118 及以下,178
EU Green Paper "European Corporate Governance Framework"	"欧盟公司治理框架"绿皮书	21,97 及以下
EU legal policy	欧盟法律政策	20,18-26,184 及以下
European Company (SE)	欧洲股份公司(SE)	184
European Model Company Act (EMCA)	欧盟示范公司法(EMCA)	184
European Private Company	欧盟有限责任公司	23-26,162,184 及以下
European Union Law	欧盟法	178
Ex ante control (review)	事前控制(审查)	42 及以下,47
Ex post control	事后控制(审查)	41,44
Excessive remuneration	过度的薪酬	58
Exklusion (of shareholder)	(股东)排除	147

(续表)

英文术语	中文对译词	边码
Existence of the company	公司的存续	41,68
Expedited approval procedure	简易批准程序	149
External appraiser	外部评估者	44
External control	外部控制	11,151-183
External review	外部审查	137
Externalisation	外部化	
-of costs	成本的外部化	29
-of risks	风险的外部化	66
Fiduciary	信义(或忠实)	129
-duty	信义义务	138
Financial structure	财务结构	87 及以下
Fixed capital	确定的资本/资本确定	32-40,179
Flexibility	灵活性	97,185
Flow back	回流	46 及以下
Form (of corporate acts)	(公司行为的)形式	24, 52 及以下, 154-166
Formation of the coporation	公司的设立	51
Formation benefits	设立报酬	51
France (history of corporate law)	法国(公司法的历史)	13 及以下
Freedom of contract	合同自由	3 及以下,113, 144
Freedom of establishment	设立自由	7

(续表)

英文术语	中文对译词	边码
Full value	价值充足性	47
"fundamentals" of the company (shareholders's competence)	公司的根本事项（股东的权限）	80及以下
General meeting	股东（大）会	
-corporation	-公司股东（大）会	94及以下,124
-EPC	-欧洲有限责任公司	26
German Corporate Governance Kodex	德国公司治理法典	100
Germany (history of corporate law)	德国（公司法的历史）	15及以下
Green Paper see EU Green Paper	Green Paper 见 EU Green Paper 词条	
Harmonisation	融合、统一	1
Incorporation theory	公司设立理论	2
Independence of board members	董事会成员的独立	118,182
Individual rights (of shareholders)	股东的个体权利	119
Information (shareholders' right to)	（股东）知情权	130及以下
Initiative (right of)	动议/提案（权）	124
Insolvency	破产	29
-impeding	-濒临破产	65
-liability for causing	-导致破产责任	103
Insolvency law	破产法	6,61,180

(续表)

英文术语	中文对译词	边码
Insolvency proceedings (duty of filing for)	（提起）破产程序（的义务）	108及以下
Inspection	查阅	131
"Inspire Art" case	"启发艺术公司案"	1
Institutional investors	机构投资者	127
Instrument of incorporation	设立公司的文件	51
Interest of the company	公司的利益	82,98,138,141
Interests (evaluation of)	利益的评估	137,141
Investor protection	债权人保护	7,63
Invitation (to meeting)	（参会的）邀请	123
Italy	意大利	
-history of corporate law	-意大利公司法的历史	14及以下
-organisational structure of large coporations	-意大利大型公司的组织结构	88-91
Joint responsibility (of board members)	连带责任（董事会成员）	101及以下
Large corporations	大型公司	
-form requirements	-大型公司设立要求	164及以下
-organisational structure	-大型公司的组织结构	88-95
Latin notary	罗马法系的公证人制度	11
Legality (principle of)	合法性原则	98

(续表)

英文术语	中文对译词	边码
Leverage effect	杠杆效果	35,62
Liability (members of management body)	(管理机构成员)责任	98-110
Liability fund	责任基金	32
Liability privilege	责任特权(豁免)	179
Liability segmentation	责任分割	67
Limited company	有限责任公司	40,178
Limited rationality	有限理性	8
Liquidity	(资产)流动性	64
Loans	贷款	46
-to shareholders	-向股东贷款	59
Losses	损失	36,48
Loss of one half of capital	损失一半资本金	64
Low capital companies	低资本公司	39
Majority blocks	占控制地位的多数股权	11
Majority rule	多数决规则	9,115-120
Mandate theory	委任理论	77 及以下
Mandatory law	强制性法	4
Market of legal entity farms	法律实体形式市场	38
Membership declaration	董事资格声明	41
Membership-related interests	股东资格相关的利益	134
Micro-undertakings	小微企业	152,183

(续表)

英文术语	中文对译词	边码
Minimum capital	最低资本金	27,32-40
Minority control rights	少数股东控制权	127
Minority interets	少数股东利益	9,113-149
Minority protection	少数股东保护	120-150,181 及以下
Model agreement	示范协议	52
MoMiG	《德国有限责任公司法现代化与反滥用法》	6,168-176
Money laundering	洗钱	170,174 及以下
Monistic management structure	单层制管理结构	21,91
Monitoring	监控	31,70
Multiple voting rights	多重投票权	114
Necessity entrepreneur	基于生存而进行经营的企业家	39
Nominal capital	名义资本	54
Nominal undercapitalisation	名义资本不足	61
Non-voting shares	无投票权股份	113
Notarial form	公证人公证形式	53
Notary	公证人	155-166,171-176
-exercise of official authority	-公证人行使公共职权	158 及以下
Notice of the agenda	议程通告	123
Nullify a resolution	撤销决议	120

(续表)

英文术语	中文对译词	边码
Nullity of a limited company	有限责任公司的撤销	412
Organisational structure	组织结构	9,71-111,76,180及以下
Outstanding contribution	尚未缴纳的出资	55
Overvaluation	高估价值	43
Own shares	自身股份	62及以下,103
Ownership	所有权	
-concentrated	-所有权集中	177
-dispersed	-所有权分散	177
Participation	参与	122,133
-righs	-参与权	119
Personal liability	个人责任	27
Personnel competence (of the shareholders)	(股东的)人事权限	83-87,117,177
Piercing the corporate veil	刺破公司面纱	66-70
Post-formation	成立后	45,60
Rrecontractual liability (of board memebers)	(董事会成员)先合同责任	106
Pre-emptive right	优先购买权	50
Pre-formation corporate liability	公司设立前责任	48,168,184
Preventative control	预防性控制	46
Preventative justice	预防性司法	53
Preferred shares	优先股	115

(续表)

英文术语	中文对译词	边码
Price manipulation	操纵价格	63
Principal-agent conflict	委托-代理冲突	9 及以下；77 及以下
Private autonomy	私法自治	4, 113, 144
Private limited company	有限责任公司	29
Procedural costs	程序成本	149
-defects	-瑕疵	136
Profits (appropriation of)	(挪用)利润	88
Property (constitutional guarantee)	财产(宪法保障)	94 及以下；173 及以下
Protective laws (Schutzgesetz; liability in tort)	保护性法律(保护性法；侵权责任)	108 及以下
Proportional representation	合比例的代表	117
Proxy	代理人	125
Proxy voting	代理人投票	126
Public limited company	股份有限公司	29
Qualified majority	绝对多数	120
Quorum	配额	114
Raising capital	资本缴纳	40
Reach-through liability	直索责任	66
Real seat theory	法律关系本座说理论	2
Redemption of shares	股份的回购	147
Reflection Group (European Union)	立法反馈小组(欧盟)	22, 72, 96 及以下；184 及以下

(续表)

英文术语	中文对译词	边码
Registration	商事登记	52
Registry court	商事登记法院	11, 45, 142
Regulatory competition	规制竞争	5
Regulatory philosophies (of corporate law)	（公司法的）规制理念	3
Removal of managers	经理的罢免	83 及以下
Reorganisation	（结构）重组	65, 70
Reserves	储备金	36, 54
-creation of	-储备金的设立	57
-reversal of	储备金取消	57
Restructuring	结构变更（重组）	66
Right of action	诉讼权	135
Risk buffer	风险缓冲	34
Risk management system	风险管理体系	65
Risk premium	风险溢价	30
Risk research	风险研究	8
Risk sharing	风险分担	37, 179
SE, see European Company	SE, 见 European Company 词条	
Self-protection	自我保护	30, 38
Seriousness indication	严肃性表征	36, 39
Shareholder agreement	股东协议	51
Shareholder loans	股东贷款	50, 61 及以下
Shareholder resolution	股东决议	113

(续表)

英文术语	中文对译词	边码
-contestability	-股东决议的可撤销	135
-defectiveness	-股东决议瑕疵	135
-invalidity of	-股东决议的无效	135
Shareholder suit	股东诉讼	129
Shareholding structure (transparency)	股东持股结构(透明性)	24 及以下,170 及以下
Shelf company	壳公司	50 及以下
Shortfall liability	出资差额补足责任	44
Single market	欧盟单一市场	3
Single-member company	一人公司	28, 67
Small corporation (europeanization)	小型公司(欧盟化)	19 及以下
Small corporation (form requirements)	小型股东(设立要求)	160-164
Solvency	偿付能力	65
Solvency test	偿付能力测试	70
SPE, see European Private Company	SPE,见 European Private Company 词条	
Speak (right to)	发言(权)	125
Special audit	特别审计	128
Spirit (of corporate law)	(公司法的)精神	186
Squeeze-out	强制性挤出(公司)	121, 141, 147
Stalemate	僵局	116

(续表)

英文术语	中文对译词	边码
Starving out the minority	（长期不分红）饿死少数股东	139
Statutes	公司章程	51
Structure (of the corporation)	（公司的）结构	71-111
Structural changes	结构变更	122, 140
Subscribed capital	认购的资本	34
Subscription right	认购权	49, 139
Substantive control (review)	实质性控制（审查）	120, 137
Substantive illegality	实体性违法	136
Substantive justification	内容正当性	148, 182
Supervisory board	监事会	9, 74, 89-93, 118
Switzerland	瑞士	
-history of corporate law	瑞士公司法的历史	18
-structure of the large company	瑞士大型公司的结构	92
Take-over	（上市公司）控制权收购	147
Three-quarters majority	四分之三多数	122
Tied-up capital	"捆绑"的资金	49, 54, 62
Time and place of the meeting	会议的时间和地点	123
Tort law	侵权法	107 及以下
Tort liability (of board members)	侵权责任（董事会成员）	104 及以下, 107-110

（续表）

英文术语	中文对译词	边码
Transaction costs	交易成本	31
Transfer of shares	股权移转	144
-of small corporation	-小型公司的股权移转	168-176
Transparency (of shareholding structures)	(股东持股结构的)透明性	170及以下
Treasury shares	持有的公司自身股份(库存股)	55
Two-thirds majority	三分之二多数	121
Unanimity (principle of)	一致同意(原则)	113-120
Undercapitalisation	资本不足	35,67
Under-par issues	折价发行	41
Under-valuation	价值低估	128
Uniform law	统一法	1
Unternehmergesellschaft	企业主公司	5,39,178
"Überseering" case	"宇博斯凌公司案"	1
"VALE" Case	"瓦勒案"	1, 184
Valuation	估值	44
Virtual participation	虚拟方式参与	127
Voting power	投票权	114
Voting right preclusion	投票权排除	133
Withdrawal	撤销	
-important grounds	-撤销的重要理由	144

（续表）

英文术语	中文对译词	边码
-shareholders' right of	-股东的撤销权	143-148
Working capital	运营资本	61
Wirtten procedure (decision-making)	书面程序（决策）	126

附录2 缩略语

ABGB	奥地利民法典
AcP	德国民法期刊
AHGB	奥地利商法典
ADHGB	德意志联邦普通商法典
AG	(德国、奥地利、瑞士)股份公司
AG	股份公司(德国商法期刊)
AGG	德国普通禁止歧视法
AktG	德国股份公司法
AnwBl.	律师杂志(德国法学期刊)
Art.	条
AWD BB.	经营咨询者(法学期刊)对外经济服务
BAG	德国联邦劳动法院
BB	经营咨询者(德国法学期刊)
BDA	德国雇主协会联合会
BDI	德国工业联合会
BeckRS	贝克司法判决
BetrVG	经营组织法
BGB	德国民法典
BGBl	联邦公报
BGH	德国联邦最高法院
BGHZ	德国联邦法院民事案件判决
BeurkG	德国公证法

(续表)

ABGB	奥地利民法典
BNotO	德国联邦公证人条例
BR-Dr.	德国联邦参议院公报
BT-Dr.	德国联邦议会公报
BT-PlPr.	德国联邦全体会议纪要
BVerfG	德国联邦宪法法院
BVerfGE	德国联邦宪法法院判例
Cass Crim	法国最高法院刑事庭
CC	意大利民法典
CCom	法国商法典
c.d.a	董事会
cf	参看
Ch	章
CJEU	欧洲法院
COMI	主要利益中心
Common Market L. Rev	共同市场法律评论
Cornell L.Rev	康奈尔法律评论
CP	意大利刑法典
dAktG	德国股份公司法
DAV	德国律师协会
DB	企业经营（德国法学期刊）
DCFR	共同参考框架草案
DCGK	德国公司治理法典
dGmbHG	德国有限责任公司法
dHGB	德国商法典
dUWG	德国反不正当竞争法
DJT	德国法学家大会
DNotZ	德国公证人杂志（德国法学期刊）

（续表）

ABGB	奥地利民法典
DStR	德国税法（德国法学期刊）
DZWiR	德国经济法杂志（德国法学期刊）
EBOR	欧洲商事组织法评论
EC	欧盟委员会
ECFR	欧洲公司法与金融法评论
ECJ	欧洲法院
ECL	欧洲公司法（法学期刊）
ECR	欧洲法院公告
EEC	欧洲经济共同体
e.g	例如
EIRL	法国一人有限责任公司
EKEG	奥地利自有资本替代法
EMCA	欧洲示范公司法
EP	欧洲议会
EPC	欧盟有限责任公司
Erg.-Bd.	增补卷
et al.	以及其他
etc.	等等
et seq.	及其以下
EWiR	经济法判例（德国法学期刊）
EU	欧盟
Eur.J.Law & Econ.	欧洲法与经济学杂志
EURL	法国一人公司
EuZW	欧洲经济法杂志（德国法学期刊）
FS	祝寿文集
fn.	脚注
GenG	德国合作社法

(续表)

ABGB	奥地利民法典
GeS	公司法及相关税法(奥地利法学期刊)
GesAusG	奥地利少数股东挤出法
GesRZ	股东(奥地利法学期刊)
GG	德国基本法
GLJ	德国法学期刊
GmbH	有限责任公司(德国、奥地利、瑞士)
GmbHG	有限责任公司法
GmbHR	有限责任公司杂志(德国法学期刊)
GPR	欧盟私法评论
GrünhutsZ	当代私法与公法杂志(德国法学期刊)
GWR	公司法与经济法杂志(德国法学期刊)
HGB	德国商法典
HRegV	奥地利商事登记条例
ibid., id.	同一位置
i.e.	意即
InsO	德国破产条例
IntGesR	国际公司法(期刊)
IPRax	国际私法与程序法实务(德国法学期刊)
JBl.	法学报(奥地利法学期刊)
JZ	法学杂志(德国法学期刊)
JCP/E	法律周报/商业与实务(法国法学期刊)
KG	两合公司
LSC	西班牙资合公司
MDR	德国法月刊(德国法学期刊)
MiFID	金融工具市场指令
MitbestErgG	德国职工共决增修法(德国职工共决法中的一部)

(续表)

ABGB	奥地利民法典
Modern Law Rev.	现代公司法评论
MoMiG	德国有限责任公司法现代化与反滥用法
Montan-mitbestG	德国煤钢企业职工共决法
NJW	新法学周刊(德国法学期刊)
NJW-RR	新法学周刊-判例报告(德国法学期刊)
NZ	公证人杂志(奥地利法学期刊)
NZA	新劳动法杂志(德国法学期刊)
NZG	新公司法杂志(德国法学期刊)
öAktG	奥地利股份公司法
öGmbHG	奥地利有限责任公司法
OGH	奥地利最高法院
OJEU	欧盟官方公报
ÖBA	银行与股市杂志(奥地利法学期刊)
ÖJT	奥地利法学家大会
öKO	奥地利破产条例
OLG	德国州高等法院
öUGB	奥地利商法典
OR	瑞士债法典
Portuguese CSC	葡萄牙商事公司法
RabelsZ	拉贝儿比较法与国际私法杂志
RdW	经济法(德国法学期刊)
RGBl.	帝国法律公报
Riv. Soc.	企业杂志(意大利法学期刊)
RIW	国际经济法(德国法学期刊)
SA	法国股份公司
S.A.R.L.	法国有限责任公司
SCE	欧洲合作社

(续表)

ABGB	奥地利民法典
SE	欧洲股份公司
SLNE	西班牙有限责任公司
SME	中小企业
SPE	欧洲有限责任公司
S.r.l.	意大利有限责任公司
Stanford Law Rev.	斯坦福法律评论
StGB	德国刑法典
StGBl.	国家法公报
TEU	欧洲联盟条约
TFEU	欧盟运作方式条约
U.Chi.L.Rev.	芝加哥大学法律评论
UG	(德国)企业主公司
URG	奥地利企业重整法
WM	有价证券杂志(德国法学期刊)
WpHG	德国证券交易法
ZEuP	欧洲私法杂志(德国法学期刊)
ZGS	合同组织、债法与责任法杂志(德国法学期刊)
ZgS	国家法杂志(德国法学期刊)
ZHR	商法与经济法杂志(德国法学期刊)
ZIP	经济法杂志(德国法学期刊)
ZRP	法律政策杂志(德国法学期刊)
ZVgIRw	比较法杂志(德国法学期刊)

附录3 参考文献

1. Abbadessa/Mirone, Le competenze dell'assemblea nelle s.p.a., Riv. Soc. 2010, 269-349.
2. Abbadessa/Portale (eds.), Le nuove società di capitali, 3 vols., 2006.
3. Abriani et al., Diritto delle società, 4th ed. 2008.
4. Adensamer/Oelkers/Zechner, Unternehmenssanierung zwischen Gesellschafts-und Insolvenzrecht, 2006.
5. Andenas/Wooldridge, European Comparative Company Law, 2009.
6. Angelici, La riforma delle società di capitali, 2003.
7. Aoki/Gustafsson/Williamson, The Firm as a Nexus of Treaties, 1990.
8. Apfelbaum, Das Merkmal der Zurechenbarkeit beim gutglaeubigen Erwerb von GmdH-Anteilen, BB 2008, 2470-2477.
9. Arangio-Ruiz, La società in diritto romano, 1950.
10. Armour, Share capital and creditor protection: efficient rules for a modern company law?, Modern Law Review 63 (2000), 355-378.
11. Armour, Legal Capital: An Outdatet Concept?, EBOR 7 (2006), 5-27.
12. Ars Legis (ed.), Das Recht der Kapitalgesellschaften in Europa: 20 Staaten im Ueberblick, 2007.
13. Arzt-Mergemeier, Der gesellschaftsrechtliche Minderheitenschutz in Deutschland, England und Frankreich: Eine rechtsver-

gleichende Untersuchung zur Ermittlung gemeinsamer Prinzipien des europaeischen Gesellschaftsrechts, Diss. 2006.

14. Atlante, I tre modelli di gestione della s.p.a.: la prospettiva del notaio, Riv. not. 2003, 531-542.

15. Bachmann/ Eidenmueller/Engert/Fleischer/Schoen (eds.), Rechtsregeln fuer die geschlos-sene Kapitalgesellschaft (ZGR-Sonderheft 18), 2012.

16. Bachmann, Der „Europaeische Corporate Governance-Rahmen"-Zum Gruenbuch 2011 der Europaeischen Kommission, WM 2011, 1301-1310.

17. Bader, Aktuelle Entwicklungen im italienischen Kapitalgesellschaftsrecht, Jahrbuch fuer Italienisches Recht (JbItalR) 19 (2006), 37-54.

18. Baermann, Das Notariat in der westlichen Welt, DNotZ 1979, 3-15.

19. Ballerstedt, Gesellschaftsrechtliche Probleme der Reform des GmbH-Rechts, ZHR 135 (1971), 384-399.

20. Banerjea, Haftungsfragen in Faellen materieller Unterkapitalisierung und im qualifi-zierten faktischen Konzern, ZIP 1999, 1153-1162.

21. Banerjea, Die Gesellschafterklage im GmbH-und Aktienrecht, 2000.

22. Banse/Bechmann, Interdisziplinaere Risikoforschung, 1998.

23. Bauerreis, Staatliche Ueberwachung der Geschaeftsfuehrung vor Insolvenzeintritt und staatliche Restrukturierung in Frankreich, ZGR 2004, 294-330.

24. Baumbach/Hopt, HGB, 35th ed. 2012.

25. Baumbach/Hueck, GmbHG, 19th ed. 2010.

26. Baums, Ph. A., Ausschluss von Minderheitsaktionaeren, 2001.

27. Baums, Th., Der Aufsichtsrat-Aufgaben und Reformfragen, ZIP 1995, 11-18.

28. Baums, Th., Bericht der Regierungskommission „Corporate Governance ". Unternehmensfuehrung - Unternehmenskontrolle - Modernisierung des Aktienrechts, BT-Drs. 14/7515.

29. Bayer, W., Empfehlen sich besondere Regelungen fuer boersennotierte und fuer geschlossene Gesellschaften?, Gutachten E zum 67. Deutschen Juristentag, 2008.

30. Bayer, W., Kapitalschutz in der GmbH-eine Generalkritik, in: Gesellschaftsrecht-liche Vereinigung (ed.), Gesellschaftsrecht in der Diskussion 2012, 2013.

31. Bayer, W./Habersach (eds.), Aktienrecht im Wandel: 1807-2007, Band I: Entwick-lung des Aktienrechts, Bank II: Grundsatzfragen des Aktienrechts, 2007.

32. Bayer, W./Hoffmann, Th., „Berufsklaeger" in der aktuellen rechtspolitischen Diskus-sion, ZIP 2013, 1193-1204.

33. Bayer, W./Schmidt J., Ueberlagerungen des deutschen Aktienrechts durch das euro-paeische Unternehmensrecht: Eine Bilanz von 1968 bis zur Gegenwart, in: Bayer, W./Habersack (des.), Aktienrecht im Wandel, Bd I, 2007, S, 944-998.

34. Bayer, W./Schmidt J., BB-Gesetzgebungs-und Rechtsprechungsreport zum Europae - ischen Unternehmensrecht 2010/2011, BB 2012, 3-14.

35. Bednarz, Die Gesellschafterliste als Rechtsscheintraeger fuer einen gutglaeubigen Er - werb von GmbH - Geschaeftsanteilen, BB 2008, 1854-1862.

36. Benazzo, "Condizioni d'uso"del sistema dualistico, Giur. Comm. 2009, I, 702-729.

37. Bitter, Der Anfang vom Ende des „qualifiziert faktischen Gm-

bH-Konzerns" -Ansaetze einer allgemeinen Missbrauchshaftung in der Rechtsprechung des BGH, WM 2001, 2133-2141.

38. Blair/Stout, Specific Investments: Explaining Anomalies in Corporate Law, 31 Journal of Corporation Law (2006), 719-744.

39. Boeckli, Schweizer Aktienrecht, 3rd ed. 2004.

40. Bohrer, Fehlerquellen und gutglaeubiger Erwerb im Geschaeftsanteilsverkehr-Das Vertrauensschutzkonzept im Regierungsentwurf des MoMiG, DStR 2007, 995-1003.

41. Bokelmann, Rechtsmissbrauch des Anfechtungsrechts durch den Aktionaer?, 1970.

42. Bonnard, Droit des sociétés, 7th ed. 2010.

43. Bratton, Bond Covenants and Creditor Protection: Economics and Law, Theory and Practice, Substance and Process, EBOR 7 (2006), 39-88.

44. Braun/Eidenmueller/Engert/Hornuf, Unternehmensgruendungen unter dem Einfluss des Wettbewerbs der Gesellschaftsrechte, ZHR 177 (2013), 131-148.

45. Bremer, Neuere Entwicklungen aus Bruessel, NZG 2012, 817.

46. Buonocore, Le nuove forme di amministrazione nelle società di capitali non quotate, Giur. comm. 2003, I, 389-413.

47. Buse, Reform des italienischen Gesellschaftsrechts, RIW 2002, 676-680.

48. von Caemmerer, Unterkapitalisierung und Gesellschafterdarlehen, in: Sanders, Pieter/Zonderland, Pieter (eds.), Quo vadis, ius societatum? Liber amicorum Pieter Sanders, 1973, 17-25.

49. Canaris, Handelsrecht, 24th ed. 2006.

50. Cian/Trabucchi, Commentario breve al Codice Civile, 10th ed. 2011.

51. Constantin, Droit des sociétés, 4th ed. 2010.

52. Cozian/Viandier/Deboissy, Droit der sociétés, 2nd ed. 2011.

53. Davies, Directors' Creditor-Regarding Duties in the Vicinity of Insolvency, EBOR 7 (2006), 301-337.

54. Davies/Rickford, An Introduction to the new UK Companies Act, ECFR 2008, 48-71.

55. Di Sabato, Diritto delle Societá, 2nd ed. 2005 and 3rd ed. 2011.

56. Dolmetta/Presti, S.r.I.-Commentario dedicato a Giuseppe B. Portale, 2011.

57. Donath/Mehle, Anwaltliche Pflichten nach dem Geldwaeschebekaempfungsergaen-zungsgesetz, NJW 2009, 650-651.

58. Doralt/Nowotny/Kalss, Kommentar zum AktG (fuer Oesterreich), 2nd ed. 2012, 1st ed. 2003.

59. Drygala/Staake/Szalai, Kapitalgesellschaftsrecht, 2012.

60. Easterbrook/Fischel, Limited Liability and the Corporation, 52 University of Chicago Law Review (1985), 89-117.

61. Easterbrook/Fischel, The Economic Strucure of Corporate Law, 1991.

62. Ebenroth/Boujong/Joost/Strohn/Wiedmann, Handelsgesetzbuch, 2nd ed., vol. 1 2008, vol. 2 2009.

63. Ebenroth/Neiss, Zur Vereinbarkeit von der Lehre von der verdeckten Sacheinlage mit EG-Recht, BB 1992, 2085-2095.

64. Eicklberg/Muehlen, Versteckte Vorgaben fuer Unternehmenskaeufe mit einer GmbH als Veraeusserin, NJW 2011, 2476-2481.

65. Eickhoff, Die Praxis der Gesellschafterversammlung, 4th ed. 2006.

66. Eidenmueller, Kapitalgesellschaftsrecht im Spiegel der modernen oekonomischen Theorie, JZ 2001, 1041-1051.

67. Eidenmueller/Engert/Hornuf, Vom Wert der Wahlfreiheit: Eine empirische Analyse der Societas Europaea als Rechtsformalternative, AG 2009, 845-855.

68. Eidenmueller/Schoen, The Law & Economics of Creditor Protec-

tion, 2008.

69. Enriques/Macey, Creditors Versus Capital Formation: The Case Against the Euro-pean Legal Capital Rules, Cornell L. Rev. 86 (2001), 1165-1204.

70. Fama/Jensen, Separation of ownership and control, 26 Journal of Law and Economics (1983), 301-325.

71. Ferrarini/Giudici/Richter, Company Law Reform in Italy: Real Progress?, RabelsZ 69 (2005), 658-697.

72. Fischer, Die Fremdgeschaeftsfuehrerin und andere Organvertreter auf dem Weg zur Arbeitnehmereigenschaft, NJW 2011, 2329-2332.

73. Fischer-Zernin, Der Rechtsangleichungserfolg der Ersten gesellschaftsrechtlichen Richtlinie der EWG, 1986.

74. Fitz/Roth, Der Notar im Kapitalgesellschaftsrecht, JB1 2004, 205-214.

75. Fleischer, Informationsasymmetrie im Vertragsrecht, 2001.

76. Fleischer, Grundfragen der Oekonomischen Theorie im Gesellschafts-und Kapital-marktrecht, ZGR 2001, 1-32.

77. Fleischer, Der Einfluss der Societas Europaea auf die Dogmatik des deutschen Gesellschaftsrechts, AcP 204(2004) 502-543.

78. Fleischer, Gesetz und Vertrag als alternative Problemloesungsmodelle im Ge-sellschaftsrecht, ZHR 168 (2004), 673-707.

79. Fleischer, A Navigation System for Corporate Law Scholarship, EBOR 7 (2006), 29-38.

80. Fleischer, Das unternehmerische Ermessen des GmbH - Geschaeftsfuehrers und seine GmbH - spezifischen Grenzen, NZG 2011, 521-527.

81. Fleischer/Goette (eds.), Muenchener Kommentar zum GmbHG, 2010.

82. Frank/Wachter, Neuer Entwicklungen im franzoesischen GmbH-

Recht, RIW 2002, 11-27.

83. Fusi/Mazzone, La riforma del diritto societario. Commento sistematico alla legge delega 3 ottobre 2001, n. 366, 2001.

84. Galgano, Il nuovo diritto societario, 2003.

85. Gehrlein/Ekkenga/Simon, GmbHG Kommentar, 2012.

86. Geiler, Die wirtschaftlichen Strukturwandlungen und die Reform des Aktienrechts, 1927.

87. Gesellschaftsrecht 1998 et seq., Gesellschaftsrecht in der Diskussion, VGR (ed.) = Gesellschaftsrechtliche Vereinigung (Company Law Association), Proceedings of the Annual Meetings, 1999 et seq.

88. Ghezzi/Malbreti, The Two-Tier Model and the One-Tier Model of Corporate Governance in the Italian Reform of Corporate Law, ECFR 2008, 1-47.

89. Goette, Aktuelle Rechtsprechung zur GmbH-Kapitalschutz und Organhaftung, DStR 2003, 887-895.

90. Goette, GmbH: Schadensersatzpflicht des Alleingesellschafter-Geschaeftsfuehrers, An-merkung zum Urteil des BGH v.26.10.2009, Az.: II ZR 222/08, DStR 2010, 63-65.

91. Goette/Habersack (eds.), Das MoMiG in Wissenschaft und Praxis, 2009.

92. Goette/Habersack/Kalss (eds.), Muenchener Kommentar zum AktG, 3rd ed. 2008-2013.

93. Greitemann/Bergjan, Die Auswirkungen des MoMiG auf die M&A-Praxis, in: Birk (ed.), Transaktionen-Vermoegen-Pro Bono, Festschrift zum zehnjaehrigen Bestehen von P+P Poellath+Partner, 2008, pp. 271-293.

94. Grosserichter/Rageade, Franzoesische Gesetzgebung und Rechtsprechung zum Handels-und Wirtschaftsrecht im Jahr 2000, RIW 2001, 771-781.

95. Grosserichter, in: Sonnenbérger/Glassen (eds.), Einfuehrung in das franzoesische Recht, 4th ed. 2012.

96. Grossfeld/Berndt, Dic Uebertragung von deutschen GmbH-Anteilen im Ausland, RIW 1996, 625-632.

97. Grundmann, Europaeisches Gesellschaftsrecht, 2nd ed. 2011.

98. Grunewald, Die Gesellschafterklage in der Personengesellschaft und der GmbH, 1990.

99. Guyon, Traité des contrats. Les sociétés. Aménagements statutaires et conventions entre associés, 5th ed. 2002.

100. Haas, Reform des gesellschaftsrechtlichen Glaeubigerschutzes, Gutachten E fuer den 66. Deutschen Juristentag, 2006.

101. Habersack, Die Mitgliedschaft-subjektives und „sonstiges" Recht, 1996.

102. Habersack, Europaeisches Gesellschaftsrecht im Wandel - Bemerkungen zum Ak-tionsplan der EG-Kommission betreffend die Modernisierung des Gesellschafts-rechts und die Verbesserung der Corporate Governance in der Europaeischen Union, NZG 2004, 1-9.

103. Habersack, Das Aktiengesetz und das Europaeische Recht, ZIP 2006, 445-451.

104. Habersack/Verse, Wrongful Trading-Grundlage einer europaeischen Insolvenzver-schleppungshaftung?, ZHR 168 (2004), 174-215.

105. Habersack/Verse, Europaeisches Gesellschaftsrecht. Einfuehrung fuer Studium und Praxis, 4th ed. 2011.

106. Hadding, Actio pro socio, Die Einzelklagebefugnis des Gesellschafters bei Ge-samthandsanspruechen aus dem Gesellschaftsverhaeltnis, 1966.

107. Hager, Verkehrsschutz durch redlichen Erwerb, 1990.

108. Hallstein, Die Gesellschaft mit beschraenkter Haftung in den Auslandsrechten, verglichen mit dem deutschen Recht, ZIP 1938/39,

341-451.

109. Harbarth, Gutglaeubiger Erwerb von GmbH – Geschaeftsanteilen nach dem MoMiG–RegE, ZIP 2008, 58–64.

110. Hartl, Reform des italienischen Gesellschaftsrechts, NZG 2003, 667–669.

111. Hauschild/Kallrath/Wachter (eds.), Notarhandbuch Gesellschafts-und Unterneh-mensrecht, 2011.

112. Haussmann, Vom Aktienwesen und Aktienrecht, 1928.

113. von Hein, Die Rezeption des US–amerikanischen Gesellschaftsrechts in Deutsch-land, 2008.

114. Hellgardt/Hoger, Transatlantlantische Konvergenz der Aktionaersrechte – Systemver – gleich und neuere Entwicklungen, ZGR 2011, 38–82.

115. Hellwig/Behme, Die deutsche Unternehmensmitbestimmung im Visier von Bruessel?, AG 2011, 740–746.

116. Hennrichs, Gruenbuch Europaeischer Corporate Governance Rahmen-Plaedoyer wider, EU-Regulierung und fuer Privatautonomie, GMBHR 2011, R257-R258.

117. Henze, Minderheitenschutz durch materielle Beschlusskontrolle der Beschluesse ueber die Zustimmung nach § 179 a AktG und die Aenderung des Unternehmensgegen – standes der Aktiengesellschaft, in: Ebenroth/Hesselberger/Rinne (eds.), Verant-wortung und Gestaltung, Festschrift fuer Karlheinz Boujong zum 65. Geburtstag, 1996, pp. 233-250.

118. Hierro Anibarro, El origen de la sociedad anonima en Espana, 1998.

119. Hierro Anibarro, La sociedad limitada Nueva Empresa, 2006.

120. Hierro Anibarro, Sociedad Nueva Empresa, 2010.

121. Hierro Anibarro, Simplificar el Derecho de

Sociedades, 2010.

122. Hilpold/Brunner, Die Reform des italienischen Gesellschaftsrechts-ein Beitrag zur Oeffnung und Modernisierung des italienischen Wirtschaftsrechts, ZVglRW 105 (2006), 519-543.

123. Hirsch, Law and Economics, 1979.

124. Hirte, Bezugsrechtsausschluss und Konzernbildung, 1986.

125. Hirte, Die Organisationsverfassung der italienischen Aktiengesellschaft nach neuem Recht-aus der Sicht des deutschen Juristen, in: Festschrift fuer Thomas Raiser, 2005, pp. 839-858.

126. Hofmann, Der, Minderheitsschutz im Gesellschaftsrecht: Einc Untersuchung zum deutschen Recht unter Heranziehung der Rechtslage in den USA, 2011.

127. Holzuer, Die Unternehmergesellschaft (haftungsbeschraenkt) im Wettbewerb der Gesellschaftsformen, 2011.

128. Hommelhoff, Aktionaers-Aktivismus im dualistischen System? -ein Zuruf im EU Corporate Governance-Diskurs, in: Hoffmann-Becking/Hueffer/Reichert (eds.), Liber amicorum fuer Martin Winter, 2011, pp. 255-260.

129. Hommelhoff/Hopt/von Werder (eds.), Handbuch Corporate Governance, 2003.

130. Hommelhoff/Teichmann, Die SPE vor dem Gipfelsturm, GmbHR 2010, 337-349.

131. Hopt, Common Principles of Corporate Governance in Europe?. In: Markesinis (ed.), The Clifford Chance Millennium Lectures: The Coming Together of the Common Law and the Civil Law, 2000, 105-132.

(deutsch: Gemeinsame Grundsaetze der Corporate Governance in Europa?, ZGR 2000, 779-818.

132. Hopt, Gesellschaftsrecht im Wandel, in: Wank/Hirte/Frey/

Fleischer/Thuesing (eds.), Festschrift fuer Herbert Wiedemann zum 70. Geburtstag, 2002, pp. 1013-1032.

133. Hopt, Europaeisches Gesellschaftsrecht und deutsche Unternehmensverfassung - Aktionsplan und Interpendenzen, ZIP 2005, 461-474.

134. Hopt, Modernisierung der Unternehmensleitung und -kontrolle, in: Aderhold/Grunewald/Klingberg/Paefgen (eds.), Festschrift fuer Harm Peter Westermann zum 70. Geburtstag, 2008, pp. 1039-1052.

135. Hopt, Ein drittes Gruenbuch: Europaeischer Corporate Governance-Rahmen?, EuZW 2011, 609-610.

136. Hopl, Europaeisches Gesellschaftsrecht: Quo vadis?, EuZW 2012, 481-483.

137. Hopt, Europaeisches Gesellschaftsrecht im Lichte des Aktionsplans der Europaeischen Kommission vom Dezember 2012, ZGR 2013, 165-215.

138. Hopt/Wiedemann (eds.), Grosskommentar zum AktG, 4th ed. (since 1992 single delivery).

139. Hueffer, Zur Darlegungs - und Beweislast bei der aktienrechtlichen Anfechtungsklage, in: Goerdeler/Hommelhoff/Lutter/Wiedemann (eds.), Festschrift fuer Hans-Joa-chim Fleck zum 70. Geburtstag, 1998, pp. 161-168.

140. Hueffer, Die Unabhaengigkeit von Aufsichtsmitgliedern nach Ziffer 5.4.2 DCGK, ZIP 2006, 637-644.

141. Hueffer, Aktiengesetz, 10th ed. 2012.

142. Huelsmann, Rechtspraktische Probleme beim Austritt von Gesellschaftern aus der GmbH, GmbHR 2003, 198-207.

143. van Hulle/Maul, Aktionsplan zur Modernisierung des Gesellschaftsrechts und Staerkung der Corprate Governance, ZGR 2004, 484-505.

144. Jabornegg/Strasser, Kommentar zum AktG, 4th ed. 2001.

145. Jahn, Bruessel knoepft sich die Corporate Governance vor, AG 2011, 454-459.

146. Jensen/Meckling, Theory of the Firm, Managerial Behaviour, Agency Costs an Own-ership Structure, Journal of Financial Economics, vol. 3 (1976), 305-360.

147. Jung, P. (ed.), Supranationale Gesellschaftsforpem im Typenwettbewerb, 2011.

148. Jung, St., Das Gruenbuch der Kommission zu einem europaeischen Corporate Govern-ance-Rahmen und die Weiterentwicklung des Europaeischen Gesellschaftsrechts, BB 2011,1987-1993.

149. Jungmann, The Effectiveness of Corporate Governance in One-Tier and Two-Tier Board Systems-Evidence from the UK and Germany, ECFR 2006, 426-474.

150. Kalss/Schauer, Die Reform des Österreichischen Kapitalgesellsellschaftsrechts, Gutachten für den Österreichischen Juristentag 2006.

151. Kalss/Schauer, Die Bedeutung der Publizitäts-, Kapital-, Zweigniederlassungs- und Einpersonengesellschaftsrichtlinie der Europäischen Union für das österrei-chische Gesellschaftsrecht (AG und GmbH), in: Koppensteiner, Hans-Georg, Österreichisches und europäisches Wirtschaftsprivatrecht, Teil 1: Gesellschaftsrecht, 1994.

152. Kalss/Burger/Eckert, Die Entwicklung des österreichischen Aktienrechts, 2003.

153. Kalss/Nowotny/Schauer, Österreichisches Gesellschaftsrecht, 2008.

154. Kaser/Knütel, Römisches Privatrecht, 19th ed. 2008.

155. Kastner/Doralt/Nowotny, Grundriss des österreichischen Gesellschaftsrechts, 5th ed. 1990.

156. Keinath, Nochmals: „Berufsklager" in der aktuellen rechtspolitischen Diskussion, ZIP 2013, 1205-1206.

157. Kersting, Die Vorgesellschaft im europäischen Gesellschaftsrecht, 2000.

158. Kindler, Die sachliche Rechtfertigung des aktienrechtlichen Bezugsrechtsaus-schlusses im Lichte der Zweiten Gesellschaftsrechtlichen Richtlinie der Europäisches Gemeinschaft, ZHR 158 (1994), 339-371.

159. Kindler, Neuere italienische Gesetzgebung auf dem Gebiet des Gesellschaftsrechts, ZGR 1995, 225-249.

160. Kindler, Unternehmerisches Ermessen und Pflichtenbindung. Voraussetzungen und Geltendmachung der Vorstandshaftung in der Aktiengesellschaft (zu BGH, Urteil vom 21.4.1997-II ZR 175/95), ZHR 162 (1998), 101-119.

161. Kindler, Die Begrenzung der Niederlassungsfreiheit durch das Gesellschaftsstatut, NJW 2007, 1785-1788 (Anmerkung zu BGH, Urteil vom 5.2.2007-II ZR 84/05).

162. Kindler, Einführung in das italienische Recht, ed. 2008.

163. Kindler, Grundzüge des neuen Kapitalgesellschaftsrechts - Das Gesetz zur Modernisierung des GmbH - Rechts und zur Bekämpfung von Missbräuchen (MoMiG), NJW 2008, 3249-3256.

164. Kindler, Besprechung von: von Hein, Die Rezeption des US - ameranischen Gesellschaftsrechts in Deutschland, ZHR 174 (2010), 149-154.

165. Kindler, Gesellschaftsrechtliche Grenzen der Emittentenhaftung am Kapitalmarkt-Eine Nachlese zum Fall „EM.TV" vor dem Hintergrund zwischenzeitlicher Entwicklungen, in: Kindler/Koch/Ulmer/Winter (ed.), Festschrift für Uwe Hüffer zum 70. Geburtstag, 2010, pp. 417-429.

166. Kindler, Geschäftsanteilsabtretungen im Ausland, 2010.

167. Kindler, Vorstands - und Geschäftsführerhaftung mil

Augenmaß – Über einige neuere Grundsatzentscheidungen des II. Zivilsenats des BGH zu § § 93 AktG und 43 GmbHG, in: Habersack/Hommelhoff (ed.), Festschrift für Wulf Goette zum 65. Geburtstag, 2011, pp. 231-238.

168. Kindler, Entwicklungslinien des italienischen Gesellschaftsrechts seit Beginn dieses Jahrhunderts, ZEuP 2012, 72-98.

169. Kindler, Grundkurs Handels – und Gesellschaflsrecht, 6th ed. 2012.

170. Kindler, ltalienisches Handels – und Wirtschaftsrecht, 2nd ed. 2013.

171. Kleindieck, Geschäftsführerhaftung nach der GmbH – Reform, in: Bitter et al. Festschrift für Karsten Schmidt zum 70. Geburtstag, 2009, pp. 893-900.

172. Kleindieck, Die Geschäftsführerhaftung nach § 64 §. 3. GmbHG-eine Zwischenbilanz, GWR 2010, 75-77.

173. Koberg, Die Entstehung der GmbH in Deutschland und Frankreich, 1992.

174. König/Bormann, Die Reform des Rechts der Gesellschaften mit beschränkter Haftung, DNotZ 2008, 652-672.

175. Konnertz-Häußler, Ein Corporate Governance-Kodex für die GmbH, GmbHR 2012, 68-81.

176. Koppensteiner, Einige Fragen zum „Squeeze-Out", GeS 2006, 143-152.

177. Koppenstciner/Rüffler, GmbH – Gesetz Kommentar, 3rd ed. 2007.

178. Kort, Offene Fragen zu Gesellschafterliste, Gesellschafterstellung und gutgläubigem Anteilserwerb (§ § 40 und 16 GmbHG n. F.), GmbHR 2009, 169-176.

179. Kort, Die Bedeutung von Unternehmensgegenstand und Ge-

sellschaftszweck einer AG bei Auslagerung von Geschäftsbereichen auf gemeinnützige Gesellschaften, NZG 2011, 929-932.

180. Koys, The Effects of Employee Satisfaction, Organizational Citizenship Behavior, and Turnover on Organizational Effectiveness: A Uni-Level, Longitudinal Study, Personnel Psychology, 54 (2001), 103-114.

181. Kraakman, Concluding Remarks on Creditor Protection, EBOR 7 (2006), 465-471.

182. Kraakman et al., The Anatomy of Corporate Law, 2nd ed. 2009.

183. Krejci, Societas Privata Europaea, 2008.

184. Kronman/Jackson, Secured Financing and Priorities among Creditors, 88 Yale Law Journal (1979), 1143-1182.

185. Kropff, Nettoausweis des Gezei8chneten Kapitals und Kapitalschutz, ZIP 2009, 1137-1145.

186. Krüger Andersen, The European Model Company Act (EMCA): A new way forward, in: Bernitz/Ringe (eds.), Company Law and Economic Protectionism - New Challenges to European Integration, 2011, Part IV.

187. Krüger Mindestkapital und Gläubigerschutz, 2005.

188. Kunz, Richterliche Handhabung von Aktionärsstreitigkeiten-zu einer Methode für Interessenabwägungen sowie zur „Business Judgment Rule", in: Festschrift für Jean Nicolas Druey zum 65. Geburtstag, 2002, pp. 445-462.

189. Lange, Vererbung von GmbH-Anteilen und Gesellschafterliste, GmbH-Rundschau 2012, 986-991.

190. Lehmann, K., Das Recht der Aktiengesellschaften, vol. 2, 1904.

191. Lehmann, M., Das Privileg der beschränkten Haftung und

der Durchgriff im Gesellschafts-und Konzernrecht. Eine juristische und ökonomische Analyse, ZGR 1986, 345-370.

192. Leible/Hoffmann, Anmerkung zu BGH 14.3.2005-II ZR 5/03, RIW 2005, 544-547.

193. Leitzen, Die analoge Anwendung von § 179 a AktG auf Gesellschaften mit beschränkter Haftung und Personengesellschaften in der Praxis, NZG 2012, 491-496.

194. Lenoir/Conac, Rapport du groupe de réflexion sur le futur du droit européen des sociétés: vers un changement de cap?, Recueil Dalloz 2011, 1808.

195. Leyens, Deutscher Aufsichtsrat und U.S.-Board: ein-oder zweistufiges Verwaltungssystem? Zum Stand der rechtsvergleichenden Corporate Governance Debatte, RabelsZ 67 (2003), 57-105.

196. Leyens, Aufsichtsrat: Terra incognita des englischen Gesellschaftsrechts?, in: Grundmann/Haar/Merkt et al. (eds.), Unternehmen, Markt und Vcrantwortung, Festschrift für Klaus J. Hopt zum 70. Geburtstag, 2010, vol. 2, 2010, pp. 3135-3147.

197. Lieder, The German Supervisory Board on its Way to Professionalism, GLJ 11 (2010), 115-158.

198. Luhmann, Soziologie des Risikos, 1991.

199. Lutter, Kapital, Sicherung der Kapitalaufbringung und Kapitalerhaltung in den Aktien-und GmbH-Rechten der EWG, 1964.

200. Lutter Zur inhaltlichen Begründung von Mehrheitsentscheidungen-Besprechung der Entscheidung BGH WM 1980, 378, ZGR 1981, 171-182.

201. Lutter, Die Entwicklung der GmbH in Europa und der Welt, in: Festschrift 100 Jahre GmbH-Gesetz, 1992, pp. 49-83.

202. Lutter, Defizile für eine effiziente Aufsichtsratstätigkeit und gesetzliche Möglichkeiten der Verbesserung, ZHR 159 (1995),

287-309.

203. Lutter, Die Harmonisierung des Rechts der Kapitalgesellschaften in Europa, in: Nobel/Behr, Internationales Gesellschaftsrecht, 1998.

204. Lutter (ed.), Das Kapital der Aktiengesellschaft in Europa, ZGR-Sonderheft 17, 2006.

205. Lutter, Limited Liability Company and Private Company, in: Conard/Vagts (ed.), International Encyclopedia of Comparative Law, Vol. XIII/1, 2006.

206. Lutter/Banerjea, Die Haftung wegen Existenzvernichtung, ZGR 2003, 402-440.

207. Lutter/Bayer/Schmidt, Europäisches Unternehmens - und Kapitalmarktrecht, 5th ed. 2012.

208. Lutter/Hommelhoff, Kommentar zum GmbH-Gesetz, 17th ed. 2012.

209. Maffei Alberti,Commentariobreve al diritto delle società, 2nd ed. 2011magrini, Italienisches Gesellschaftsrecht, 2004.

210. Mahler, Verstoß gegen § 64 S. 3 GmbHG bei „Upstream-Securities" - Gleichlaufende Strafbarkeit des Geschäftsführers nach § 266 StGB?, GmbHR 2012, 504-508.

211. Maiß, BGH: Nichtwicderbestellung eines GmbH - Geschäftsführers wegen dessen Alters verstößt gegen das AGG, Anmerkung zu BGH, Urt. v. 23.04.2012 II ZR 163/10 (OLG Köln), BGH, Urteil vom 23.04.2012-II ZR 163/10 (OLG Köin), GWR 2012, 294.

212. Maltschew, Der Rückerwerb eigener Aktien in der Weltwirtschaftskrise 1929-1931, 2004.

213. Maschke, Die Societas Privata Europaea (SPE) im Rahmen von Unternehmenstransaktionen, BB 2011, 1027-1035.

214. Matyk, Die Europäische Privatgesellschaft-vom Race to the

bottom zum Qualitätslabel? Einige rechtspolitische Gedanken zum Vorschlag der Europäischen Kommission, GPR 2009, 2-7.

215. Mayer, Der Erwerb einer GmbH nach den Anderungen durch das MoMiG, DNotZ 2008,403-433.

216. Mayson/French/Ryan, Company Law, 27th ed. 2010-2011.

217. Meier – Hayoz/Forstmoser, Schweizerisches Gesellschaftsrecht, 11th ed. 2012.

218. Meilicke, Die Kapitalaufbringungsvorschrift als Sanierungsbremse-Ist die deutsche Interpretation des § 27 Abs. 2 AktG richtlinienkonform?, DB 1989, 1067-1075.

219. Meissel, Societas. Stuktur und Typenvielfalt des römischen Gesellschaftsvertrages, 2004.

220. Mestmäcker, Zur aktienrechtlichen Stellung der Verwaltung bei Kapitalerhöhungen, BB 1961, 945-952.

221. Meyer, Haftungsbeschränkung im Recht der Handelsgesellschaften, 2000.

222. Miras, Verbotene Diskriminierung bei der Auswahl von Organmitgliedern GWR 2012, 311.

223. Möllers, Das Verhältnis der Haftung wegen sittenwidriger Schädigung zum gesellschaftsrechtlichen Kapitalerhaltungsgrundsatz-EM.TV und Comroad, BB 2005, 1637-1643.

224. Möser, Die Vertretung des britischen „ Company " nach Inkrafttreten des Companies Act 2006, RIW 2010, 850-860.

225. Mülbert, A synthetic view of different concepts of creditor protection-or: A high-level framework for creditor protection, EBOR 7 (2006), 357-408.

226. Mülbert /Birke, Legal Capital-Is There a Case against European Legal Capital Rules? , EBOR 3 (2002), 695 732.

227. Müller-Graff/Teichman, Europäisches Gesellschaftsrecht auf

neuen Wegen, 2010.

228. Murray/Stürner, The Civil Law Notary-Neutral Lawyer for the Situation. A Comparative Study on Preventive Justice in Modern Societies, 2010.

229. Niemeier, Die „Mini-GmbH" (UG) trolz Marktwende bei der Limited?, ZIP 2007, 1794-1801.

230. Niemeier, „Triumph" und Nachhaltigkeit deutscher Ein-Euro-Gründungen-Rechtstatsachen zur Limited und ein Zwischenbericht zur Unternehmensgesellschaft, in: Altmeppen/Fitz/Honsell (eds.), Festschrift für Günter H. Roth zum 70. Geburtstag, 2011, pp. 533-552.

231. Nienhaus, Kapitalschutz in der Aktiengesellschaft mit atypischer Zwecksetzung, 2002.

232. Noll/Bachmann, Der kleine Machiavelli, 2001.

233. Nowotny, Satzungsstrenge im österreichischen Aktienrecht?, in: Kalss/Nowotny/ Schauer (eds.), Festschrift für Peter Doralt zum 65. Geburtstag, 2004, pp. 411-424.

234. Ogger, Nieten im Nadelstreifen, 1995.

235. Otte, Arbeitszufriedenheit. Werte im Wandel, 2007.

236. Palandt, BGB, 72nd ed. 2013.

237. Peltzer, Das Grünbuch der EU-Kommission vom 5.4.2011 und die Deutsche Corporate Governance, NZG 2011, 961-968.

238. Peters, Der Entzug des Eigentums an beweglichen Sachen durch gutgläubigen Erwerb, 1991.

239. Pisko, Die beschränkte Haftung des Einzelkaufmanns, GrünhutsZ 37 (1910), 699.

240. Portale, Lezioni di diritto privato comparato, 2nd ed. 2007.

241. Posner, The Rights of Creditors of Affiliated Corporations, 43 University of Chicago Law Review (1976), 499-526.

242. Preuß, Gesellschafterliste, Legitimation gegenüber der Gesellschaft und gutgläubiger Erwerb von GmbH-Anteilen, ZGR 2008, 676-701.

243. Priester, Protokollant und Inspizient. Die Doppelrolle des Hauptversammlungsnotars, in: Festschrift 50 Jahre Deutsches Anwaltsinstitut e. V., 2003, pp. 571-608.

244. Priester, Anmerkung zum Beschluss des OLG München vom 3.2.2010, Az.: 31 Wx 135/09 (Unterbliebener Widerspruch gegen Verschmelzungsbeschluss), DNotZ 2011, 142-148.

245. Priester/Mayer/Wicke, Münchner Handbuch des Gesellschaftsrechts, Bd. 3: Gesellschaft mit beschränkter Haftung, 4th ed. 2012.

246. Raiser/Veil, Recht der Kapitalgesellschaften, 5th ed. 2010.

247. Rathenau, Vom Aktienwesen, 1918.

248. Reich-Rohrwig, Grundsatzfragen der Kapitalerhaltung bei AG, GmbH sowie GmbH & Co. KG, 2004.

249. Renaud, Das Recht der Aktiengesellschaften, 2nd ed. 1875.

250. Rodewald, Gutgläubiger Erwerb von Geschäftsanteilen nach MoMiG-Drei Fragen zum Umfang der Legal Due Diligence, GmbHR 2009, 196-199.

251. Rodewald/Pohl, Neuregelungen des Erwerbs von eigenen Anteilen durch die GmbH im Bilanzrechtsmodernisierungsgesetz (BilMoG), Möglichkeiten einer „verein-fachten" Kapitalherabsetzung oder (nur) verminderte Aussagekraft der Bilanz?, GmbHR 2009, 32-36.

252. Rordorf, Le società azioni dopo la riforma: il Sistema dei controlli, Il Foro italiano, 2003, V, 184-192.

253. Roth, G. H., Das Treuhandmodell des Investmentrechts. Einc Alternative zur Aktiengesellschaft ?, 1972.

254. Roth, G. H., Die Herrschaft der Aktionäre in der Publikums-

AG als Gegenstand rechtssoziologischer Betrachtung, in: Kruse (ed.), Festschrift für Heinz Paulick zum 65. Geburtstag, 1973, pp. 81-100.

255. Roth, G. H., Geheimnisschutz im Gesellschaftsrecht, in: Ruppe, Geheimnisschutz im Wirtschaftsleben, 1980, p. 69-92.

256. Roth, G. H., Zur „ economic analysis" der beschränkten Haftung, ZGR 1986, 371-382.

257. Roth, G. H. (ed.), Das System der Kapitalgesellschaften im Umbruch, 1990.

258. Roth, G. H., Unterkapitalisierung und persönliche Haftung, ZGR 1993, 170-209.

259. Roth, G. H., Minderheitenschutz im Aktienrecht Österreichs, in: Reformbedarf im Aktienrecht, 4. Deutsch-Österreichisches Symposium zum Gesellschaflsrecht vom 22. und 23. Oktober 1993, ZGR 23 (1994), Sonderheft 12, 167-185.

260. Roth, G. H., könig Kunde im Gesellschaftsrecht, in: Kramer/ Schumacher (eds.), Beiträge zum Unternehmensrecht: Festschrift für Hans-Georg Koppensteiner zum 65. Geburtstag, 2001, pp. 141-148.

261. Roth, G. H., Gläubigerschutz durch Existenzschutz, NZG 2003, 1081-1085.

262. Roth, G. H., Vertragsautonomie und Mehrheitsenlscheidung, in: Honsell/Zäch/Hasenböhler/Harrer/Rhinow/Koller (eds.), Privatrecht und Methoden: Festschrift für Ernst A. Kramer, 2004, pp. 973-983.

263. Roth, G. H., Qualität und Preis am Markt für Gesellschaftsformen, ZGR 2005, 348-386.

264. Roth, G. H., Vertragsändcrungen im Kernbereich, JBl 2005, 80-85.

265. Roth, G. H., Reform des Kapitalgesellschaftsrechts: Kapitalverfassung, ÖJT, Verhandlungen des 16 Österreichischen Juristentages Graz 2006: Zivilrecht-Die Reform des Österreichischen Kapitalge-

sellschaftsrechts. Referate und Diskussionsbeiträge, pp. 100-127.

266. Roth, G. H., Neue Fallstricke beim Cash-Pool, NJW 2009, 3397-3401.

267. Roth, G. H., Vorgaben der Niederlassungsfreiheit für das Kapitalgesellschaftsrecht, 2010.

268. Roth, G. H., Die Reform der verdeckten Sacheinlage, in: Kindler/Koch/Ulmer/Winter (eds.), Festschrift für Uwe Hüffer zum 70. Geburtstag, 2010, pp. 853-861.

269. Roth, G. H., Das unternehmerische Risiko, in: Joost/Oetker/Paschke (eds.), Festschrift für Franz Jürgen Säcker zum 70. Geburtstag, 2011, pp. 459-468.

270. Roth, G. H., Kapitalerhaltung versus Prospekthaftung: Die europäischen Richtlinien, JBl 2012, 73-86.

271. Roth, G. H./Altmeppen, GmbHG, 1st ed. 1983 and 7th ed. 2012.

272. Roth, G. H./Fitz, Unternehmensrecht-Handels-und Gesellschaftsrecht, 2nd ed. 2006.

273. Roth, G. H./Weller, Handels - und Gesellschaftsrecht, 8th ed. 2013.

274. Roth, G. H./Wörle, Die Unabhängigkeit des Aufsichtsrats-Recht und Wirklichkeit, ZGR 2004, 565-630.

275. Rowedder/Schmidt - Leithoff, GmbHG - Kommentar, 5th ed. 2012.

276. Säcker/Rixecker (eds.), Münchener Kommentar zum BGB, 5th ed., vol. 5, 2009.

277. Saenger/Inhester, GmbHG Handkommentar, 1st ed. 2011.

278. Saenger/Scheuch, Auslandsbeurkundung bei der GmbH - Konsequenzen aus MoMiG und Reform des Schweizer Obligationenrechts, BB 2008, 65-69.

279. Sangiovanni, Die Vergütung des GmbH – Geschäftsführers im italienischen Recht, GmbHR 2012, 841–845.

280. Santosuosso, La riforma del diritto societario, 2003.

281. Schaaf, Praxis der Hauptversammlung, 3rd ed, 2011.

282. Schäfer/Ott, Lehrbuch der ökonomischen Analyse des Zivilrechts, 4th ed. 2005.

283. Scheffler, EU – Grünbuch zur Corporate Governance, AG 2011, R262.

284. Schiessl, Leitungs – und Kontrollstrukturen im internationalen Wettbewerb – Dualistisches System und Mitbestimmung auf dem Prüfstand, ZHR 167 (2003), 235–256.

285. Schmidt, H., Anteilsmärkte und Kreditmärkte. Gegenseitige Ergänzung oder Substitute, Jahrbuch für Sozialwissenschaft, vol. 37 (1986), 354–367.

286. Schmidt, J., "Deutsche" vs. "britische" Societas Europaea (SE), 2006.

287. Schmidt, J., Reforms in German Stock Corporation Law – The 67th German Jurists Forum, EBOR 9 (2008), 637–656.

288. Schmidt, J., Neue Phase der Modernisierung des europäischen Gesellschaftsrechts, GmbHR 2011, R177–R178.

289. Schmidt, K., Informationsrechte in Gesellschaften und Verbänden: ein Beitrag zur gesellschaftsrechtlichen Institutionenbildung, 1984.

290. Schmidt, K., Gesellschaftsrecht, 4th ed. 2002.

291. Schmidt, K., GmbH – Reform auf Kosten der Geschäftsführer?, GmbHR 2008, 449–458.

292. Schmidt, K. M., The Economics of Covenants as a Means of Efficient Creditor Protection, EBOR 7 (2006), 89–94.

293. Schockenhoff, Gesellschaftsinteresse und Gleichbehandlung

beim Bezugsrechtsausschluss, 1988.

294. Schodder, Anmerkung zu KG, Urt. v. 16.3.2010-14 U 45/09 (nicht rechtskräftig, Az. des BGH II ZR 67/10; LG Berlin), KG EWiR § 43 GmbHG 1/11, 151-152 = GmbHR 2010, 869.

295. Schön, Das System der gesellschaftsrechtlichen Niederlassungsfreiheit nach VALE, ZGR 2013, 333-365.

296. Scholz, GmbH-Gesetz, 10th ed. 2010.

297. Schredelseker, Grundlagen der Finanzwirtschaft, 2002.

298. Schubert, Das GmbH-Gesetz von 1892, in: Lutter/Ulmer/Zöllner (eds.), Festschrift 100 Jahre GmbH-Gesetz, 1992, pp. 1-48.

299. Schubert/Hommelhoff, Hundert Jahre modernes Aktienrecht, ZGR-Sonderheft 4, 1985.

300. Schürnbrand, Organschaft im Recht der privaten Verbände, 2007.

301. Seibert, Gesetzliche Steuerungsinstrumente im Gesellschaftsrecht, ZRP 2011, 166-169.

302. Sernetz/Kruis, Kapitalaufbringung und Kapitalerhaltung in der GmbH, 2nd ed. 2013.

303. Slabschi, Die sogenannte rechtsmissbräuchliche Anfechtungsklage, 1997.

304. Sonnenberger/Classen (eds.), Einführung in das französische Recht, 4th ed. 2012.

305. Sonnenberger/Dammann, Französisches Handels-und Wirtschaftsrecht, 3rd ed. 2008.

306. Spada, Diritto commerciale, I, Parte generale: storia, lessico e istituti, 2004.

307. Spindler, Die Empfehlungen der EU für den Aufsichtsrat und ihre deutsche Umsetzung im Corporate Governance Kodex, ZIP 2005, 2033-2045.

308. Spindler, Trading in the Vicinity of Insolvency, EBOR 7 (2006), 339-352.

309. Spremann, Investition und Finanzierung, 3rd ed. 1990.

310. Staub, Handelsgesetzbuch: HGB, Großkommentar, vol. 6, 5th ed. 2011.

311. Steinhauer, Die Reform des Gesellschaftsrechts in Italien, EuZW 2004, 364-367.

312. Stellmann/Stoeckle, Verpflichtung zur Übertragung des ganzen Vermögens einer Gesellschaft, WM 2011, 1983-1990.

313. Stöber, Die Insolvenzverschleppungshaftung in Europa, ZHR 176 (2012), 326-363.

314. Stock-Homburg, Der Zusammenhang zwischen Mitarbeiter-und Kundenzufriedenheit. Direkte, indirekte und moderierende Effekte, 4th ed. 2009.

315. Süß/Wachter, Handbuch des internationalen GmbH-Rechts, 2nd ed. 2011.

316. Teichmann, Corporate Governance in Europa, ZGR 2001, 645-679.

317. Terberger/Wettberg, Der Aktienrückkauf und die Bankenkrise 1931, 2005.

318. Tombari, The New Italian Company Law: An Emerging European Model?, in: Festschrift für Erik Jayme, vol. 2, 2004, pp. 1589-1603.

319. Triebel/Otte, 20 Vorschläge für eine GmbH - Reform: Welche Lektion kann der deutsche Gesetzgeber vom englischen lernen?, ZIP 2006, 311-316.

320. Ulmer, Die Aktionärsklage als Instrument zur Kontrolle des Vorstands-und Aufsichtsratshandelns, ZHR 163, (1999), 290-342.

321. Ulmer/Habersack/Henssler, Mitbestimmungsrecht, 2nd

ed. 2006.

322. Ulmer/Habersack/Winter (eds.), GmbHG Großkommentar, 9th ed. 2008.

323. Verse, Der Gleichbehandlungsgrundsatz im Recht der Kapitalgesellschaften, 2006.

324. Verse, Auswirkungen der Bilanzrechtsmodernisierung auf den Kapitalschutz, in: Gesellschaftsrechtliche Vereinigung (ed.), Gesellschaftsrecht in der Diskussion 2009, 2010, p. 67–92.

325. Vetter, Update des Deutschen Corporate Governance Kodex, BB 2005, 1689–1695.

326. Vossius, Gutgläubiger Erwerb von GmbH – Anteilen nach MoMiG, DB 2007, 2299–2304.

327. Wachter, Handelsregisteranmeldung der inländischen Zweigniederlassung einer englischen Private Limited Company, MDR 2004, 611–619.

328. Wachter, Wettbewerb des GmbH – Rechts in Europa – Vergleich der Rechtslage in ausgewählten Ländern, in: Schröder (ed.), Die GmbH im europäischen Vergleich, 2005, pp. 25–67.

329. Weller, Die Übertragung von GmbH – Geschäftsanteilen im Ausland: Auswirkungen von MoMiG und Schweizer GmbH–Reform, Der Konzern 2008, 253–260.

330. Wicke, GmbHG, 2008 und 2nd ed. 2011.

331. Wicke, Grundelemente einer Europäischen Privatgesellschaft, GmbHR 2011, 566–574.

332. Wiedemann, Auf der Suche nach den Strukturen der Aktiengesellschaft: The Anatomy of Corporate Law, ZGR 2006, 240–258.

333. Wieland, Handelsrecht, vol. 1, 1921.

334. Wiesner, Corporate Governance und kein Ende – Zum Ak-

tionsplan der EU-Kommission über die Modernisierung des Gesellschaftsrechts und Verbesserung der Corporate Governance, ZIP 2003, 977-980.

335. Wild, Prospekthaftung einer AG unter deutschem und europäischem Kapitalschutz, 2007.

336. Wilhelmi, Der Grundsatz der Kapitalerhaltung im System des GmbH-Rechts, 2001.

337. Williamson, On the Nature of the Firm: Some Recent Developments, ZgS 1981, 675-680.

338. Witt, Modernisierung der Gesellschaftsrechte in Europa, ZGR 2009, 872-930.

339. Wright/Cropanzano/Bonett, The Moderating Role of Employee Positive Well Being in the Relation Between Job Satisfaction and Job Performance, Journal of Occupational Health Psychology, 12 (2), 2007, 93-104.

340. Ziemons, Mehr Transaktionssicherheit durch das MoMiG?, BB 2006, Special 7/2006, 9-14.

341. Zöllner, Die Schranken mitgliedschaftlicher Stimmrechtsmacht bei den privatrecht-lichen Personenverbänden, 1963.

342. Zöllner, 100 Jahre GmbH, JZ 1992, 381-385.

343. Zöllner, Gerechtigkeit bei der Kapitalerhöhung, AG 2002, 585-592.

344. Zöllner/Noack (eds.), Kölner Kommentar zum Aktiengesetz, 3rd ed. 2009.

345. Zweigert/Kötz, An Introduction to Comparative Law, 3rd ed. 1998.

译后记

欧陆公司法的精神是什么？这是两位著名公司法学者罗斯教授和金德勒教授通过本书要回答的核心问题。译者在柏林洪堡大学读博士期间初识此书便被作者的抱负所吸引：理清欧洲大陆公司法的传统与核心原则，为"站在十字路口"的欧洲公司法改革指明方向。面对来自英美公司法的制度竞争以及"效率价值"和"股东利益最大化"理念的巨大影响，本书给出了公司法向何处去的"欧洲方案"。

翻译本书的初衷是想为中国公司法的未来尽一份力。清末以来，我国公司法立法对欧陆公司制度多有借鉴，然而也不乏误解和貌似而神离的法律移植。诸如资本制度、公司治理结构、监事会制度、职工参与等。对我国读者而言，呈现欧陆公司法制度及其运行的原貌是本书作为比较法研究成果的首要价值。除了德国和法国，本书的研究对象还涵盖意大利、奥地利、瑞士、西班牙等国公司法制度，通过对这些貌似差异巨大的国别法的功能性进行比较，找到其共同的理念与原则。这种研究精神及研究方法同样值得我国商法学界关注。因为当下中国公司法面临着适应经济数字与绿色转型的挑战，同时也担负着实现"两岸四地"商事组织法制融合和高水平制度型开放的重任。什么是中国公司法的精神？这是一道关乎中国公司法未来的"必答题"。

本译著能够顺利出版离不开众多师友同人的大力支持和辛勤付出。在此，要衷心感谢法律人进阶译丛主编李昊教授在选题、翻译和出版方面提供的帮助以及耐心督促。同时，要特别感谢北京大学出版社陆建华、陆飞雁和王睿老师在版权授予、稿件审校等方面认真、细致的支持。正是他们"较真"的工作态度使得本书的翻译工作成为一段珍贵的学习之旅。此外,还要感谢我指导的硕士研究生刘树远、马菁蔓、陈丽竹等同学的帮助,以及西南财经大学中央高校基本科研业务费专项资金的支持。

"取法人际,天道归一",仅以本译著致敬未来中国公司法!

张怀岭
2024 年 6 月

法律人进阶译丛

⊙ 法学启蒙

《法律研习的方法：作业、考试和论文写作（第10版）》，〔德〕托马斯·M.J.默勒斯 著，2024年出版

《如何高效学习法律（第8版）》，〔德〕芭芭拉·朗格 著，2020年出版

《如何解答法律题：解题三段论、正确的表达和格式（第11版增补本）》，〔德〕罗兰德·史梅尔 著，2019年出版

《法律职业成长：训练机构、机遇与申请（第2版增补本）》，〔德〕托尔斯滕·维斯拉格 等著，2021年出版

《法学之门：学会思考与说理（第4版）》，〔日〕道垣内正人 著，2021年出版

⊙ 法学基础

《法律解释（第6版）》，〔德〕罗尔夫·旺克 著，2020年出版

《法理学：主题与概念（第3版）》，〔英〕斯科特·维奇 等著，2023年出版

《基本权利（第8版）》，〔德〕福尔克尔·埃平 等著，2023年出版

《德国刑法基础课（第7版）》，〔德〕乌韦·穆尔曼 著，2023年出版

《刑法分则Ⅰ：针对财产的犯罪（第21版）》，〔德〕伦吉尔 著，待出版

《刑法分则Ⅱ：针对人身与国家的犯罪（第20版）》，〔德〕伦吉尔 著，待出版

《民法学入门：民法总则讲义·序论（第2版增订本）》，〔日〕河上正二 著，2019年出版

《民法的基本概念（第2版）》，〔德〕汉斯·哈腾豪尔 著，待出版

《民法总论》，〔意〕弗朗切斯科·桑多罗·帕萨雷里 著，待出版

《德国民法总论（第44版）》，〔德〕赫尔穆特·科勒 著，2022年出版

《德国物权法（第32版）》，〔德〕曼弗雷德·沃尔夫 等著，待出版

《德国债法各论（第16版）》，〔德〕迪尔克·罗歇尔德斯 著，2024年出版

⊙ 法学拓展

《奥地利民法概论：与德国法相比较》，〔奥〕伽布里菈·库齐奥 等著，2019年出版

《所有权的终结：数字时代的财产保护》，〔美〕亚伦·普赞诺斯基 等著，2022年出版

《合同设计方法与实务（第3版）》，〔德〕阿德霍尔德 等著，2022年出版

《合同的完美设计（第5版）》，〔德〕苏达贝·卡玛纳布罗 著，2022年出版

《民事诉讼法（第4版）》，〔德〕彼得拉·波尔曼 著，待出版
《德国消费者保护法》，〔德〕克里斯蒂安·亚历山大 著，2024年出版
《日本典型担保法》，〔日〕道垣内弘人 著，2022年出版
《日本非典型担保法》，〔日〕道垣内弘人 著，2022年出版
《担保物权法（第4版）》，〔日〕道垣内弘人 著，2023年出版
《日本信托法（第2版）》，〔日〕道垣内弘人 著，2024年出版
《公司法的精神：欧陆公司法的核心原则》，〔德〕根特·H. 罗斯 等 著，2024年出版

⊙ 案例研习

《德国大学刑法案例辅导（新生卷·第三版）》，〔德〕埃里克·希尔根多夫著，2019年出版
《德国大学刑法案例辅导（进阶卷·第二版）》，〔德〕埃里克·希尔根多夫著，2019年出版
《德国大学刑法案例辅导（司法考试备考卷·第二版）》，〔德〕埃里克·希尔根多夫著，2019年出版
《德国民法总则案例研习（第5版）》，〔德〕尤科·弗里茨舍 著，2022年出版
《德国债法案例研习I：合同之债（第6版）》，〔德〕尤科·弗里茨舍 著，2023年出版
《德国债法案例研习II：法定之债（第3版）》，〔德〕尤科·弗里茨舍 著，待出版
《德国物权法案例研习（第4版）》，〔德〕延斯·科赫、马丁·洛尼希著，2020年出版
《德国家庭法案例研习（第13版）》，〔德〕施瓦布 著，待出版
《德国劳动法案例研习（第4版）》，〔德〕阿博·容克尔 著，待出版
《德国商法案例研习（第3版）》，〔德〕托比亚斯·勒特 著，2021年出版

⊙ 经典阅读

《法学方法论（第4版）》，〔德〕托马斯·M. J. 默勒斯 著，2022年出版
《法学中的体系思维与体系概念（第2版）》，〔德〕克劳斯-威廉·卡纳里斯 著，2024年出版
《法律漏洞的确定（第2版）》，〔德〕克劳斯-威廉·卡纳里斯 著，2023年出版
《欧洲民法的一般原则》，〔德〕诺伯特·赖希 著，待出版
《欧洲合同法（第2版）》，〔德〕海因·克茨 著，2024年出版
《民法总论（第4版）》，〔德〕莱因哈德·博克 著，2024年出版
《合同法基础原理》，〔美〕麦尔文·A. 艾森伯格 著，2023年出版
《日本新债法总论（上下卷）》，〔日〕潮见佳男 著，待出版
《法政策学（第2版）》，〔日〕平井宜雄 著，待出版